DIREITO CIVIL EM PRINCÍPIOS

PAULO LÔBO

DIREITO CIVIL EM PRINCÍPIOS

Belo Horizonte

FÓRUM
CONHECIMENTO JURÍDICO

2025

© 2025 Editora Fórum Ltda.

É proibida a reprodução total ou parcial desta obra, por qualquer meio eletrônico, inclusive por processos xerográficos, sem autorização expressa do Editor.

Conselho Editorial

Adilson Abreu Dallari
Alécia Paolucci Nogueira Bicalho
Alexandre Coutinho Pagliarini
André Ramos Tavares
Carlos Ayres Britto
Carlos Mário da Silva Velloso
Cármen Lúcia Antunes Rocha
Cesar Augusto Guimarães Pereira
Clovis Beznos
Cristiana Fortini
Dinorá Adelaide Musetti Grotti
Diogo de Figueiredo Moreira Neto (in memoriam)
Egon Bockmann Moreira
Emerson Gabardo
Fabrício Motta
Fernando Rossi
Flávio Henrique Unes Pereira

Floriano de Azevedo Marques Neto
Gustavo Justino de Oliveira
Inês Virgínia Prado Soares
Jorge Ulisses Jacoby Fernandes
Juarez Freitas
Luciano Ferraz
Lúcio Delfino
Marcia Carla Pereira Ribeiro
Márcio Cammarosano
Marcos Ehrhardt Jr.
Maria Sylvia Zanella Di Pietro
Ney José de Freitas
Oswaldo Othon de Pontes Saraiva Filho
Paulo Modesto
Romeu Felipe Bacellar Filho
Sérgio Guerra
Walber de Moura Agra

FÓRUM
CONHECIMENTO JURÍDICO

Luís Cláudio Rodrigues Ferreira
Presidente e Editor

Coordenação editorial: Leonardo Eustáquio Siqueira Araújo / Thaynara Faleiro Malta
Revisão: Carolina Sueto Moreira
Projeto gráfico: Walter Santos
Capa e Diagramação: Formato Editoração

Rua Paulo Ribeiro Bastos, 211 – Jardim Atlântico – CEP 31710-430
Belo Horizonte – Minas Gerais – Tel.: (31) 99412.0131
www.editoraforum.com.br – editoraforum@editoraforum.com.br

Técnica. Empenho. Zelo. Esses foram alguns dos cuidados aplicados na edição desta obra. No entanto, podem ocorrer erros de impressão, digitação ou mesmo restar alguma dúvida conceitual. Caso se constate algo assim, solicitamos a gentileza de nos comunicar através do e-mail editorial@editoraforum.com.br para que possamos esclarecer, no que couber. A sua contribuição é muito importante para mantermos a excelência editorial. A Editora Fórum agradece a sua contribuição.

Dados Internacionais de Catalogação na Publicação (CIP) de acordo com ISBD

L799d	Lôbo, Paulo
	Direito civil em princípios / Paulo Lôbo. Belo Horizonte: Fórum, 2025.
	274p. 14,5x21,5cm
	ISBN impresso 978-65-5518-747-2
	ISBN digital 978-65-5518-693-2
	1. Direito civil. 2. Princípios. 3. Princípios jurídicos. 4. Interpretação jurídica. 5. Fundamentos do direito civil. I. Título.
	CDD: 342.085
	CDU: 345

Ficha catalográfica elaborada por Lissandra Ruas Lima – CRB/6 – 2851

Informação bibliográfica deste livro, conforme a NBR 6023:2018 da Associação Brasileira de Normas Técnicas (ABNT):

LÔBO, Paulo. Direito civil em princípios. Belo Horizonte: Fórum, 2025. 274p. ISBN 978-65-5518-747-2.

SUMÁRIO

APRESENTAÇÃO.. 9

CAPÍTULO 1
CONCEPÇÃO, ÂMBITO E CARACTERÍSTICAS DOS PRINCÍPIOS JURÍDICOS.. 11
1.1 Princípio jurídico.. 11
1.2 Os princípios jurídicos na experiência brasileira.................... 15
1.3 Aplicação direta dos princípios jurídicos no direito civil........... 16
1.4 Colisão de direitos fundamentais repercute nos princípios jurídicos?... 21
1.5 Interpretação dos princípios jurídicos...................................... 24
1.6 O problema da indeterminação do conteúdo dos princípios...... 28
1.7 Proporcionalidade e Razoabilidade: princípios ou metanormas?... 31
1.8 Aplicação dos princípios pela Jurisprudência brasileira nas relações privadas... 32

CAPÍTULO 2
PRINCÍPIOS E A CONSTITUCIONALIZAÇÃO DO DIREITO CIVIL 35
2.1 Direito civil e Constituição.. 35
2.2 Incorporação da ordem privada nas Constituições................. 37
2.3 Estado Social como parâmetro de conformação dos princípios e das normas infraconstitucionais civis................................. 38
2.4 Situando a crise do Estado Social... 41
2.5 Sentido de unidade hermenêutica na aplicação do direito civil. 43
2.6 Constitucionalização do direito civil em geral......................... 45
2.7 Constitucionalização como fato e metodologia civil constitucional como doutrina.. 47
2.8 Constituição como núcleo fundamental do sistema de direito civil.. 49
2.9 Força normativa superior da Constituição nas relações civis..... 51
2.10 Primado da pessoa humana.. 52

2.11	Permanência necessária da constitucionalização do direito civil..	55
2.12	Respostas às críticas à constitucionalização do direito civil	57

CAPÍTULO 3
OBSTÁCULOS À FORÇA NORMATIVA DOS PRINCÍPIOS NO BRASIL 61

3.1	Os obstáculos...	61
3.2	Sobre a distinção de princípios e regras	63
3.3	Sobre ponderação, peso e colisão de princípios............................	65
3.4	Incidência dos princípios jurídicos segundo Pontes de Miranda...	69

CAPÍTULO 4
PRINCÍPIOS APLICÁVEIS AO DIREITO CIVIL EM GERAL 73

4.1	Princípio da dignidade da pessoa humana	73
4.2	Princípio da solidariedade social	77
4.3	Princípio da igualdade...	81
4.4	Princípio da tutela da vulnerabilidade..	85
4.5	Princípio da liberdade...	90
4.6	Princípio da autonomia privada...	93
4.7	Princípio da autodeterminação existencial	97
4.8	Princípio da função social...	99
4.9	Princípio da boa-fé..	102

CAPÍTULO 5
PRINCÍPIOS DOS DIREITOS DA PERSONALIDADE............................... 111

5.1	Direitos da personalidade como inerentes à pessoa humana	111
5.2	Princípio da tipicidade aberta..	116
5.3	Princípio da unicidade da identificação pessoal..........................	118
5.4	Princípio da indisponibilidade e hipóteses de autolimitação	120
5.5	Princípios de intransmissibilidade, irrenunciabilidade e intransmissibilidade..	125
5.6	Princípio da liberdade de expressão e seus impactos nos direitos da personalidade	128

CAPÍTULO 6
PRINCÍPIOS DO DIREITO DAS FAMÍLIAS 135

6.1	Relações de famílias em evolução e os princípios fundamentais...	135

6.2	Democratização das relações familiares como pressuposto de seus princípios...	140
6.3	Trajetória progressiva das mulheres ao princípio da igualdade familiar...	141
6.4	Princípios jurídicos especiais das relações familiares.................	144
6.5	Princípio da igualdade familiar...	147
6.6	Princípio da liberdade familiar..	150
6.7	Princípio da corresponsabilidade familiar...................................	152
6.8	Princípio da afetividade familiar...	154
6.9	Princípio da convivência familiar..	157
6.10	Princípio do melhor interesse da criança....................................	159
6.11	Caso exemplar da aplicação direta dos princípios nas relações familiares: o reconhecimento pelo STF da união homoafetiva...	162

CAPÍTULO 7
PRINCÍPIOS DO DIREITO DAS OBRIGAÇÕES CIVIS............................ 165

7.1	Princípios e deveres gerais de conduta nas obrigações..............	165
7.2	Princípio da boa-fé objetiva nas obrigações................................	169
7.3	Princípio de cooperação nas obrigações negociais.....................	173
7.4	Princípio do *favor debitoris*	176
7.5	Princípio da equidade das prestações obrigacionais....................	177
7.6	Princípios da conservação e da conversão do negócio jurídico..	179
7.7	Princípio do nominalismo monetário e os novos meios de pagamento das obrigações	182
7.8	Princípios obrigacionais no âmbito da responsabilidade civil ...	184

CAPÍTULO 8
PRINCÍPIOS DO DIREITO DOS CONTRATOS.. 189

8.1	Princípios contratuais e ordem econômica..................................	189
8.2	Contrato e vicissitudes da economia..	192
8.3	Valores sociais da livre iniciativa...	194
8.4	Pressupostos fundamentais do contrato na constituição............	196
8.5	Princípio da autonomia privada negocial.....................................	198
8.6	Princípio da força obrigatória do contrato..................................	203
8.7	Princípio dos efeitos relativos do contrato...................................	204
8.8	Princípio da função social do contrato..	207
8.9	Princípio da equivalência material do contrato	210
8.10	Princípio da boa-fé objetiva no contrato.....................................	215
8.11	Incidência dos princípios e revisão judicial do contrato..............	217

CAPÍTULO 9
PRINCÍPIOS DO DIREITO DAS COISAS OU TITULARIDADES............ 221
9.1	Princípio da propriedade..	221
9.2	Força dos fatos: a tutela da posse	225
9.3	Titularidades antigas e novas	226
9.4	Princípio da tipicidade..	229
9.5	Princípio da função social da propriedade e da posse.................	230
9.6	Princípio da sustentabilidade ambiental............................	235
9.7	Princípio de acesso aos bens comuns	237

CAPÍTULO 10
PRINCÍPIOS DO DIREITO DAS SUCESSÕES 239
10.1	Fundamentos do direito à sucessão hereditária..........................	239
10.2	Princípio do direito à herança...	244
10.3	Princípio da saisine ou da transmissão automática da herança .	247
10.4	Princípio da igualdade de direitos sucessórios.....................	253
10.5	Princípio da coexistência	255
10.6	Princípio da liberdade de testar.......................................	258
10.7	Princípio da função social da sucessão hereditária	261

REFERÊNCIAS BIBLIOGRÁFICAS 263

APRESENTAÇÃO

O direito civil, durante milênios, na cultura ocidental principalmente, forneceu os fundamentos ou princípios fundamentais ao conjunto do direito privado e do direito público. O constitucionalismo é uma experiência mais recente, pois surgiu há pouco mais de dois séculos, voltado em seu início à organização e controle do poder político. Coincidentemente, a codificação sistemática do direito civil também surgiu nessa última fase, mas distanciada das constituições jurídico-positivas.

No período do constitucionalismo, que continua, as disciplinas de direito público se autonomizaram e fizeram emergir fundamentos e princípios próprios, que se distanciaram dos tradicionais princípios de direito civil.

Mais recentemente, os princípios de direito civil foram atraídos pelos princípios constitucionais, expressos ou implícitos, fortalecendo a ideia de unidade do ordenamento ou do sistema jurídico, com fundamentos comuns. O marco dessa viragem situa-se no advento do Estado de bem-estar social, ou simplesmente Estado social, que incorporou no seio de suas constituições a organização social e a organização econômica.

Antes das constituições, a unidade do direito surgia por agregação de variados ordenamentos, no tempo e no espaço, sendo indiscerníveis os espaços de direito privado e de direito público, de direito material e de direito processual, dos ilícitos civis e dos ilícitos penais, como se nota nas Ordenações do Reino, especialmente nas Ordenações Filipinas, que regeram o Brasil colônia durante os primeiros séculos, persistindo algumas de suas normas após a independência, notadamente as que regulavam as relações privadas. Essa ordenação fragmentada desafiava a interpretação, que apenas era possível com uso intensivo dos princípios pelos intérpretes.

Na contemporaneidade, caracterizada pela crescente complexidade das relações jurídicas e sociais e pelo advento das novas tecnologias, os princípios jurídicos continuam a desempenhar sua função indispensável de fundamentos de todos os espaços do direito, assegurando a interlocução entre eles, inclusive o direito civil, sob o pálio da Constituição e da ordem internacional que esta absorve.

Antes da Constituição de 1988, diversos civilistas brasileiros, inconformados com a paralisia do direito civil – principalmente na legislação, mas igualmente na doutrina – ante as mudanças sociais que despontaram ao longo do século XX, máxime após o final dos anos 1960, buscaram nas ideias e nos valores motores do constitucionalismo moderno a revitalização da disciplina. De nossa parte, publicamos obras desde meados de 1980, demonstrando a insuficiência da dogmática civil tradicional, vincada nos valores da sociedade agrária do fim do século XIX, que despontaram no Código Civil de 1916, e a necessidade de reorientação do direito civil segundo o estalão do constitucionalismo social, ainda que não referíssemos à constituição existente à época, imposta pela ditadura militar.

A investigação das interfaces do direito civil e do constitucionalismo moderno – espaço prioritário do protagonismo dos princípios jurídicos – tem sido desde então uma constante em nossos estudos, docência e produção intelectual. Os princípios jurídicos revelaram-se imprescindíveis à compreensão do direito civil na sociedade complexa e mutante de nossa contemporaneidade e para efetivação dos direitos fundamentais de todas as dimensões nas relações privadas.

A constitucionalização do direito civil e os princípios jurídicos do direito civil são duas faces do mesmo fenômeno, que se desenvolve há mais de um século no mundo ocidental. No Brasil, desde a Constituição de 1934. Na hipérbole da pirâmide normativa, os princípios jurídicos, notadamente os constitucionais explícitos ou implícitos, migraram da base para o ápice, conformando e informando o todo do ordenamento jurídico das relações civis.

O grande sistema jurídico ao qual o direito civil brasileiro está histórica e culturalmente integrado é o romano-germânico, que atribui proeminência à doutrina jurídica, máxime por sua função criativa, em face da legislação e da jurisprudência. Nossos estudos estão nele delimitados, sem prejuízo do reconhecimento das interlocuções com outros grandes sistemas jurídicos, como o de *common law* – que privilegia a jurisprudência –, mas que apresentam fortes distinções histórico-culturais, de fontes e de estruturas.

O propósito desta obra é, pois, a sistematização e atualização das ideias que vimos desenvolvendo sobre a relevância dos princípios normativos nos vários âmbitos do direito civil brasileiro e contribuir para sua interpretação, disseminação e aplicação.

CAPÍTULO 1

CONCEPÇÃO, ÂMBITO E CARACTERÍSTICAS DOS PRINCÍPIOS JURÍDICOS

1.1 Princípio jurídico

Para o direito, princípio é norma jurídica. O que o diferencia das demais normas jurídicas é o conteúdo mais indeterminado e a superioridade hierárquica sobre elas. Porém, o grau de determinação do conteúdo não é requisito decisivo para a qualificação como norma jurídica. O que importa é a interpretação, que leva em conta a situação concreta ou real para aplicação de qualquer norma jurídica.

Nesse mesmo sentido, Norberto Bobbio (1999, p. 159) lembra ser antiga a questão entre os juristas se os princípios são ou não normas jurídicas, afirmando categoricamente: "Para mim não há dúvida: os princípios gerais são normas como todas as demais".

Na Antiguidade, o princípio era um conceito de ponto de partida, tendo ultrapassado séculos. A ciência moderna mudou essa concepção e passou a afirmar que princípios não são meros pontos de partida, mas sim premissas básicas de qualquer saber.

O princípio jurídico tem uma dimensão diferente tanto de ponto de partida, quanto das premissas básicas. Porque se volta à regulação de conduta, em uma textura deôntica, segundo uma estrutura básica que envolve um preceito e uma consequência jurídica. Se não há consequência jurídica, de princípio jurídico não se trata. Pode-se tratar de premissa, de postulado, de orientação, de diretriz, até de máximas ou axiomas, mas não de princípio jurídico.

No mundo contemporâneo, os princípios jurídicos, em razão de sua ductilidade e adaptabilidade, são os instrumentos jurídicos apropriados para lidar com as mutações sociais, contribuindo para o avanço da sociedade e para a afirmação dos valores de justiça.

Os princípios jurídicos, incluindo os de natureza constitucional, são expressos ou implícitos. Estes últimos podem derivar da interpretação do sistema constitucional adotado ou podem brotar da interpretação harmonizadora de normas constitucionais específicas (por exemplo, o princípio da afetividade nas relações de família). Da ordem infraconstitucional, tem-se como exemplo de princípio implícito o da vedação do enriquecimento sem causa, que só ingressou positivamente no direito brasileiro com o Código Civil de 2002, mas que antes teve amplo reconhecimento e aplicação direta pelos doutrinadores e juízes. E o da boa-fé, porque o legislador de 1916 praticamente ignorou, mas ele se impôs na doutrina e na jurisprudência, inclusive e sobretudo o da boa-fé objetiva.

Como adverte Jürgen Habermas (2003, p. 306), as normas de princípio, que perpassam a ordem jurídica do Estado social, exigem uma interpretação construtiva do caso concreto, que seja sensível ao contexto e referida a todo o sistema jurídico. É pertinente a distinção que faz esse autor mais adiante entre princípios, como normas mais elevadas, e valores: os princípios têm sentido deontológico (agir obrigatório), sendo válidas ou inválidas, enquanto os valores têm sentido teleológico e são entendidos como preferências compartilhadas intersubjetivamente. Assim, para Habermas, na perspectiva da legitimidade democrática, os princípios são normas jurídicas e não ordem de valores. Reconhece Habermas a força normativa do princípio, o qual, como norma jurídica existente, já absorveu os valores em sua constituição.

Não há como pensar os princípios fora da sua captação dos valores fundamentais da sociedade; em outras palavras, princípios são valores fundamentais da sociedade que se transformaram em normas jurídicas. Assim sendo, para sua aplicação, o conteúdo do princípio há de ser extraído da ordem jurídica e não se retornando à ordem dos valores.

Próximo desse entendimento é o de Robert Alexy (1993, p. 147), para quem os princípios pertencem ao âmbito do deontológico, enquanto os valores se incluem no âmbito do axiológico: o que no modelo dos valores é *prima facie* o melhor, no modelo dos princípios é *prima facie* devido.

Em outras palavras, os valores que emergem das relações sociais, quando se impõem e são absorvidos pelo direito, convertem-se em princípios jurídicos. Ou seja, os valores preexistem às normas jurídicas; não são justapostos àquelas.

Durante muito tempo os princípios foram relegados a fontes secundárias ou supletivas, destinados a preencher lacunas, com reflexo na Lei de Introdução às Normas do Direito Brasileiro (LINDB), cujo art. 4º, com a mantida redação de 1942, enuncia: "Quando a lei for omissa, o juiz decidirá o caso de acordo com a analogia, os costumes e os princípios gerais de direito". O conceito de princípio constitucional não se confunde com o de "princípio geral de direito" empregado pela LINDB, que tem função supletiva, ou seja, primeiro a lei, depois os costumes, e por fim os princípios, como normas de clausura ou de completude do sistema jurídico. Essa tentativa de aprisionamento continuou com a redação de 2018 que foi dada ao art. 20 da LINDB para a interpretação das normas de Direito Público, quando aludiu a valores jurídicos abstratos, que devem ter interpretação restritiva.

Ao contrário, os princípios constitucionais não são supletivos. São normas jurídicas fundamentais que informam e conformam a legislação infraconstitucional. A operação hermenêutica que estava invertida foi devidamente reposicionada: em primeiro lugar o princípio ou outra norma constitucional, depois a lei fundamentada neles.

De acordo com Cármen Lúcia Antunes Rocha (1994, p. 25-26) o princípio constitucional predica-se diferentemente de qualquer outro princípio ou valor prevalecente na sociedade, mas não juridicizado, por carecer de normatividade que o torna impositivo ao acatamento integral.

A constitucionalização dos direitos elevou os princípios ao topo da pirâmide normativa, como fundamentos de toda a ordem jurídica. Constituem a fonte, por excelência, da unidade do direito civil.

Com efeito, em um ordenamento jurídico dotado de constituição rígida, para que uma norma seja válida, além de vigente, não basta que tenha sido emanada com as formas predispostas para sua produção, mas também é necessário que seus conteúdos substanciais respeitem os princípios e os direitos fundamentais estabelecidos na Constituição (Ferrajoli, 2001, p. 53).

Josef Esser (1961, p. 65) já argumentava que os princípios jurídicos, diferentemente das outras normas de direito, "são conteúdo em oposição à forma, embora o uso dessas categorias aristotélicas não nos deva induzir a pensar que a forma seja o acessório de algo essencial", e vaticinava que o centro de gravidade do direito civil estava indo lentamente do sistema codificado para uma casuística judicial orientada segundo princípios.

Na atualidade, o legislador ordinário se encontra em situação desafiadora, seja geograficamente, porque os mercados tendem a ser globais e não mais apenas nacionais (notadamente após a internet), seja porque o instrumento legislativo tradicional é muito rígido e não permite uma adequação constante do direito aos interesses mutantes da realidade (Galgano, 2013, p. 301), o que torna cada vez mais oportuno o recurso a princípios normativos.

Para Ronald Dworkin (2000, p. 101), "o Tribunal deve tomar decisões de princípio, não de política". Em outra obra – *Taking rights seriously* (Dworkin, 1999, p. 22) – esse autor denomina de princípio um *standard* normativo que deve ser observado não porque avançará ou assegurará uma situação econômica, política ou social considerada desejável, mas porque é uma exigência de justiça, enquanto política (*policy*) é um *standard* que tem um objetivo ou resultado a serem alcançados. Assim, o *standard* de que os acidentes automobilísticos devem ser diminuídos é uma política, enquanto o *standard* de que nenhuma pessoa deve obter proveito do próprio erro é um princípio.

Admite-se que a interpretação da norma jurídica, quando não observada voluntariamente, é imprescindível para sua eficácia, considerada a situação concreta de sua aplicação. Texto e contexto completam a norma jurídica (princípio jurídico ou não), levando à sua precisa identificação na situação concreta.

A preferência por princípios é também crescente no direito estrangeiro, como se vê na denominação adotada na União Europeia para o projeto de código unificado de direito contratual, elaborado pela Comissão Europeia de Direito Contratual ("Comissão Lando"): "Princípios do Direito Contratual Europeu". Assim também os Princípios do Direito de Família europeu. Nesses casos, os princípios têm o propósito de harmonizar as disciplinas legais dos países da União e sua interpretação. No direito brasileiro, os princípios têm caráter normativo cogente, com primazia sobre a convenção das partes e integração necessária ao ato ou negócio jurídico, salvo quando se tratar de contrato internacional, cuja lei nacional aplicável pode ser escolhida.

1.2 Os princípios jurídicos na experiência brasileira

A experiência brasileira de maltrato dos princípios de direito civil é emblemática. O Código Civil de 1916 ignorou-os. Retrato fiel do individualismo e do liberalismo jurídicos, procurou suprimi-los, até mesmo os que se consolidaram na consciência ética e moral dos juristas, como a boa-fé objetiva e a equidade. Fê-lo o legislador de 1916, conscientemente, pois os princípios levam à intervenção qualitativa do Poder Judiciário na resolução dos conflitos entre os privados, inclusive a revisão judicial dos negócios jurídicos, o que era inadmissível para as convicções dominantes durante o período do Estado liberal (final do século XVIII ao início do século XX).

No plano das constituições, todavia, os princípios sempre estiveram presentes como fundamentos da ordem jurídica, inclusive para afirmação de mudanças substanciais. Após o advento da República no Brasil, o art. 83 da Constituição de 1891 estabeleceu que continuavam em vigor, enquanto não revogadas, as leis do antigo regime que não contrariassem os princípios nela consagrados, revogando-se, consequentemente, a servidão, a morte civil, a diferença entre filhos de nobres e filhos de peões quanto ao direito das sucessões, nelas existentes.

A atitude resistente à mudança que contaminava os civilistas e, por derivação, a jurisprudência, pouco se alterou, mesmo quando partes importantes do direito privado foram subtraídas do Código para serem disciplinadas por legislações especiais, mais dinâmicas e com forte natureza principiológica. Em plano mais avançado, os microssistemas jurídicos são caracterizados, exatamente, pela franca opção pelos princípios (por exemplo, o ECA, o Estatuto da Pessoa Idosa, o CDC, o Estatuto da Pessoa com Deficiência). O Código Civil de 2002, finalmente, rendeu-se aos princípios, compatibilizando-se ao paradigma da Constituição, ainda que não faça alusão expressa a alguns dos mais importante, como o princípio da dignidade da pessoa humana.

A acusação frequente de banalização do uso de princípios às vezes é procedente. Sob sua terminologia estão incluídas equivocadamente máximas, premissas, orientações e diretrizes. Como exemplo, no direito das famílias, alguns autores se referem ao princípio da menor intervenção do Estado na vida privada, que não é princípio jurídico. É uma diretriz, uma meta. Não se estabelece para o Estado uma posição de dever jurídico. Às vezes, ele vai no sentido contrário, intervém muito mais do que se espera. Ocorreu isso com a Lei Maria da Penha ou com a Lei de Alienação Parental, em atenção às demandas sociais. Em contrapartida, toda vez que houver conflito nas relações entre pai e filho, o que ilumina a decisão a ser tomada é o princípio do melhor interesse da criança. Estamos diante de um princípio jurídico, que não pode ser afastado. Princípio que está na Constituição, no artigo 227 e na Convenção Internacional de Direitos da Criança, que o Brasil foi signatário; está também no Código Civil e no ECA.

Outro ponto que se deve evitar é a confusão com os sistemas conexos, tais como os sistemas econômico, político, social, religioso, moral. Cada um desses sistemas tem princípios próprios: o princípio jurídico, o princípio religioso, o princípio econômico. Uma coisa é o direito dialogar com os outros saberes – e deve fazê-lo para sua exata compreensão – e outra é renunciar a sua autonomia e admitir o avassalamento de seu próprio campo pelos princípios alheios. Exemplificamos com a tese controvertida da análise econômica do direito, em que os princípios econômicos suplantam e submetem os princípios jurídicos, principalmente através do princípio que deu origem a essa corrente, que diz respeito à teoria dos custos sociais, desenvolvida pelo economista anglo-americano Ronald Coase, sobre as "externalidades negativas", que inclui leis e decisões judiciais. Porém, se há custos sociais na decisão que faz valer o princípio da dignidade humana, tem que prevalecer tal princípio jurídico, independentemente dos custos sociais.

1.3 Aplicação direta dos princípios jurídicos no direito civil

A disseminação dos princípios jurídicos, notadamente os de natureza constitucional, suscita importante discussão acerca de sua aplicabilidade imediata, especialmente entre os constitucionalistas, quando tiverem a natureza de direitos fundamentais.

Há razoável consenso de que o marco inicial do processo de constitucionalização dos direitos foi estabelecido na Alemanha, sob o regime da Lei Fundamental de 1949 (Constituição), consagrando desenvolvimentos doutrinários que já vinham de mais longe (Barroso, 2005, p. 26).

Durante a segunda metade do século XX, em razão do enunciado do art. 1º, 3, da Constituição alemã – o qual prevê que os direitos fundamentais "vinculam, como direito diretamente aplicável, os poderes legislativo, executivo e judicial", parecendo não contemplar sua aplicabilidade direta aos particulares – indagou-se sobre a eficácia horizontal dos direitos fundamentais, ou seja, se estes seriam oponíveis por um particular diretamente a outro particular (teoria da *Drittwirkung*, correspondente a "eficácia em relação a terceiros"). Na Alemanha várias correntes se formaram, entendendo: a) que não seria possível estender a eficácia dos direitos fundamentais a terceiros particulares, restringindo-se sua oponibilidade ao Estado; b) que a eficácia seria sempre mediata e indireta, tese que terminou por prevalecer; c) que seria possível a extensão, com a eficácia imediata, mas indireta, devendo a pretensão ser deduzida contra o Estado, em virtude dos deveres deste de proteção dos direitos fundamentais do particular, em face da violação por outro particular, tese adotada por Claus-Wilhelm Canaris (2003, p. 133); d) que seria possível a pretensão de um particular contra outro, de modo direto e imediato, sem a mediação ou interposição do Estado, tese minoritária adotada inicialmente nas questões trabalhistas. Essas correntes também impactaram na doutrina e na jurisprudência brasileiras.

Todavia, criticando a teoria da eficácia apenas mediata e indireta, e que continua contrapondo Estado e sociedade civil, Constituição e direito privado, disse Ludwig Raiser (1990, p. 175) que é contraditória porque pressupõe o direito privado em uma dimensão rígida e anti-histórica. Também crítico dessa orientação, Gunther Teubner (2020, p. 265) entende os direitos fundamentais como direitos de participação, que exige aplicabilidade direta, pois a participação social do ser humano é o seu direito civil, transversalmente à tradicional dicotomia privado-público.

No Brasil, ao contrário de outras ordens constitucionais, não pode haver dúvida de sua aplicabilidade imediata e direta, em virtude, principalmente, da existência de norma expressa na Constituição de 1988, assim disposta (art. 5º, §1º): "As normas definidoras de direitos e garantias fundamentais têm aplicação imediata". A aplicabilidade imediata dos direitos fundamentais – muitos dos quais relativos às relações privadas – abrange não apenas as liberdades públicas em face do Estado, mas igualmente as relações jurídicas entretecidas entre os particulares, pois a Constituição não faz qualquer restrição. O sentido de aplicação imediata inclui a aplicação direta, razão por que não depende de interposição do Estado, que não é necessariamente parte, quando a violação de direito fundamental for imputada a particular contra particular.

Em razão da abrangência da norma constitucional brasileira, não vemos como aproveitável a discussão em torno da doutrina da eficácia externa dos direitos fundamentais. Muitos de nossos constitucionalistas estão marcadamente influenciados pela referida doutrina alemã e reducionista da eficácia horizontal dos direitos fundamentais. Partindo da experiência alemã, dando as costas para a experiência brasileira, afirmam que não há que se cogitar de aplicação imediata e direta dos direitos fundamentais (inclusive os sociais e econômicos), porque a norma-princípio envolveria a mediação da norma-regra, ou do legislador infraconstitucional. Por isso postulam essa interposição que julgam necessária do Estado legislador e julgador.

Respeitando as instigantes discussões havidas no direito europeu, temos de concluir que as soluções alvitradas não servem para o direito brasileiro. A doutrina brasileira do direito civil constitucional construiu caminho próprio, no rumo da aplicabilidade direta e imediata das normas constitucionais, nas duas modalidades acima indicadas, sem se impressionar com as interferências políticas, ideológicas e econômicas do refluxo do Estado de bem-estar social na Europa, nos países em que as demandas sociais se encontram razoavelmente satisfeitas e que foram beneficiários diretos da globalização econômica.

Também entre constitucionalistas brasileiros com visão mais atenta à nossa realidade social, há os que consideram conservadora a tese dominante na Alemanha da eficácia horizontal indireta (Sarmento, 2007, p. 156). Para Virgílio Afonso da Silva (2005, p. 22-25), a grande maioria das constituições das democracias ocidentais, inclusive a da Alemanha, apesar de seu comprometimento explícito com o Estado social, consagram os chamados direitos de defesa ou das liberdades públicas – direitos "clássicos" de cunho liberal –, que para a Constituição brasileira não têm apenas efeitos na relação indivíduo-Estado, mas também nas relações dos indivíduos entre si. Segundo Ingo Wolfgang Sarlet (2000, p. 152-155) – que critica a expressão "horizontal", pois entre dois sujeitos privados de manifesta desigualdade econômica há de fato uma relação vertical de poderes – a não ser nas hipóteses em que o poder público seja o destinatário único das normas de direitos fundamentais, elas se aplicam nos outros casos de forma direta.

Ante a situação de grande concentração de poderes advindos das novas tecnologias em megaempresas internacionais controladores de plataformas digitais, que atuam em paralelo ou em desafio aos direitos nacionais, constata-se a insuficiência da eficácia horizontal entre privados e se cogita de "constitucionalismo digital" (Mendes; Fernandes, 2020) e de "eficácia diagonal" dos direitos fundamentais (Contreras, 2011) exigentes de sua aplicabilidade direta e imediata, para tutela das pessoas vulnerabilizadas. Assim, decidiu o STJ que inexiste ofensa à soberania estrangeira a ordem judicial específica de indisponibilidade de conteúdo na internet (vídeo difamatório), considerado infrator segundo o direito brasileiro (REsp 2.147.711). Essas orientações apontam para o reforço da submissão aos direitos nacionais das plataformas digitais, ante o domínio que elas exercem sobre as pessoas e empresas para além das fronteiras de suas matrizes, na captura e uso dos dados, de modo incontrolado.

A experiência brasileira apontou para a força normativa das normas constitucionais em três pontos essenciais. O primeiro, por acarretarem automática revogação das normas anteriores de quaisquer matizes. O segundo, pela inconstitucionalidade das normas infraconstitucionais supervenientes, com elas incompatíveis. E o terceiro, que é o mais importante, pela interpretação em conformidade com a Constituição de qualquer norma infraconstitucional.

A compreensão progressiva que se deu nas últimas décadas, com relação aos princípios jurídicos, constitucionais ou não, foi de tirá-los do ostracismo, da supletividade a que eram antes relegados e pô-los no ápice do sistema jurídico. Portanto, hierarquicamente, os princípios estão acima das leis ordinárias, acima de qualquer código e toda norma ao ser aplicada não pode ferir ou malferir um princípio constitucional, seja ele explícito ou implícito.

As correntes que propugnam a aplicabilidade indireta, ou seja, que os destinatários diretos dos direitos fundamentais são apenas os poderes públicos, são fortemente influenciadas pelo ideário liberal de que a função da Constituição é controlar o Estado e não os poderes privados, o que nega a própria natureza do Estado moderno contemporâneo.

"Essa velha ideia liberal deve ser confrontada com as reais relações de poder da sociedade contemporânea. Há pessoas, grupos e organizações privadas com capacidade de produzirem tantos ou maiores danos aos direitos fundamentais do que os poderes públicos e seus agentes" (Steinmetz, 2005, p. 303). Não são poucos os poderes privados que competem, em pé de igualdade (e por vezes em condições de superioridade), com os poderes públicos e seus agentes.

A aplicabilidade direta dos princípios e dos direitos fundamentais nas relações privadas é uma experiência bem-sucedida na jurisprudência dos tribunais brasileiros, desde o advento da CF de 1988. A rica casuística consolidou esse entendimento. A nossa Corte Constitucional (STF) não faltou ao enfrentamento do tema, em algumas decisões, ainda que não fundamentadas explicitamente na doutrina da aplicabilidade direta dos direitos fundamentais. Curiosamente, algumas estão contidas em processos criminais – *habeas corpus* –, como a relativa à garantia ao cidadão de não se submeter compulsoriamente a exame de DNA, de 1994.

Mas, a primeira decisão do STF em que a doutrina da aplicabilidade direta aflorou de modo explícito e serviu para fundamentá-la foi o julgamento do RE 201.819, em 2005, no caso de exclusão de associado da União Brasileira dos Compositores, vinculada ao ECAD, tendo a maioria do tribunal entendido que a liberdade da associação – o estatuto previa a hipótese de exclusão – deve respeitar as garantias constitucionais do devido processo legal e da ampla defesa. A minoria entendia que a matéria não tinha repercussão constitucional e deveria ser resolvida a partir das regras do estatuto social e da legislação civil em vigor. Decidiu o Tribunal que "as violações a direitos fundamentais não ocorrem somente no âmbito das relações entre o cidadão e o Estado, mas igualmente nas relações travadas entre pessoas físicas e jurídicas de direito privado. Assim, os direitos fundamentais assegurados na Constituição vinculam diretamente não apenas os poderes públicos, estando direcionados também à prestação dos particulares em face dos poderes privados" e que os princípios constitucionais são limites à autonomia privada. Essa decisão foi determinante para a modificação do Código Civil, pelo legislador ordinário, nessa matéria.

As decisões judiciais fazem despontar três tipos de problemas, cujas soluções podem ser encontradas nos exemplos colhidos de alguns casos julgados pelo STF, consolidando a doutrina brasileira de aplicabilidade direta dos direitos fundamentais e dos princípios constitucionais nas relações privadas:

1º problema: a aplicabilidade direta dos princípios e direitos fundamentais pode ocorrer quando não houver desigualdade de poderes entre os particulares, ou apenas quando despontar um poder privado hegemônico (social, econômico, cultural)? Esse tema tem sido constantemente debatido na doutrina nacional e estrangeira. Entendemos que não se pode adotar uma restrição que a Constituição não faz. Essa é a correta orientação do STF, como se observa no caso do DNA referido. Em confronto estavam duas supostas filhas biológicas, em investigação de paternidade, e um suposto pai, portanto partes com poderes sociais presumivelmente iguais. Mas é razoável o entendimento de que, quanto maior for a desigualdade de poderes entre os envolvidos, mais intensa deve ser a proteção ao direito fundamental em jogo, e menor a tutela da autonomia privada; em contrapartida, se não houver poder privado dominante, a autonomia privada deve receber proteção mais intensa (Sarmento, 2007, p. 174).

2º problema: quais os critérios para afastar a incidência dos princípios? Não há padrão satisfatório, o que leva à crítica do eventual componente arbitrário do julgador. No RE 215.984, o STF entendeu que a publicação não consentida de fotografia de uma conhecida artista de televisão viola os princípios constitucionais de garantia da intimidade e da imagem, facultando a indenização por dano moral. Mas, no AI-AgR 220.459-RJ, o STF não viu ofensa aos princípios da intimidade, da vida privada, da honra, da vedação de tratamento degradante, na revista pessoal das operárias em indústria de roupas íntimas, porque seria feita por amostragem.

3º problema: há hierarquia entre princípios, de modo a se estabelecer *prima facie* qual prevalece? O entendimento dominante na doutrina brasileira é de que não há hierarquia normativa entre os princípios, inclusive quando o confronto se der com os princípios fundamentais da dignidade da pessoa humana e da solidariedade social. Assim, não há, *prima facie*, prevalência de qualquer princípio sobre outro. Julgar por equidade não significa abertura para subjetividades, pois, como adverte Paul Ricoeur (2008, p. 208), a equidade do julgamento é a face objetiva cujo correspondente subjetivo é constituído pela íntima convicção; o elo entre esta e o ato de fala consistente em proferir o direito numa circunstância particular subtrai o juízo em situação à pura subjetividade.

1.4 Colisão de direitos fundamentais repercute nos princípios jurídicos?

O problema da colisão de princípios não existia na formulação tradicional dos direitos fundamentais, pois nela apenas o cidadão era titular deles e o Estado não, figurando apenas como devedor de prestação negativa. Entre o titular de direitos fundamentais e o Estado não podia haver, em tese, colisão. Entre titulares de direitos fundamentais, todavia, a colisão é inevitável, tornando exigentes os critérios de solução, diferentes dos anteriormente pensados e praticados, máxime em razão do uso de princípios normativos. Essa colisão de direitos fundamentais importaria colisão dos princípios aplicáveis a cada um deles?

Vivemos ainda a era da afirmação dos direitos fundamentais, notadamente pelas múltiplas dimensões que vêm apresentando desde quando foram recepcionados pelas constituições dos países democráticos. Cogita-se, além dos clássicos direitos fundamentais individuais (liberdades públicas), de direitos fundamentais sociais (direitos de solidariedade) e de direitos fundamentais transindividuais, que superam a pertinência ao titular individual (como os direitos ao meio ambiente). Essas novas dimensões dos direitos fundamentais, diferentemente da clássica, puseram no mesmo patamar os deveres fundamentais correspondentes. Antes, o único devedor era o Estado. Agora, todos nós somos devedores reciprocamente, não apenas como indivíduos, mas como integrantes de grupos determinados ou indeterminados.

A Constituição, no art. 225, estabelece que todos têm direito ao meio ambiente ecologicamente equilibrado, mas todos são responsáveis por sua proteção, incluindo o Estado e a coletividade. As atuais gerações são devedoras dessa proteção em face dos titulares dos direitos, que são as futuras gerações, ou seja, grupo indeterminado de pessoas que ainda não existem. São titulares pessoas não existentes, o que converte as pessoas existentes em titulares, cada uma em face da outra, e devedoras recíprocas, umas em relação às outras, além de devedoras em relação às não existentes. A concepção de sujeito futuro, mas já titular de direito, é uma revolução copernicana.

O que importa é que nenhum direito fundamental é maior que o outro, quando seus titulares se encontram em situação de colisão. Nem o direito fundamental, nem o princípio que o tutela. Daí a dificuldade da solução do conflito. No modelo tradicional de subsunção, verifica-se simplesmente se a situação concreta corresponde à hipótese normativa; em se verificando a correspondência, a norma, a única norma, incide e lhe imprime as consequências previstas. Duas normas jurídicas, pelo modelo da subsunção, não podem colidir: é uma ou outra. A única norma é ou não a matriz da subsunção da situação concreta: é o tudo ou nada.

Os direitos fundamentais têm seu destino vinculado, na quase totalidade das hipóteses, aos princípios, para os quais o modelo da subsunção é inadequado. São poucas as normas jurídicas constitucionais – por sua natureza, são dotadas de conteúdo determinado – que tutelam diretamente os direitos fundamentais. Veja-se o exemplo do art. 226 da Constituição. O *caput* encerra o princípio implícito da igualdade de direitos e deveres das famílias. O §5º consolida o princípio explícito da igualdade de direitos e deveres entre os cônjuges. O §6º, com a redação dada pela EC-66/2010, é regra que assegura o direito fundamental dos cônjuges de se divorciarem sem requisitos objetivos ou subjetivos prévios.

Ocorre que os direitos fundamentais dificilmente encerram-se em normas gerais. Estas se abrem em interlocuções com os princípios, que lhe dão densidade e delimitam seu alcance. No exemplo do §6º do art. 226 da Constituição, o breve enunciado da regra estabelece que os cônjuges são livres para desconstituírem o casamento (princípios da liberdade e da autodeterminação existencial), o que afasta a consequência que havia no direito anterior de responsabilidade pela culpa dessa desconstituição. Apenas se lhe pode atribuir a consequência pela extinção do casamento e de seus consectários, como os deveres que a lei determina aos cônjuges, de modo paritário. Nessa hipótese – divórcio – a colisão de direitos fundamentais é aparente, pois o direito de constituir família pelo casamento (também abrigado pelo princípio da liberdade) não pode impedir o exercício do direito de desconstituí-la pelo divórcio.

"Os princípios constitucionais possuem a depreciável tendência de entrar em conflito um com o outro" (Guastini, 2009, p. 169). Segundo alguns autores, todo princípio está, por definição e necessariamente em conflito com outros princípios. O estar em conflito com outros princípios seria um fator definidor do próprio conceito de princípio.

Os princípios podem estar em aparente colisão dentro da própria legislação. Na Constituição – que é fruto de composição de ideologias conflitantes – os princípios aparentam colidir uns com outros ou com outras normas, a exemplo do princípio da igualdade entre as famílias, no *caput* do art. 226 referido e a parte final do §3º desse artigo, que estabelece dever o legislador facilitar a conversão da união estável em casamento (regra da facilitação), acrescentado por forças conservadoras na Constituinte, que pretenderam privilegiar o casamento. A norma do §3º do artigo 226 da Constituição não impõe requisito para que se considere existente união estável ou que subordine sua validade ou eficácia à conversão em casamento. Configura muito mais comando ao legislador infraconstitucional para que remova os obstáculos e dificuldades para os companheiros ou conviventes que desejem casar-se, se quiserem, a exemplo da dispensa da solenidade de celebração. Em face dos companheiros ou conviventes, apresenta-se como norma de indução. Contudo, para os que desejarem permanecer em união estável, a tutela constitucional é completa, segundo o princípio de igualdade que se conferiu a todas as famílias. Não pode o legislador infraconstitucional estabelecer dificuldades ou requisitos onerosos para ser concebida a união estável, pois facilitar uma situação não significa dificultar outra.

Nessa hipótese, é tarefa do intérprete a superação da antinomia, harmonizando-os em enunciado conjunto. No exemplo dado, a interpretação harmônica entre princípio e outra norma geral que se impõe é: o casamento e a união estável são famílias diferentes, porém, iguais em direitos e deveres entre cônjuges e companheiros ou conviventes, tendo estes a liberdade de converter sua união em casamento, para o que o legislador deve facilitar o exercício desse direito.

Outro exemplo paradigmático é o aparente conflito entre dois princípios contidos no art. 5º da Constituição que expressam a garantida da propriedade individual: o inciso XXII garante o direito de propriedade e o inciso XXIII estabelece que a propriedade atenderá a sua função social. Em um, o direito amplo e em outro, o dever amplo. Como conciliá-los? Harmonizando ambos os princípios, tem-se que sua incidência é necessariamente conjunta, de acordo com o enunciado que deles emerge: é garantido o direito de propriedade, que deve atender a sua função social. Ou seja, toda propriedade deve cumprir sua função social, em conjunto com sua função individual.

Se há solução, então a antinomia é aparente, ou seja, não há antinomia, porque os princípios ou o princípio e outra norma geral hão de ser interpretados e aplicados de forma harmônica e integrada.

Vê-se, pois, que não há, na aplicação dos princípios e na colisão dos direitos fundamentais, uma única resposta para a decisão judicial, porque esta é determinada pelas circunstâncias que cercam o caso concreto. Um direito fundamental não é mais nem menos superior ao outro. São iguais. Assim também os princípios jurídicos.

1.5 Interpretação dos princípios jurídicos

Não há norma jurídica sem interpretação. Nenhuma norma pode ser concebida, ou observada, ou aplicada, sem interpretação. Portanto, todas exigem interpretação, sendo indiferentes as densidades de seus conteúdos semânticos. Na observância da norma jurídica dá-se a interpretação pelo próprio destinatário, inclusive nas mais simples ou imagéticas (por exemplo, o sinal de trânsito vermelho deve ser interpretado como impedimento temporário do tráfego de veículo). Já a aplicação é exigente de interpretação pelo agente público competente, principalmente o magistrado.

Qualquer norma jurídica, inclusive as que aparentam clareza da linguagem e de seus fins, necessita de interpretação, ante as circunstâncias concretas que devam ser consideradas para sua observância ou aplicação. Todas as normas jurídicas, não apenas os princípios jurídicos, são abstratas e ostentam graus de generalidade, porque não são produzidas a partir de fatos concretos ou de interesses particulares.

No que concerne à interpretação jurídica ocorre um valioso ressurgimento da tópico-retórica aristotélica e ciceroniana. Nos antigos, e isso está bem expressado na *Ética a Nicômaco*, de Aristóteles, havia uma preocupação com relação à aplicação da norma em razão de sua abstração originária. Porque toda norma é produzida em plano abstrato, para projetar efeitos no futuro a situações concretas, que ela não pode determinar de modo exaustivo. Nas palavras de Aristóteles (1995, p. 109), "a lei leva em consideração a maioria dos casos, embora não ignore a possibilidade de falha decorrente dessa circunstância". Na linha das lições dos antigos, da indispensabilidade da interpretação, da consideração do caso concreto e das circunstâncias que o cercam, ressaltamos o valioso contributo das teorias hermenêuticas e das teorias da argumentação.

Assim é a lição de Francesco Ferrara (1978, p. 129) sobre aplicar-se a interpretação a todas as normas jurídicas, "sejam claras ou obscuras, pois não se deve confundir a interpretação com a dificuldade de interpretação", em razão de o texto dever ser iluminado em seu sentido pela atividade interpretativa.

Na mesma direção, Carlos Maximiliano (1999, p. 36), salientando o equívoco do dogma axiomático e escolástico *in claris cessat interpretatio*, afirma que a interpretação de qualquer norma jurídica, nítida ou obscura, é sempre necessária, porque "não há fórmula que abranja as inúmeras relações eternamente variáveis da vida".

Assim, o argumento de vagueza e ambiguidade tanto se aplica ao princípio, quanto se aplica a qualquer outra norma. A rigor, ambiguidade e vagueza são da constituição de qualquer norma jurídica, inclusive a que aparenta clareza, pois nenhuma está imune à interpretação ante a singularidade de cada situação fática sobre a qual incide.

A rigor, a vagueza e a ambiguidade emergem de qualquer palavra utilizada na comunicação humana. Como esclarece João Maurício

Adeodato (2023, p. 58), quando se procura a semântica das palavras, ambiguidade, vagueza e porosidade da linguagem humana não são imprecisões ou defeitos que possam ser superados; são características intrínsecas da língua, as quais podem ser diminuídas pela faina hermenêutica, mas estão sempre presentes.

    Não há clareza alguma que possa dispensar a interpretação da norma jurídica, como se vê no seguinte exemplo, do direito brasileiro, extraído de julgamentos do STJ: o Código Civil no artigo 205 estabelece que "a prescrição ocorre em dez anos, quando a lei não haja fixado prazo menor"; já o Artigo 206, §3º, V, estabelece: "Prescreve em três anos [...] a pretensão de reparação civil". Até 2008, grassou a maior discussão nos tribunais e na doutrina acerca da prescrição acerca da chamada responsabilidade contratual. Alguns afirmando que a responsabilidade contratual deveria observar a regra geral de dez anos, outros que a regra seria a mesma tanto da responsabilidade contratual como para a responsabilidade extracontratual. No STJ, uma turma de direito privado disse uma coisa e outra turma disse outra. Em 2008, a 2ª Seção do STJ, que tem por finalidade a harmonização das decisões das turmas de Direito Privado, optou por um dos lados e disse que, para a responsabilidade contratual, a prescrição é de dez anos, porque o dano decorrente está vinculado ao inadimplemento, e que a prescrição da pretensão de reparação do dano, referida no inciso V do §3º do artigo 206, estava adstrita à responsabilidade extracontratual. Apesar desse entendimento, as turmas continuaram divergindo. Em 2018, a 2ª Seção repetiu a decisão de 2008 e disse que as situações são distintas e distintas são as prescrições, devendo haver um prazo geral para responsabilidade contratual e um prazo específico para responsabilidade extracontratual. Foram necessários quinze anos e milhares de decisões judiciais contraditórias, para se chegar a um entendimento razoável no STJ. Esse exemplo demonstra que até mesmo em norma que se qualificaria como "regra" não há clareza que dispense a interpretação. Reunamos os enunciados das normas legais: "Prescreve em três anos a pretensão de reparação por dano, ou, se não houver norma específica, o prazo será de dez anos". Existe algo mais claro que isso? Porém, essa clareza textual é apenas aparente quando confrontada com a realidade da vida, que é necessariamente complexa e plúrima.

    Cada fato é um fato! Cada caso é uma singularidade! Cada caso desafia a aparente clareza da lei, o que impõe interpretação que leve em consideração as singularidades e suas circunstâncias. Cada caso repercute nas individualidades dos seres humanos, que são iguais nas suas diferenças. Os precedentes são aproximados e nunca idênticos às situações novas.

Igualmente para Pietro Perlingieri (2007, p. 75-83), a norma de direito civil, clara ou não, deve ser interpretada em conformidade com os princípios e valores do ordenamento, resultando em um procedimento argumentativo não apenas lógico, mas axiológico, inspirado no princípio da dignidade da pessoa humana como prioritário no confronto com os interesses do Estado e do mercado. O autor afirma que em direito a clareza é um eventual *posterius*, não um *prius* da interpretação. Com razão, pois a eventual clareza da norma jurídica (inclusive do princípio jurídico) resulta da complexidade do labor interpretativo que leve em conta texto, contexto, fato e circunstâncias. Somente assim a norma jurídica pode ser observada e aplicada.

Quanto à imprescindibilidade do papel do intérprete, surgem cada vez mais cenários que vêm enriquecidos com contribuição da filosofia geral e da filosofia do direito, no que respeita aos momentos integrados da pré-compreensão, da compreensão e da interpretação. Esses três momentos não são separados, mas sim interligados. Como disse Hans Gadamer, a interpretação não é um ato posterior ou complementar da compreensão, pois compreender é sempre interpretar, sendo a interpretação forma explícita da compreensão.

Não há como desconsiderar que cada um de nós se orienta por pré-compreensões, que afetam profundamente a interpretação. Não conseguimos nos livrar desse fato. Há pré-compreensões controláveis pela razão e há pré-compreensões incontroláveis, como preconceitos intensos. Francis Bacon dizia: nós vivemos cercados de ídolos, que seriam falsas noções, preconceitos e maus hábitos mentais, notadamente os ídolos da tribo (grupos da espécie humana), os ídolos da caverna (influências do meio), os ídolos do foro (linguagem) e os ídolos do teatro (ideias e teorias). Tudo isso vai constituindo cada um de nós, inclusive os que interpretam e aplicam normas jurídicas.

Se a pré-compreensão integra o todo da interpretação, não pode comprometer e distorcer a compreensão e, consequentemente, a interpretação. Não se pode interpretar o direito a partir de juízos subjetivos de valores. Isso é o que não se espera de nenhum julgador.

No plano da linguagem jurídica, cada vez mais se percebe que não bastam para interpretação as dimensões sintática e semântica pura e simplesmente. Por isso é sempre aparente a autonomia semântica de uma norma. Incorpora-se cada vez mais à interpretação a dimensão pragmática.

Enfatizamos a consideração das circunstâncias, inclusive, sobretudo, das circunstâncias fáticas ou facticidades, o que não deve ser entendido como espaço para o arbítrio judicial ou faculdade para o aplicador substituir o seu juízo jurídico por suas convicções de moralidade, de política e de outros valores ideológicos.

Os princípios estão no vértice da pirâmide jurídica, transformados "em ponto culminante da hierarquia normativa" (Bonavides, 2012, p. 308). Significa dizer que a interpretação de todas as demais normas jurídicas deve ser feita em conformidade com eles, nunca em colisão.

Para os princípios implícitos não constitucionais, deve-se considerar igualmente a diretriz da supralegalidade, que não apenas se aplica aos tratados anteriores a 2004 (data da Emenda Constitucional n. 45) que afetem direitos humanos. Os princípios implícitos infraconstitucionais são igualmente supralegais para se manter coerência com a sua posição hierarquicamente superior.

1.6 O problema da indeterminação do conteúdo dos princípios

A indeterminação ou fraca determinação dos conteúdo dos princípios costumam ser apontadas como óbices a sua compreensão como normas jurídicas autônomas. Porém, a determinação do conteúdo não integra nem é determinante da estrutura lógica das normas jurídicas em geral.

A determinação ou indeterminação do conteúdo não é requisito para existência, validade e eficácia da norma jurídica. Interessam o campo de incidência da norma jurídica, sua incidência quando concretizados os elementos de seu suporte fático (hipótese de incidência, que é abstrata e hipotética) e os efeitos do fato jurídico daí resultantes.

Os princípios jurídicos, sem mudança ou revogação de outras normas jurídicas, permitem melhor adaptação do direito à evolução dos valores e demandas da sociedade. Com efeito, o mesmo princípio, observando-se o catálogo das decisões nos casos concretos, em cada momento histórico, vai tendo seu conteúdo amoldado pelas circunstâncias que determinam sua incidência, em permanente processo de adaptação e transformação. Ao contrário do que se colhe no senso comum, com tais características os princípios são mais estáveis e asseguram mais segurança jurídica do que as demais normas.

Os princípios jurídicos e outras normas jurídicas valem-se constantemente de conceitos indeterminados, que exercem função prático-operacional, permitindo adaptação de seus conteúdos às mutações do mundo da vida.

No mesmo sentido, afirma Riccardo Guastini (2009, p. 158) que a indeterminação não é característica suficiente para distinguir os princípios das demais normas jurídicas. Para o autor, a indeterminação – a *open texture* e até mesmo a imprecisão semântica – é característica própria de toda norma jurídica, que é necessariamente formulada por "termos gerais classificatórios", sendo uma ilusão formalista a ideia que só os princípios são indeterminados.

Consideram-se indeterminados os conceitos ou expressões que não indicam seus conteúdos, que devem ser preenchidos em razão dos casos concretos, ao contrário dos conceitos determinados (exemplo, art. 79 do Código Civil: "são bens imóveis o solo e tudo quanto se lhe incorporar natural ou artificialmente"). Exemplos de conceitos indeterminados, constantes da Parte Geral do Código Civil: "vantagens especiais" (art. 55); "fundado temor de dano iminente" e "com base nas circunstâncias" (art. 151); "sob premente necessidade", "manifestamente desproporcional" (art. 157); "garantia insuficiente" (art. 158); "excede manifestamente os limites expostos" (art. 187).

Para Eros Roberto Grau (2002b, p. 211), não se trataria de conceito jurídico indeterminado, mas sim de termo indeterminado, pois que a indeterminação estaria nas expressões linguísticas utilizadas pelo legislador e não no conceito em si.

A doutrina brasileira às vezes qualifica o princípio jurídico como "cláusula geral" ou "conceito jurídico indeterminado". Porém, são inconfundíveis com os princípios jurídicos. De origem germânica, a cláusula geral tem função instrumental de veicular princípios e conceitos indeterminados, ou, como diz Judith Martins-Costa (1998, *passim*), a de permitir a criação de normas jurídicas com alcance geral pelo juiz, a integração entre os vários microssistemas jurídicos e a integração entre as disposições contidas nas várias partes do Código Civil e o reenvio do aplicador da lei à Constituição e a outros textos normativos.

Consequentemente, a cláusula geral não é norma jurídica, não sendo adequada para nela ser qualificada a boa-fé e outros princípios comuns no direito civil. A própria doutrina civilista alemã emprega a expressão cláusula geral e princípio com significados semelhantes, ou no sentido de a primeira realizar o segundo. Jan Schapp (2004, p. 129), desenvolvendo tema destinado às "cláusulas gerais do direito contratual e do direito delitual", diz que em uma relação obrigacional as partes estão ligadas uma à outra pela boa-fé, que ele qualificou antes como cláusula geral, mas que "ela é, em verdade, um 'princípio'".

No Código Civil, os princípios assumem primazia, com enunciações frequentes no conteúdo de suas normas, às vezes ao lado de conceitos indeterminados. Os conceitos indeterminados (p. ex., "desproporção manifesta" e "valor real da prestação", do art. 317) complementam e explicitam o conteúdo das regras jurídicas, mas não têm autonomia normativa. Já os princípios são espécies de normas jurídicas, hierarquicamente superiores, podendo ter enunciações autônomas ou estar contidos como expressões em outras normas jurídicas. No art. 187, a expressão "boa-fé" determina o princípio, pois o ato jurídico que exceder os limites por ele impostos será considerado ilícito e, consequentemente, nulo.

O Código de Defesa do Consumidor (CDC) é uma lei eminentemente principiológica, com vasta utilização não só dos princípios, mas também de conceitos indeterminados. De seus variados dispositivos podem ser colhidos os princípios da transparência, da harmonia das relações de consumo, da tutela da vulnerabilidade do consumidor, da boa-fé, da segurança do consumidor, da equivalência material entre consumidores e fornecedores, da informação, de revisão por onerosidade excessiva, de acesso à justiça, da responsabilidade solidária dos fornecedores do produto ou do serviço, da reparação objetiva, da interpretação favorável ao consumidor, da equidade. Desses princípios defluem deveres gerais de conduta correspondentes, nas relações jurídicas de consumo.

A determinação do conteúdo do princípio jurídico, ainda que tarefa desafiadora e complexa, realimenta o direito com o fluxo mutante da vida, o que nos faz lembrar a lição poética de Fernando Pessoa: "É sempre melhor o impreciso que embala do que o certo que basta, porque o que basta acaba onde basta, e onde basta não basta, e nada que se pareça com isto devia ser o sentido da vida".

1.7 Proporcionalidade e Razoabilidade: princípios ou metanormas?

No Brasil e alhures têm grande acolhida como princípios constitucionais implícitos a proporcionalidade e a razoabilidade, com aplicação disseminada em todos os campos do direito, inclusive o direito civil.

O princípio da proporcionalidade leva em conta, além da relação adequada de meios e fins da norma, as circunstâncias de cada situação de fato. Têm sido correntes na experiência brasileira a utilização dos critérios de adequação, necessidade e proporcionalidade estrita para incidência desse princípio. A proporcionalidade é também aplicada nos conflitos privados com esteios aparentemente colidentes na Constituição, como o direito de propriedade (art. 5º, XXII) em face do direito à moradia (art. 6º).

O princípio da razoabilidade incide sobre os conflitos entre o geral e o individual para fixação de critérios e medidas adequados de equivalência ou congruência entre esses dois fatores, considerando a situação específica e as circunstâncias dadas. Como exemplo, o princípio da razoabilidade é aplicável para fixação do dano moral pela jurisprudência brasileira. A razoabilidade não se confunde com a racionalidade. Chaïm Perelman (1996, p. 253) esclarece que, enquanto o racional se refere a verdades eternas e imutáveis, a um direito universalmente válido, o razoável tem conteúdo condicionado pela história, pela cultura de cada comunidade.

Aplicado ao contrato, o princípio da razoabilidade, segundo densa tese desenvolvida no direito francês, incide sobre seus diferentes elementos para que possam estar em consonância com o objetivo nele perseguido pelas partes e serem considerados razoáveis; direcionado ao contratante, seu comportamento é considerado razoável quando adaptado à satisfação desse resultado, fundamentando a correção das cláusulas ambíguas ou desarrazoadas (Ravololomiarana, 2009, p. 399). A intervenção do juiz não tem por fito substituir a autonomia das partes, mas sim assegurar que o objetivo por elas perseguido seja alcançado razoavelmente, de conformidade com a ordem jurídica.

Para Humberto Ávila (2004, p. 87-94), todavia, tanto a proporcionalidade quanto a razoabilidade são espécies típicas de postulados normativos, que não poderiam ser qualificados como princípios, mas sim como "normas estruturantes de aplicação de princípios e regras", o que exige levantamento de casos julgados pelos tribunais, que os empregaram, para relacioná-los entre si. Para o autor não são normas ou princípios jurídicos, mas sim metanormas, ou normas de segundo grau, contidas nos meios e não nos fins, ou seja, os postulados "não impõem a promoção de um fim, mas, em vez disso, estruturam a aplicação do dever de promover um fim".

Entendemos que meio ou fim não são categorias decisivas para definir ou afastar a qualificação da norma jurídica. De acordo com a estrutura normativa de Pontes de Miranda, que adotamos, norma jurídica é aquela que prevê sua incidência quando o suporte fático (hipotético) nela fixado ocorrer no mundo da vida (suporte fático concreto), provocando a eficácia jurídica e as ulteriores consequências positivas ou negativas dela derivadas, em virtude de sua observância e aplicabilidade. A não observância leva à aplicação. Os princípios da proporcionalidade e da razoabilidade atendem a esses critérios. São normas jurídicas e não metanormas ou postulados.

1.8 Aplicação dos princípios pela Jurisprudência brasileira nas relações privadas

A aplicação ampla e direta dos princípios e dos direitos fundamentais nas relações privadas é uma experiência bem-sucedida na jurisprudência dos tribunais brasileiros, desde o advento da Constituição de 1988.

As cortes constitucionais brasileira e estrangeiras aumentaram seu protagonismo nas diretrizes hermenêuticas das relações jurídicas privadas, impulsionadas pela necessidade de sentido unitário às ordens econômica e social absorvidas pelas constituições promotoras do Estado social. Esse protagonismo é indispensável, apesar da crítica dos tradicionalistas ao que denominam "ativismo judicial". Diretrizes diferenciadas de interpretação se consolidaram, para além do clássico conflito entre o cidadão e os poderes políticos, na resolução de temas relevantes nos conflitos entre poderes privados, quase sempre assimétricos.

Algumas decisões paradigmáticas do STF apenas puderam ser tomadas em situações difíceis (*hard cases*), com fundamento nos princípios jurídicos, como se vê nos seguintes exemplos, que fixaram entendimentos estáveis para a aplicação do direito privado:

Na ADI 319, interpretando a Constituição de 1988, o STF decidiu que a lei que dispôs sobre critérios de reajuste das mensalidades escolares, era constitucional, devendo-se conciliar o fundamento dos valores sociais da livre iniciativa e do princípio da livre concorrência com os princípios da defesa do consumidor e da redução das desigualdades sociais, em conformidade com os ditames da justiça social.

O Código Civil apenas trata da presunção de concepção em relação ao embrião que tiver sido introduzido no útero da mulher, silenciando quanto ao destino dos demais que permanecem na condição de excedentários. O STF, na Ação Direta de Inconstitucionalidade 3.510, considerou constitucional o art. 5º da Lei de Biossegurança, permitindo a utilização dos embriões inviáveis em pesquisas e tratamentos médicos com as células embrionárias.

Na ADI 4.275 (tema 761 de repercussão geral), o STF julgou procedente a ação para dar interpretação conforme a Constituição e o Pacto de São José da Costa Rica ao art. 58 da Lei 6.015/1973 (lei dos registros públicos), de modo a reconhecer às pessoas transexuais que assim o desejarem, independentemente da cirurgia de transgenitalização, ou da realização de tratamentos hormonais ou patologizantes, o direito à substituição de prenome e sexo, diretamente no registro civil.

Na ADI 4.277, o STF decidiu, em caráter vinculante, que a união homoafetiva é entidade familiar, tutelada pelos princípios jurídicos da igualdade, da laicidade, da não discriminação em razão do sexo, da vedação do preconceito, da liberdade de realização do projeto de comunhão de vida, da busca da felicidade.

O STF passou a admitir a multiparentalidade, consolidando seu entendimento, como Tema 622 de repercussão geral, em decisão de 2016. Como consequência, a pessoa pode ter contemplados em seu registro civil, além dos pais registrais, os pais biológicos e vice-versa, com iguais efeitos jurídicos da relação paterno-filial, sem necessidade de cancelamento do registro anterior da parentalidade socioafetiva em prol da parentalidade biológica, como ocorria anteriormente.

Quanto ao depositário infiel, após o início de vigência da Convenção Americana de Direitos Humanos (Pacto de São José da Costa Rica), adotada formalmente pelo Brasil, cujo art. 7º apenas admite a prisão de inadimplente de obrigação alimentar, quando a lei nacional assim determinar, o STF editou a Súmula Vinculante 25, estabelecendo que "é ilícita a prisão civil do depositário infiel, qualquer que seja a modalidade do depósito".

No que concerne ao exercício da liberdade de expressão nos meios de comunicação, a responsabilidade civil preventiva ficou muito limitada após a decisão do STF que declarou inconstitucional a Lei de Imprensa editada durante o período da ditadura militar. Entendeu o STF que a reparação de qualquer dano a direitos da personalidade, incluindo a intimidade e a vida privada – também garantidos na Constituição –, deveria ser pleiteada *a posteriori*, pois a prevenção poderia incorrer em censura à liberdade de expressão, ainda que o dano (evitável) seja certo e continuado.

O STF reconheceu ser constitucional a penhorabilidade de bem de família pertencente ao fiador em contrato de locação residencial ou não residencial (Tema 1.127 de repercussão geral – RE 1.307.334). Prevaleceu o entendimento da maioria de ser respeitada a autonomia privada do fiador, que, de forma livre e espontânea, garantiu o contrato. Para a corrente minoritária do Tribunal, no que concordamos, deve prevalecer o direito fundamental e existencial à moradia (Constituição, art. 6º), quando em colisão a com autonomia privada negocial.

Ante a inconstitucionalidade proclamada pelo STF do art. 1.790 do Código Civil (Tema de repercussão geral n. 809, RE 878.694), as normas sobre os direitos sucessórios do cônjuge devem ser estendidas ao companheiro ou convivente da união estável. A desigualdade de direitos sucessórios entre cônjuge sobrevivente e companheiro ou convivente sobrevivente convertia-se em indevida sanção pela não conversão da união estável em casamento, atentando contra a garantia constitucional de liberdade de escolha da família ou entidade familiar. As diferenças jurídicas são admissíveis e positivas quando valorizam os sujeitos destinatários e contemplam suas peculiaridades, mas são inadmissíveis e negativas quando sustentam desigualdades arbitrárias e suprimem direitos.

Decisões desse jaez e outras adiante referidas, ao contrário dos que nelas enxergam decisionismo judicial e risco ao equilíbrio dos poderes, são respostas e orientações adequadas às grandes demandas sociais, além de afirmar a unidade do sistema jurídico e a força normativa e superior da Constituição e de seus princípios.

CAPÍTULO 2

PRINCÍPIOS E A CONSTITUCIONALIZAÇÃO DO DIREITO CIVIL

2.1 Direito civil e Constituição

A Constituição estabelece um conjunto de normas jurídicas – incluindo os princípios jurídicos – voltadas à essencialidade das relações privadas existenciais e patrimoniais, com incidência direta e não dependente da interposição do legislador ordinário. A esse conjunto de normas constitucionais tem-se atribuído igualmente a denominação de legalidade constitucional, integrante da totalidade do ordenamento jurídico, mas com supremacia sobre as demais normas, incluindo a codificação civil. Supera-se a metodologia tradicional de isolamento do sistema de direito civil, para o qual a ordem constitucional é estranha.

A interlocução do direito civil com a legalidade constitucional foi inevitável que se desenvolvesse no Brasil, máxime após a Constituição de 1988, que restaurou a ordem democrática no país e remodelou o Estado social.

Nossa referência à legalidade constitucional é inclusiva do que se denomina bloco de constitucionalidade, abrangente dos tratados e convenções internacionais, internalizados pelo Brasil, além dos princípios constitucionais implícitos. Após a Emenda Constitucional n. 45/2004, os tratados que aludam a direitos humanos foram equiparados a emendas à Constituição. Os anteriores são considerados pela doutrina e em julgados do STF como supralegais, que paralisam a aplicação das leis que os contradigam.

O direito civil na legalidade constitucional não dá as costas à milenar elaboração das categorias do direito civil. Muito ao contrário. História e contemporaneidade são imprescindíveis para a compreensão do direito civil. E é a história que nos orienta quanto à evolução por que passou o Estado moderno ocidental, nas três etapas vivenciadas até o momento atual: a do Estado absoluto (final da Idade Média até o final do século XVIII), a do Estado liberal (final do século XVIII até o início do século XX) e a do Estado social (desde o início do século XX).

A classificação tripartite é adotada por simplificação do discurso, mas é muito difundida entre nós, a exemplo do publicista Paulo Bonavides (2004, *passim*). Sob o ponto de vista da dialética histórica, o Estado absolutista foi a tese, o Estado liberal foi a antítese e o Estado social contemporâneo pode ser qualificado como a síntese, apesar das vicissitudes que tem sofrido.

Essas três etapas impactaram na mesma medida no direito civil. Nessa linha evolutiva é que vamos encontrar o equilíbrio virtuoso entre a dignidade da pessoa humana e a solidariedade social.

A longa história do direito civil brasileiro, como fruto do sistema jurídico romano germânico, é enriquecida com os rumos que tomou na contemporaneidade, ao lado dos sistemas nacionais de direito civil dos países de nosso trato cultural comum, notadamente os da Europa continental e os da América Latina. Em todos eles, a constitucionalização das relações privadas é realidade reconhecida ou subjacente na doutrina e na jurisprudência.

A correta interpretação do direito civil brasileiro, portanto, há de partir de sua historicidade e dos fundamentos estabelecidos na Constituição para aplicação das normas infraconstitucionais. Os civilistas, mais que os constitucionalistas, contribuíram para afirmar, como ponto de partida, a força normativa das normas constitucionais, incluindo os princípios, e bem assim suas incidências diretas, tanto quando o legislador ordinário for omisso, quanto para atribuir sentido à legislação infraconstitucional. Cumpre realçar que os Tribunais, com relevo para o Supremo Tribunal Federal, tiveram e têm papel relevante nessa direção hermenêutica, contribuindo para que o direito civil seja direito de todos os brasileiros e não apenas da parcela detentora de patrimônio. Deve-se situar a pessoa humana no centro do direito civil e considerar que o patrimônio deve ser orientado a sua realização existencial, sem a primazia que a dogmática tradicional a ele atribuía.

Os princípios jurídicos estão a demonstrar que a interlocução entre Constituição e Código Civil é via de mão dupla. A doutrina brasileira e estrangeira tem ressaltado esse aspecto. Bertrand Mathieu (2005, p. 33) acentua que os princípios jurídicos desenvolvidos no âmbito do direito civil influenciam os princípios constitucionais, notadamente quando nestes se transmudam, inclusive para fins de controle de constitucionalidade.

2.2 Incorporação da ordem privada nas Constituições

A concepção de ordem jurídica que integre tanto a ordem pública como a ordem privada, sob o fundamento comum da Constituição, é recente na história do direito.

Pouco mais de dois séculos atrás, o advento do constitucionalismo no mundo ocidental introduziu a cisão entre ambas as ordens jurídicas. Coube às constituições regularem a ordem pública ou política e às codificações regularem a ordem privada.

A regulação fundamental da ordem pública pelas constituições era inspirada no propósito de controle dos poderes políticos, de modo a permitir a máxima autonomia individual dos cidadãos. Por sua vez, as codificações tiveram por finalidade afastar ou reduzir o controle dos poderes privados, que foram os grandes beneficiários da ampliação da autonomia individual. Consequentemente, houve a regulação com controle dos poderes políticos e a regulação sem controle dos poderes privados.

Esse arcabouço legal, tendo a Constituição de um lado e a codificação de outro para proteção dos interesses privados, repercutiu o individualismo ou liberalismo individualista da burguesia, classe que triunfou sobre o regime anterior da aristocracia e da monarquia absolutista. Pode-se considerá-lo como uma constitucionalização negativa dos direitos privados, pois estes foram excluídos da ordem constitucional, salvo quanto aos tênues laços com os direitos fundamentais individuais, que surgiram ao lado dela.

Nessa primeira fase do constitucionalismo, de padrão individualista, que atravessa o século XIX e se prolonga até às primeiras décadas do século XX, era impensável a interpretação da ordem privada a partir da Constituição. O divórcio entre as duas ordens legais era quase total. As tímidas incursões de intervenção legislativa na ordem econômica eram excepcionais e tiveram fundamento fora das constituições liberais e individualistas. Exemplos foram a legislação antitruste norte-americana, ao final do século XIX, e a lei brasileira de responsabilidade civil das empresas ferroviárias, no início do século XX (1912).

A inserção ou não dos fundamentos da ordem privada social e econômica nas constituições acompanha o trânsito histórico do Estado moderno, em suas três etapas referidas: o Estado absolutista, o Estado liberal, o Estado social.

2.3 Estado Social como parâmetro de conformação dos princípios e das normas infraconstitucionais civis

Sob o ponto de vista do direito privado, o Estado social ou do bem-estar social, hegemônico em quase todos os países ocidentais desde o fim da primeira guerra mundial, caracteriza-se pela incorporação, nas constituições, da ordem econômica e da ordem social, que estabelecem os fundamentos, os conteúdos essenciais e os limites da legalidade infraconstitucional das relações privadas, para além do constitucionalismo liberal oitocentista, que se conteve na organização política e nas garantias das liberdades públicas.

O Estado absolutista, que se formou ao final da Idade Média, concentrou na figura do monarca a produção ilimitada do direito, sem demarcação clara dos âmbitos público e privado, eliminando ou reduzindo as antigas fontes locais de poder legislativo (feudos, burgos, corporações de ofício, igreja). Tudo dependia da vontade do soberano. As Ordenações do Reino de Portugal são exemplos dessa concentração e indistinção do direito público e direito privado.

As revoluções burguesas e liberais do final do século XVIII e início do século XIX, cujos exemplos marcantes são a norte-americana e a francesa, descentralizaram o poder estatal em três poderes distintos, para melhor controle de seus agentes, distinguindo o direito público do direito privado, com distintos fundamentos de interpretação.

O Estado social adveio no século XX como reação ao excesso de individualismo do Estado liberal, que causou tantas desigualdades sociais, fazendo-se incluir na Constituição, além dos controles dos poderes políticos, os controles dos poderes privados. Mantém a distinção da ordem jurídica pública e da ordem jurídica privada advinda do Estado liberal, mas com interlocução necessária entre elas sob fundamento constitucional comum.

O Código Civil brasileiro de 1916 surgiu no momento do trânsito do Estado liberal vindo do século XIX, e inspirado nos valores deste, mas quando já despontava a transformação para o Estado social, inaugurado pela Constituição brasileira de 1934, a primeira a disciplinar a ordem econômica e social. Esse código de inspiração liberal gerou dificuldades para sua interpretação, exigente de adaptação às Constituições sociais que advieram após seu início de vigência. Esta é a razão de sua fraca aplicação e rápido declínio, sendo substituído progressivamente pela legislação surgida à sua margem e que repercutiam os novos valores constitucionais.

"O Estado social, por sua própria natureza, é um Estado intervencionista, que requer sempre a presença militante do poder político nas esferas sociais, onde cresceu a dependência do indivíduo, pela impossibilidade em que este se acha, perante fatores alheios à sua vontade, de prover certas necessidades existenciais mínimas" (Bonavides, 2004, p. 200). Em outra obra, Paulo Bonavides (2012, p. 374) afirma que a teoria do Estado social é, num certo sentido, a teoria mesma dos direitos fundamentais, notadamente os de segunda, terceira e quarta gerações ou dimensões.

As constituições liberais nada regularam sobre as relações privadas, cumprindo sua função de delimitação do Estado mínimo. Ao Estado coube apenas estabelecer as regras do jogo das liberdades privadas, no plano infraconstitucional, de sujeitos de direitos formalmente iguais, abstraídos de suas desigualdades reais e sem qualquer espaço para a justiça social. Como a dura lição da história demonstrou, a codificação liberal e a ausência da constituição econômica também serviram de instrumento de exploração dos mais fracos pelos mais fortes, que gerou reações e conflitos que redundaram no advento do Estado social.

O individualismo liberal desprezou a antiga tradição, que vinha da ética social de Aristóteles, da equivalência material das prestações, para o que contribuíram a ética da liberdade e da responsabilidade de Kant e Savigny, a recusa do liberalismo, em relação a uma relativização das obrigações assumidas pelas alterações de valor verificadas no mercado, e a expectativa da previsibilidade da evolução da economia. No Estado social, houve o alargamento da responsabilidade solidária das partes e da competência do juiz para revisão dos negócios jurídicos, em razão da mutação funcional do ordenamento normativo numa sociedade dominada pela solidariedade social. As três características básicas dessa mudança, segundo Franz Wieacker (1980, p. 598-626), são: a) a relativização dos direitos privados pela sua função social; b) a vinculação ético-social desses direitos; c) o recuo do formalismo do sistema de direito privado clássico do século XIX.

A ideologia do social, traduzida em valores de justiça social ou de solidariedade, passou a dominar o cenário constitucional do século XX. A sociedade exigiu o acesso aos bens e serviços produzidos pela economia. Firmou-se a opinião comum de que a solidez do poder residiria, substancialmente, no econômico (mercado) e, relativamente, no político. Daí a insuperável atuação do Estado para fazer prevalecer o interesse coletivo, evitar os abusos e garantir o espaço público de afirmação da dignidade humana.

Assim, entende-se por Estado social, no plano do direito – máxime do direito privado –, todo aquele que é regido por uma Constituição que regule a ordem econômica e social, diferentemente do Estado liberal que lhe antecedeu, cuja Constituição atribuía a ordem econômica à "mão invisível" do mercado. Como salienta Stefano Rodotà (2014, p. 39), é seguramente caracterizado pela inovação representada pelo reconhecimento pleno dos direitos fundamentais, que compreendem os direitos sociais, e por sua substancial irredutibilidade à lógica do mercado. Atualmente, de fato, um dos pontos chaves em torno das discussões sobre os direitos fundamentais diz respeito ao que pode estar no mercado e o que deve permanecer fora, máxime naquilo que pode se expressar em termos de propriedade e no que, ao contrário, insere-se na dimensão da personalidade (Rodotà, 2012, p. 9).

O Estado social pode ser autocrático (exemplo do brasileiro regido pelas Constituições de 1937, de 1967 e de 1969, outorgadas ou impostas) ou democrático (Constituições de 1946 e 1988). A Constituição de 1988 fez opção clara pelo Estado social e democrático de direito, conjugando os valores de liberdade e igualdade com o valor do pluralismo. O Estado social estende e intensifica a liberdade e a igualdade, respeitando a pluralidade de ideias.

O Estado social identifica-se por estabelecer mecanismos jurídicos de intervenção nas relações privadas econômicas e sociais, nas dimensões legislativa, administrativa e judicial, para a tutela dos vulneráveis, tendo por objetivo final a realização da justiça social (Constituição, art. 170), com inegáveis reflexos nas dimensões materiais do direito civil.

Na Constituição brasileira de 1988, o Estado social tem como objetivos fundamentais (art. 3º, I) "constituir uma sociedade livre, justa e solidária", com redução das desigualdades sociais (art. 3º. III).

A ordem jurídica infraconstitucional deve concretizar a organização social e econômica eleita pela Constituição, não podendo os juristas desconsiderarem-na, como se os fundamentos do direito civil permanecessem ancorados no modelo individualista adotado pelas duas Constituições liberais brasileiras do século XIX (monárquica, de 1824, e republicana, de 1891).

2.4 Situando a crise do Estado Social

A crise do Estado social foi aguçada pela constatação dos limites das receitas públicas para atendimento das demandas sociais, cada vez crescentes. Portanto, a crise situa-se na dimensão da ordem social insatisfeita (garantia universal de saúde, educação, segurança, previdência social, assistência aos desamparados, sobretudo), ou do Estado-providência. No que respeita à ordem econômica, todavia, a crise é muito mais ideológica que real, pois se dirige à redução do Estado empreendedor e do garantismo legal. Mas, à medida que o Estado substitui seu papel de empreendedor para o de regulador da atividade econômica, paradoxalmente, cresce na dimensão jurídica.

O Estado social é vítima, nos países, de seu próprio sucesso, segundo Gomes Canotilho (2000, p. 39), para o qual as constituições "socialmente amigas" sofrem as críticas amargas da "crise de governabilidade", do "flagelo do bem", do "fim da igualdade", da "bancarrota do Estado". Tal perplexidade foi aguçada pela globalização econômica, na medida em que aprofundou a tendência pela substituição do Estado de bem-estar para o Estado regulador, enquanto for necessária essa função de garantia das regras do jogo das forças econômicas hegemônicas.

A propósito da atual globalização econômica (ou do neoliberalismo) é oportuna a reflexão de Milton Santos (2015, p. 18-38), que a situa em três perspectivas: a) como fábula, à mercê de ideologização maciça que difunde a bondade dos presentes processos de globalização; b) como perversidade, em razão do exponencial crescimento das desigualdades sociais e do retrocesso quanto às noções de bem público e de solidariedade, enquanto se amplia o papel político das empresas na regulação da vida social, em detrimento do Estado social; c) como possibilidade de outra globalização mais humana.

A ideia de retorno ao Estado mínimo (e, nesse sentido, liberal) é anti-histórica. É pouco crível que a sociedade suporte viver sem as garantias legais coletivas que duramente conquistou, nas relações de trabalho, nos direitos do consumidor, no direito da livre concorrência, na função social da propriedade e do contrato, na preservação do meio ambiente, enfim, sem uma ordem econômica constitucional e social.

As várias reformas que vem sofrendo a Constituição de 1988 reduziram fortemente seu alcance, mas não retiraram dela a natureza básica do Estado social a que se destina, ancorada na justiça social, que por sua vez é afirmada como princípio estruturante da ordem política e da ordem econômica (veja-se, especialmente, o *caput* do art. 170, conformador da atividade econômica exercida no País).

Como diz Boaventura de Sousa Santos (2007, p. 20), é verdade que a constitucionalização de um conjunto extenso de direitos sem o respaldo de políticas públicas e sociais consolidadas torna difícil sua efetivação, mas não é menos verdade que esse caráter amplo de direitos abre espaço para maior intervenção judicial a partir do controle da constitucionalidade do direito ordinário, consagrando princípios e normas constitucionais. Um bom exemplo, no caso brasileiro, está na proteção jurídica alcançada pelos casais homoafetivos, aplicando-se o princípio constitucional da igualdade.

Apesar da reação conservadora e individualista a partir dos anos 1980, com a denominação de neoliberalismo, o Estado social manteve-se na sua essência sob a perspectiva do direito privado, pois permanecem tanto a ordem econômica constitucional, quanto a ordem social constitucional, apesar de políticas públicas contraditórias.

Reafirmamos que, sob o ponto de vista do direito privado, enquanto houver ordem econômica e social constitucional, haverá Estado social; enquanto houver Estado social, haverá constitucionalização do direito civil, que atrai necessariamente a metodologia civil constitucional.

Os que negam a evidência da constitucionalização do direito civil e da imprescindibilidade da construção doutrinária, que resultou na metodologia civil constitucional, deixam-se levar por juízos de valor subjetivo, como se a história do direito civil tivesse encerrado sua trajetória nas grandes codificações burguesas do liberalismo oitocentista. Essa orientação tradicionalista é contraditória com o curso da história, que alegam prezar, pois essas grandes codificações intentaram romper com a tradição romanística e com o direito costumeiro, rompendo com o passado.

2.5 Sentido de unidade hermenêutica na aplicação do direito civil

Do modelo constitucional de Estado social, adotado pela Constituição de 1988, decorre a unidade hermenêutica, tendo a Constituição como ápice conformador da elaboração e da aplicação da legislação civil. A mudança de atitude é substancial: deve o jurista interpretar o Código Civil (apesar do nome, o Código Civil de 2002 é um código de direito privado, ainda que parcialmente, pois várias matérias permanecem fora dele) segundo a Constituição e não a Constituição segundo o Código Civil como ocorria com frequência.

Como disse Karl Larenz (1978, p. 96), as leis ordinárias que estejam em contradição com um princípio de nível constitucional carecem de validade, tanto quanto não possam ser interpretadas "conforme a Constituição"; se é factível uma interpretação em conformidade com a Constituição, aquela tem preferência sobre qualquer outra modalidade de interpretação.

Não foi fácil essa interlocução, com resistências que persistem. "Por um lado, porque o direito constitucional e o direito civil eram considerados territórios autônomos, incomunicáveis, consequência natural da separação nítida entre o Estado e a sociedade, própria à concepção liberal então dominante; por outro lado, porque vigorava uma neutralidade valorativa que definia o direito privado", segundo Couto e Silva (1997, p. 21).

O direito civil sempre forneceu as categorias, os conceitos e classificações que serviram para a consolidação dos vários ramos do direito público, inclusive o constitucional, em virtude de sua mais antiga evolução (o constitucionalismo e os direitos públicos são mais recentes, não alcançando um décimo do tempo histórico do direito civil romano-germânico). Agora, ladeia os demais na mesma sujeição aos valores, princípios e outras normas consagrados na Constituição. Daí a necessidade do manejo das categorias fundamentais da Constituição. Sem elas, a interpretação do Código e das leis civis desvia-se de seu correto significado.

Quando falamos da Constituição, devemos aludir à Constituição hoje, ou no momento de sua aplicação, e não tal como era em 1988. De lá para cá, ela incorporou outros valores e modificações havidas em emendas constitucionais, convenções internacionais com força de emendas e interpretações definitivas do STF sobre temas nela não claramente explicitados.

É certo que os fundamentos do ordenamento jurídico civil foram absorvidos pela Constituição, na medida em que diferentes conceitos do direito constitucional como propriedade, família e contrato só são explicáveis se considerarmos a prévia definição jusprivatista de seu conteúdo.

Mas, por outro lado, essa "inelutabilidade hermenêutica não pode conduzir a uma contestação da autonomia da Constituição ou da relatividade dos conceitos jurídicos" (Neuner, 2004, p. 10), inclusive porque a visão orientadora do constituinte brasileiro, como os de outros países após a Segunda Guerra Mundial, não foi apenas do direito civil tradicional, mas também das declarações e tratados internacionais de direitos humanos individuais e sociais.

A plena vinculação e aplicabilidade direta dos princípios e outras normas constitucionais nas relações privadas são tônicas da constitucionalização do direito privado no Brasil, na afirmação substancial dos direitos sociais, dos direitos econômicos e dos demais direitos fundamentais.

Para Paulo Bonavides (2012, p. 202) houve na evolução do constitucionalismo duas revoluções: a primeira com as constituições da Revolução Francesa (1791 e 1793), que fundaram o constitucionalismo da repartição normativa dos poderes, a segunda, dois séculos depois e ainda em curso, a efetivação dos direitos fundamentais de todas as dimensões ou gerações com prevalência dos princípios, mediante a força normativa da Constituição.

Os direitos fundamentais que dizem respeito ao direito civil resultam da migração de direitos subjetivos civis fundamentais para o âmbito constitucional, por escolha dos representantes constituintes, num momento histórico em que a sociedade elegeu aqueles que são seus valores essenciais e fundamentais, e os verteu em normas constitucionais. Quando isso ocorreu, em 1988, dezenas de preceitos constitucionais fundamentais passaram a conformar o direito civil, relativos a direitos da personalidade, às pessoas (físicas e jurídicas), às famílias, à propriedade e outras titularidades, às obrigações em geral, aos contratos e às sucessões.

2.6 Constitucionalização do direito civil em geral

A constitucionalização do direito civil é o processo de elevação ao plano constitucional dos princípios e fundamentos do direito civil, que passam a condicionar a observância pelos cidadãos, e a aplicação, pelos tribunais, da legislação infraconstitucional pertinente. No plano teórico, é a interlocução do direito civil com a teoria da Constituição e com os fundamentos do constitucionalismo social e econômico, que nossa Constituição consagra.

"O direito civil tem seguramente uma função política, que vai definida em todas as diversas épocas constitucionais. E assim, pela mesma razão, os princípios ético-políticos, postos como fundamentos da constituição do Estado, exercem uma forte influência sobre a estrutura do direito privado", acentua Ludwig Raiser (1990, p. 174).

O direito civil, ao longo de sua história no mundo romano-germânico, sempre foi identificado como o *locus* normativo privilegiado do indivíduo enquanto tal. A partir do constitucionalismo moderno, nenhum ramo do direito ficou mais distante da Constituição do que ele. Em contraposição à constituição política, era cogitado como constituição do homem comum, máxime após o processo de codificação liberal. Essa separação escarpada é fruto histórico do esquema liberal que separava o Estado e a sociedade civil, concebendo-se a Constituição como lei do primeiro e o direito civil como ordenamento da segunda.

Os estudos mais recentes dos civilistas têm demonstrado a falácia dessa visão estática e atemporal do direito civil. Não se trata, apenas, de estabelecer a necessária interlocução entre os variados saberes jurídicos, com ênfase entre o direito privado e o direito público, concebida como interdisciplinaridade interna. Pretende-se não apenas investigar a inserção do direito civil na Constituição jurídico-positiva, mas os fundamentos constitucionais de sua validade jurídica.

De todos os estatutos jurídicos, são o direito civil e a Constituição os que mais dizem respeito ao cotidiano de cada pessoa humana e de cada cidadão, respectivamente. As normas constitucionais e civis incidem diária e permanentemente, pois cada um de nós é sujeito de direitos ou de deveres civis em todos os instantes da vida, como pessoas, como adquirentes e utentes de coisas e serviços ou como integrantes de relações negociais e familiares. Do mesmo modo, em todos os dias exercemos a cidadania e somos tutelados pelos direitos fundamentais.

Essa característica comum favorece a aproximação dos dois campos, em interlocução proveitosa

Diz-se, com certa dose de exagero, que o direito privado passou a ser o direito constitucional aplicado, pois nele se detecta o projeto de vida em comum que a Constituição impõe (Lorenzetti, 1998, p. 253).

É importante observar que o fenômeno da constitucionalização dos direitos não se confunde com o que no Brasil se denominou publicização. Esta é entendida como supressão de matérias tradicionais de direito privado trasladadas para o âmbito do direito público.

O direito privado não é absorvido ou capturado pela Constituição. O processo de constitucionalização não faz migrar o direito privado nem para o âmbito da Constituição nem, muito menos, para o do direito constitucional. Resulta, sim, no reconhecimento de que o ordenamento jurídico é um todo unitário e não fragmentado, cujas normas inferiores são conformadas pelas normas superiores e estas pelas que lhes são superiores. Não são apenas as matérias explicitadas na Constituição que sofrem seu influxo, mas todas as demais que compõem o ordenamento jurídico privado.

A velha dicotomia direito público e direito privado tem sido objeto de críticas que prognosticaram seu desaparecimento, mas permanece exercendo função prestante de classificação prática das matérias, à falta de outro critério mais adequado, ainda que não devamos esquecer que ela é, como diz Pontes de Miranda (1974a, p. 71), de origem histórica e não lógica.

Não é a cogência da norma ou o maior grau de intervenção legislativa que torna pública uma relação jurídica, pois são justamente da natureza do Estado social essas características. Apenas durante o liberalismo jurídico é que se podia cogitar da autonomia – no sentido de espaço de não intervenção – como elemento de discrime. A substancial restrição de autonomia individual, a exemplo do direito das famílias ou do direito de consumidor, não torna pública a relação entre privados, que continua assim.

O critério do interesse também perdeu consistência, uma vez que há interesse público na regulação das relações privadas materialmente desiguais quando uma das partes é considerada juridicamente vulnerável, o que no Estado liberal era considerado domínio exclusivo do mercado ou da vida privada. Portanto, é pública a relação jurídica na qual a desigualdade é predeterminada pelo necessário império do Estado, de um lado, e da submissão do cidadão, do outro (direito financeiro, direito administrativo, direito penal, direito processual etc.). Mas as relações entre familiares e parentes, entre contratantes, entre titular de domínio e os demais sujeitos de direito, entre o causador do dano e a vítima, entre herdeiros, por mais que sejam constitucionalizadas, não perdem sua natureza estritamente civil.

Os postulados principais da constitucionalização do direito civil concernem: a) à natureza normativa da Constituição e de suas normas, libertando-se do preconceito de seus fins meramente programáticos; b) à complexidade e à unidade do ordenamento jurídico, ante a pluralidade das fontes de direito, segundo os princípios e outras normas constitucionais fundamentais; c) a uma renovada teoria da interpretação jurídica não formalista, tendo em vista os fundamentos e princípios constitucionais explícitos ou implícitos.

As constituições posteriores à Segunda Guerra Mundial, principalmente da Alemanha, da França e da Itália e as de Portugal e Espanha – estas últimas na década de 1970 – estruturaram-se em torno do Estado social e propiciaram idêntico interesse pela constitucionalização do direito civil, com produção doutrinária sistemática. Muitos estudos foram alimentados pelas decisões das cortes constitucionais desses países, que se depararam com frequentes conflitos de direitos fundamentais entre os particulares.

Para o publicista italiano Luigi Ferrajoli (2001, p. 53), estamos vivenciando uma nova etapa, a qual ele chamou de terceira geração do constitucionalismo – "novo paradigma do direito" – que se caracteriza justamente pela legalidade substancial imposta pelos princípios e pela garantia da efetivação dos direitos fundamentais. No mesmo sentido, diz Paulo Bonavides (2012, p. 306) que os direitos fundamentais se converteram na essência mesma das Constituições, sendo mais importantes que a própria parte organizacional da soberania, aquela que dantes parecia concentrar todo o espírito da Constituição graças ao axioma da separação dos poderes.

2.7 Constitucionalização como fato e metodologia civil constitucional como doutrina

O direito civil constitucional, no Brasil, é um fenômeno doutrinário que tomou corpo, principalmente a partir da última década do século XX, entre os juristas preocupados com a revitalização do direito civil e sua adequação aos valores que tinham sido consagrados na Constituição de 1988 como expressão das transformações sociais. Disseminou-se a convicção da insuficiência da codificação, e até mesmo da superação de sua função, ante a complexidade da vida contemporânea e o advento de microssistemas jurídicos pluridisciplinares e legislações especiais, que ladeiam o Código Civil, exigentes de uma referência normativa unificadora.

As categorias, os conceitos, as classificações, os princípios de direito civil ministrados nos cursos jurídicos e aplicados na prática jurídica demonstravam inquietante distanciamento da realidade social. A sociedade que servira de paradigma para a codificação civil brasileira e os fundamentos ideológicos do Estado liberal e do correlativo individualismo jurídico já estavam superados. O Estado liberal paradigmático das Constituições de 1824 e 1891 tinha sido substituído pelo Estado social das Constituições democráticas e autoritárias de 1934 em diante, cuja característica essencial foi a incorporação, além da organização política e dos direitos individuais, da organização social e econômica, que diretamente reflete nas relações privadas. A Constituição de 1988 foi a que mais agudamente pretendeu regular e controlar os poderes privados, na perseguição da justiça material.

A constitucionalização do direito civil é um fato, pois constitucionalizou o núcleo essencial das relações privadas, enquanto o direito civil constitucional é a construção doutrinária que tem por objeto a análise desse fato. Pode-se cogitar, todavia, da constitucionalização das relações privadas desde os primórdios do constitucionalismo liberal, pelo não dito, ou seja, pela exclusão delas de seu âmbito, para propiciar a ampla autonomia no mercado, sem regulação.

Portanto, o direito civil constitucional não pode ser entendido como disciplina distinta do direito civil, porque não é disciplina própria ou autônoma, mas sim metodologia que o integra ao sistema jurídico que tem a Constituição como sua fonte normativa primeira.

Os civilistas deram-se conta de que a centralidade de sua disciplina tinha migrado definitivamente para a Constituição. O ideário liberal-burguês triunfante da Revolução Francesa tinha cindido a ordem política do cidadão (*citoyen*), de um lado, e a ordem privada do burguês – protegendo seus negócios com o Código Civil –, de outro lado. Estado separado da sociedade civil: para aquele, a constituição política; para esta, o Código Civil, como constituição das relações privadas. Duas constituições simultâneas, portanto, duas esferas jurídicas não comunicantes.

Consequentemente, o direito civil e a teoria constitucional desenvolveram-se inteiramente distanciados um do outro; ao primeiro destinaram-se os efeitos concretos da vida privada; à segunda, os efeitos simbólicos de normas entendidas como essencialmente programáticas, que só alcançariam a plenitude normativa com a legislação ordinária. Esse dualismo exerceu uma força de sedução que persiste até os nossos dias, no senso comum dos juristas. Tem-se, ainda, a força da tradição, que alimenta o discurso do isolamento do direito civil, pois seria um conhecimento acumulado de mais de dois milênios, desde os antigos romanos, e teria atravessado as variabilidades históricas, mantendo sua função prático-operacional.

A elevação dos fundamentos do direito civil ao *status* constitucional foi uma deliberada escolha axiológica da sociedade, indispensável para a consolidação do Estado Democrático e Social de Direito e consequente promoção da justiça social e da solidariedade, incompatíveis com o modelo liberal anterior de distanciamento jurídico dos interesses privados e de valorização do individualismo. Os fundamentos constitucionais da organização social e econômica são os fundamentos jurídicos das relações privadas e de seus protagonistas principais: a personalidade, as famílias, os contratos, a responsabilidade civil, as titularidades, as sucessões.

Para Mosset Iturraspe (2011, p. 137), os aspectos relevantes do direito civil constitucional são: a) sua tarefa de ordenar e precisar os direitos fundamentais; b) sua função promotora da transformação das instituições tradicionais do direito civil; c) sua luta pela eficácia direta, derrogativa, invalidatória, interpretativa e informadora da norma constitucional incidente sobre as relações privadas.

Além dos civilistas, os constitucionalistas também se interessaram pelo fenômeno, refletindo sobre o impacto dessa inserção das relações civis no direito constitucional, ao ponto de José Joaquim Gomes Canotilho (2000 *passim*) indagar se o processo não é inverso, ou seja, da "civilização do direito constitucional".

2.8 Constituição como núcleo fundamental do sistema de direito civil

O sistema de direito civil brasileiro é composto, no plano legislativo, pelas normas constitucionais, como núcleo ou centro; gravitando em torno estão o Código Civil, a legislação especial e o direito material das relações privadas dos microssistemas jurídicos (por exemplo, os estatutos da pessoa idosa, da pessoa com deficiência, da criança e adolescente, do consumidor). É a Constituição, e não mais o Código, que dá unidade ao sistema. Mas é importante notar que a via é de mão dupla, pois a aplicação das normas constitucionais entre os particulares é alimentada pelo conteúdo dos princípios de direito privado que se consolidaram na sociedade, os quais, por sua vez, são conformados aos valores constitucionais.

A interlocução entre as fontes normativas infraconstitucionais se dá pela mediação dos princípios e outras normas constitucionais. Esse modo dinâmico e harmonioso das fontes legais dispensa a exclusividade do reenvio aos tradicionais meios de superação das antinomias, a saber, a da preferência da norma superior sobre a inferior hierárquica, ou da norma posterior sobre a anterior, ou da norma especial sobre a geral. Às vezes o intérprete terá de harmonizar o Código Civil e o Código de Defesa do Consumidor, cujas relações privadas são reguladas pelo princípio da proteção; ou o Código Civil e o Estatuto da Criança e do Adolescente, interpenetrando suas normas, para aplicação sobre a mesma situação.

Como diz Luiz Edson Fachin (2007, p. 20), "se a abstração constitutiva do modelo de relação jurídica é o elemento unificador da racionalidade do Código Civil, o único modo de se operar uma 'correção hermenêutica' da codificação [permitindo a efetividade dos direitos fundamentais nas relações interprivadas, com o repúdio ao estatuto da exclusão operado pela fetichização dos modelos] é a sua interpretação não à luz dessa mesma racionalidade, mas, sim, da ordem principiológica constitucional".

A crítica que se fez à Constituição de 1988 foi justamente pelo fato de eleger os direitos subjetivos fundamentais, inclusive os sociais e econômicos, e insculpi-los em seu corpo. Porque a visão tradicionalista pretendia que eles permanecessem fora da Constituição. Portanto, o surgimento – se pudermos visualizá-lo historicamente – da constitucionalização do direito civil data da década de 1930, com o advento da Constituição de 1934. E não por acaso, o nosso grande codificador do início do século, Clóvis Bevilácqua, escreveu, talvez, o primeiro artigo sobre constitucionalização do direito civil, logo após a Constituição de 1934, não concordando muito com o que aquela Constituição disciplinava nos campos econômico e social. Como dissemos, o Código

Civil de 1916 tinha como parâmetro uma Constituição absenteísta em relação à ordem econômica e social.

2.9 Força normativa superior da Constituição nas relações civis

A compreensão que se tem atualmente do processo de constitucionalização do direito civil não o resume à aplicação direta dos direitos fundamentais às relações privadas, que é um de seus aspectos. Vai muito além. O significado mais importante é o da aplicação direta das normas constitucionais, máxime os princípios, quaisquer que sejam as relações privadas, particularmente de duas formas: a) quando inexistir norma infraconstitucional, o juiz extrairá da norma constitucional o conteúdo necessário para a resolução do conflito; b) quando a matéria for objeto de norma infraconstitucional, esta deverá ser interpretada em conformidade com as normas constitucionais aplicáveis. Portanto, as normas constitucionais sempre serão aplicadas em qualquer relação jurídica privada, seja integralmente, seja pela conformação das normas infraconstitucionais.

No que concerne à interpretação em conformidade com a Constituição, destaca-se o conhecido entendimento do tribunal constitucional da Alemanha nos seguintes termos: "Se a norma contrariar um princípio, seja qual for a interpretação possível, considerar-se-á inconstitucional. Mas se a norma admitir várias interpretações, que em parte conduzem a uma conclusão de inconstitucionalidade, e que por outra parte se compatibilizam com a Constituição, a norma é constitucional, e como tal se aplicará de acordo com a Constituição".

Em obra dedicada a essa matéria, afirma o jurista alemão Konrad Hesse (1991, p. 15 e 19) que a Constituição não configura apenas expressão de um ser, mas é acima de tudo um dever ser. Graças à pretensão de eficácia, a Constituição procura imprimir ordem e conformação à realidade política e social. Segundo ele, a força normativa da Constituição não reside na adaptação inteligente a uma dada realidade; converte-se ela mesma, "em força ativa, que assenta na natureza singular do presente", o que exige de todos os partícipes da vida constitucional partilhar a vontade de Constituição.

Os civilistas brasileiros, estudiosos do processo de constitucionalização, nunca tiveram dúvidas sobre a força normativa da Constituição; nunca incorporaram os questionamentos de algumas correntes de constitucionalistas, preocupados com o alcance que os primeiros têm dado às normas constitucionais. Assim foi, por exemplo, com o princípio da igualdade entre cônjuges e entre filhos de qualquer origem, estabelecido nos arts. 226 e 227 da Constituição, que representou verdadeira revolução no direito das famílias, consequentemente revogando a legislação civil anterior. Essa orientação restou dominante na jurisprudência dos tribunais, de 1988 até 2003, quando entrou em vigor o novo Código Civil. Se prevalecesse a tese tradicional da conservação da legislação anterior até que a norma constitucional fosse regulamentada por nova legislação infraconstitucional, então não se teria emprestado força normativa real à Constituição, que restaria com efeito meramente simbólico, permanecendo as desigualdades jurídicas naquele período.

A resistência cultural de juristas brasileiros à aplicação dos princípios constitucionais, independentemente da interposição do legislador infraconstitucional e de norma revogadora explícita, já tinha sido deplorada por Teixeira de Freitas (1896, XXIII), em sua Consolidação das Leis Civis: "Quantas leis entre nós não incorrerão desde logo em virtual e necessária revogação, por se tornarem incompatíveis com as bases da Carta Constitucional?".

Notou-se que as forças vivas da sociedade influíram efetivamente nas opções do constituinte de 1988, muito mais que na elaboração de códigos, cuja natureza técnica inibe a participação até mesmo dos parlamentares. Por essa razão, a Constituição, além de ser a norma hierarquicamente superior a todas as outras, determinante do sentido do ordenamento jurídico, absorveu de fato os valores que a sociedade conseguiu veicular para servir de fundamentos ou bases à organização social, vertendo-os em normas jurídicas, inclusive as normas-princípios.

2.10 Primado da pessoa humana

O significado mais profundo da constitucionalização do direito civil é o primado da pessoa humana. Como tem salientado a doutrina especializada, a pessoa humana é inseparável da solidariedade, que também é valor e princípio constitucionais.

A codificação civil individualista tinha, como valor necessário da realização da pessoa e de garantia de sua dignidade, a propriedade, em torno da qual gravitavam os demais interesses privados, juridicamente tutelados. A tutela jurídica do patrimônio, o domínio incontrastável sobre os bens, como proteção em face do arbítrio dos mandatários do poder político, realizava a pessoa humana. Hans Kelsen (1974, p. 183) demonstra como é muito significativa, nesse aspecto, a filosofia jurídica de Hegel, para quem a esfera exterior da liberdade era a propriedade: "aquilo que nós chamamos pessoa, quer dizer, o sujeito que é livre, livre para si e se dá nas coisas uma existência [...] só na propriedade a pessoa é como razão".

É certo que as relações civis têm forte cunho patrimonializante, bastando recordar que entre seus principais institutos estão a propriedade e o contrato (modo de circulação da propriedade). Todavia, a prevalência do patrimônio, como valor individual a ser tutelado nos códigos, fez submergir a pessoa humana, que passou a figurar como simples e formal polo de relação jurídica, como sujeito abstraído de sua dimensão real.

A patrimonialização das relações civis, que persiste nos códigos, no sentido de primazia, é incompatível com os valores fundados na dignidade da pessoa humana, adotados pelas Constituições modernas, inclusive pela brasileira (art. 1º, III). Afirma-se a primazia da pessoa humana dentro de um contexto social no qual devem imperar valores tais como a justiça e a solidariedade (Sessarego, 1992, p. 29).

A teoria da repersonalização das relações civis reencontra a trajetória da longa história da emancipação humana, no sentido de repor a pessoa humana como centro do direito civil, com o patrimônio ao seu serviço. A tarefa não é fácil, diante do fenômeno do "individualismo sem subjetividade" que é o individualismo da massificação social, da pessoa que se transforma em indivíduo que consome: livre para escolher os objetos do supermercado, mas sem qualquer legitimação para produzir novas formas de subjetividade (Barcellona, 1998, p. 215).

A repersonalização das relações civis projeta-se na "constitucionalização" da pessoa, que indica uma trajetória antropológica que se move do sujeito visto como proprietário e contratante para o reconhecimento da pessoa como tal, em sua individualidade, humanidade e dignidade social, não prisioneira de outra medida, seja o mercado ou a razão pública (Rodotà, 2012, p. 10).

O desafio que se coloca aos civilistas é a capacidade de ver as pessoas em toda a sua dimensão ontológica e, a partir dela, seu patrimônio, superando o individualismo proprietário da modernidade liberal e, por igual, do individualismo de massa do consumidor na contemporaneidade, de que fala Barcellona. Impõe-se a humanização dos sujeitos de direitos, que são mais que apenas titulares de bens e de consumo. A restauração da primazia da pessoa humana nas relações civis é a condição primeira de adequação do direito aos fundamentos e valores constitucionais. Como assevera Francisco Amaral (1998, p. 160), o homem abstrato do liberalismo econômico cede espaço para o homem concreto da sociedade contemporânea, na busca de um humanismo socialmente comprometido.

Orlando de Carvalho (1981, p. 90-2) julga oportuna a repersonalização de todo o direito civil – seja qual for o invólucro em que esse direito se contenha –, isto é, a acentuação de sua raiz antropocêntrica, da sua ligação visceral com a pessoa e os seus direitos. É essa valorização do poder jurisgênico do homem comum, é essa centralização em torno do homem e dos interesses imediatos, que faz o direito civil, para esse autor, o *foyer* da pessoa, do cidadão mediano, do cidadão puro e simples. Nessa mesma direção, esclarece Pietro Perlingieri (1997, p. 33), que não se projeta a expulsão ou a redução quantitativa do conteúdo patrimonial no sistema jurídico e especialmente no civilístico, porquanto o momento econômico, como aspecto da realidade social organizada, não é eliminável. A divergência concerne à avaliação qualitativa do momento econômico e à disponibilidade de encontrar na exigência da tutela do homem um aspecto idôneo para atribuir-lhe uma justificativa institucional de suporte ao livre desenvolvimento da pessoa.

Firma-se a convicção de que o domínio sobre as coisas não é um fim em si mesmo, mas a concepção de um patrimônio mínimo, constituído de bens e créditos, que garanta a sobrevivência de cada um, imprescindível como suporte de realização do princípio da dignidade humana (Fachin, 2001, p. 303-311).

Extrai-se da Constituição, em razão dos valores incorporados em suas normas, que, no plano geral do direito das obrigações convencionais, o paradigma liberal de prevalência do interesse do credor e do antagonismo foi substituído pelo equilíbrio de direitos e deveres entre credor e devedor, não apenas na dimensão formal, da tradição dos juristas, mas, sobretudo, na dimensão da igualdade ou equivalência material, fundado no princípio da solidariedade social.

A crítica do direito civil tradicional acentuou, com razão, a falta de consideração às relações sociais de poder e de dependência; nesse posicionamento esconde-se uma porção de *pathos* liberal, segundo a ideia de livre jogo das forças, superior à ordenação pelo Poder Público (Westermann, 1983, p. 24). Certamente, o distanciamento de seus fundamentos constitucionais muito contribuiu para a crítica dirigida à doutrina tradicional.

No sentido da repersonalização das relações civis, podem ser destacadas as seguintes tendências: a) a aplicação crescente pela jurisprudência dos tribunais do princípio da dignidade da pessoa humana, como fundamento para solução dos conflitos; b) o condicionamento do exercício da propriedade e de outros direitos reais à sua função social e a garantia do direito de acesso à propriedade mínima existencial, mediante a qualificação da moradia como direito social (art. 6º da CF); c) os direitos da personalidade, entendidos como inerentes ao conceito de pessoa; d) a mitigação do conceito de pessoa jurídica, de modo a alcançar quem efetivamente a controle, além da admissão das entidades não personificadas; e) a ampla utilização de princípios e conceitos indeterminados, a permitir a humanização efetiva das soluções jurídicas, a partir das situações concretas; f) a compreensão de que o contrato não é intocável quando resulta em afronta ao equilíbrio material, com onerosidade excessiva para uma das partes; g) a proteção preferencial da vítima em face dos danos, com a ampliação das hipóteses de responsabilidade sem culpa; h) o respeito às diferenças, sem prejuízo da igualdade jurídica dos sujeitos; i) a concepção abrangente da família como espaço de convivência socioafetiva e de realização das dignidades de seus membros; j) a revisão dos conceitos e categorias do direito sucessório, no sentido de sua função social e da realização do princípio da solidariedade familiar.

2.11 Permanência necessária da constitucionalização do direito civil

A constitucionalização do direito civil, assim entendida como inserção constitucional dos fundamentos e princípios jurídicos das relações civis, é mais do que um critério hermenêutico formal. Constitui a etapa mais importante do processo de transformação, ou de mudanças de paradigma, porque passou o direito privado, no trânsito do Estado liberal para o Estado social. É o que Habermas (2003, p. 299) denominou de dissolução do paradigma liberal do direito.

A constitucionalização dos direitos não é episódica, ou derivada de determinada Constituição, como a brasileira de 1988. É processo permanente em razão da natureza do Estado social. A constitucionalização do direito civil é perene e necessariamente inconclusa.

O conteúdo conceitual, a natureza, as finalidades dos institutos básicos do direito civil, nomeadamente a família, a propriedade e o contrato, não são mais os mesmos que vieram do individualismo jurídico e da ideologia liberal oitocentista, cujos traços persistem na legislação civil. Sai de cena o indivíduo proprietário para revelar, em todas as suas vicissitudes, a pessoa humana. Despontam a afetividade, como valor essencial da família; a função social, como limite positivo e não apenas como limite negativo da propriedade, nas dimensões variadas; a eticidade, os princípios sociais e a tutela do contratante vulnerável, no contrato.

Assim, os valores decorrentes da mudança da realidade social, convertidos em normas constitucionais, devem direcionar a realização do direito privado, em seus variados planos. O Código e a legislação infraconstitucional ficam constantemente impregnados por esses fundamentos, que lhes infundem ductibilidade ante as transformações sociais.

Como ressalta Luiz Roberto Barroso (1996, p. 260) devem-se se esgotar todas as possibilidades interpretativas do texto constitucional, "o que inclui a aplicação direta das normas constitucionais no limite máximo possível, sem condicioná-las ao legislador infraconstitucional".

A fundamentação constitucional do direito civil é constante na aplicação deste, cumprindo reagir à ilusão da aparente autossuficiência da legislação infraconstitucional, tradicionalmente mais estável que a Constituição, sob risco de envelhecimento precoce. Tem razão Luiz Edson Fachin (2004, p. 18), ao propor a permanente reconstitucionalização do direito civil, para compreender que um Código Civil "é uma operação ideológica e cultural que deve passar por uma imprescindível releitura principiológica, reconstitucionalizando o conjunto de regras que integre esse corpo de discurso normativo".

A interpretação de norma infraconstitucional de direito civil que ignora os fundamentos constitucionais nega a unidade do sistema jurídico e a força normativa da Constituição. Resulta em hermenêutica ideológica e não jurídica. Não se pode interpretar segundo a preferência pessoal do intérprete por menos Estado e mais mercado, ou o contrário, mas segundo o sistema jurídico adotado na Constituição, tal como nela se contém.

Em sociedades marcadas por grandes desigualdades sociais, como a brasileira, quando o Estado recua, crescem na mesma proporção as demandas por regulação estatal, para proteção dos mais vulneráveis. Tem sido demonstrado que o mercado é incapaz de autorregulação que contemple o equilíbrio de interesses opostos, em virtude das assimetrias dos poderes privados, prevalecendo os dos mais fortes.

Impõe-se ao intérprete e aos aplicadores do direito a imensa tarefa de interpretar o direito civil em conformidade com as normas constitucionais fundamentais, tendo em consideração a força normativa e hierarquicamente superior daquelas que se qualificam como princípios. Portanto, trazer a legislação civil permanentemente à contemporaneidade. Até porque muitos dos artigos do Código de 1916 foram repetidos no de 2002. E as palavras, ali, não podem traduzir e ter o significado pensado por aqueles que a escreveram e as puseram no final do século XIX e início do século XX. O paradigma do individualismo e do sujeito de direito abstrato foi substituído pelo da solidariedade social e da dignidade da pessoa humana, que impulsionou intensa transformação de conteúdo e fins.

A perspectiva da Constituição, crisol das transformações sociais, tem contribuído para a renovação dos estudos do direito civil, que se nota, de modo alvissareiro, na doutrina civilística da atualidade, no sentido de reconduzi-lo ao destino histórico de direito de todas as pessoas humanas.

De tudo resulta que o direito civil brasileiro atual integra sistema hipercomplexo, em constante interação com a mutabilidade social, tendo no ápice a Constituição, que inspira a interpretação do Código Civil e sua interlocução com a legislação especial e os microssistemas jurídicos.

2.12 Respostas às críticas à constitucionalização do direito civil

O processo de constitucionalização do direito civil, assim largamente delineado, não foi nem é aceito sem resistências. As correntes mais tradicionais dos civilistas reagiram negativamente à interlocução do direito civil com a Constituição, entendendo que cada qual deve permanecer em seu lugar. De um lado temem a banalização do processo, com a elevação de todas as relações de direito civil ao plano constitucional; de outro, a redução da importância do direito civil, que passaria a ser um apêndice do direito constitucional; finalmente, entendem que o direito civil não mudou de natureza e que suas matérias são próprias e insuscetíveis de tratamento pela Constituição, salvo excepcional e supletivamente.

Nota-se, também, certo recuo de alguns civilistas estrangeiros com o processo de descodificação e um retorno ao sentimento de centralidade do Código Civil. O jurista italiano Natalino Irti (1995, p. 16 e 69), após assinalar a crescente descodificação do direito civil, expressou anos depois seu desencanto com a instabilidade político-constitucional e a comparou com a estabilidade maior da sociedade civil e de seu Código Civil, que, bem ou mal, satisfaz em grande medida suas finalidades. Talvez refletindo a experiência europeia recente, reconhece que a sociedade mudou, mas questiona se efetivamente o código teria perdido sua importância central, considerando que as leis especiais mostram-se efêmeras e pobres; que "o fenômeno da descodificação perdeu vivacidade criativa e dinamismo interior"; e que descodificação e recodificação não são categorias lógicas, mas "categorias históricas", mutáveis de tempo em tempo, prevalecendo a centralidade da fonte mais alta (Constituição) quando as mudanças forem dominantes, ou do Código Civil, quando a estabilidade das relações sociais for dominante.

Em verdade, ao lado do processo de descodificação, que continua, assiste-se paradoxalmente à recodificação, de que são exemplos o Código Civil brasileiro de 2002 e o alemão de 1900, renovado em 2000 e 2002, cujas reformas absorveram em seu bojo até mesmo o direito material do consumidor.

A visão tradicional sentiu-se reconfortada com o advento do Código Civil de 2002, que teria disciplinado suficientemente a matéria, tornando dispensável o recurso à Constituição. Essa visão tem o apelo sedutor da simplicidade, pois dispensaria a complexidade da operação hermenêutica de conformidade do Código Civil às normas constitucionais, em sua aplicação. Todavia, não há como promover a cisão entre os dois hemisférios normativos, que estão inseparavelmente interligados, seja o Código velho ou novo. Ao contrário, a aplicação do Código Civil é exigente de cuidado, para que o núcleo normativo da Constituição sobre direito civil se expresse com vigor.

O argumento central da visão tradicional é de que o Código Civil deve continuar como eixo central do sistema de direito privado, pois apresentaria maior estabilidade que a Constituição (Reale, 1986, p. 41). Porém, como adverte Teresa Negreiros (2006, p. 91), a estabilidade ou a mudança não são valores em si, mas garantias ou ameaças conforme o ponto de vista assumido, o que revela não haver neutralidade ideológica dessa escolha.

Cabe ao intérprete assegurar a compatibilidade de cada decisão, fundada em norma do Código Civil, com os princípios constitucionais, ainda que a estes não se refira explicitamente. Cada interpretação é um microcosmo da imensa tarefa de realização de uma sociedade livre, justa e solidária. O Código Civil cumprirá sua vocação de pacificação social se for efetivamente iluminado pelos valores maiores que foram projetados nas normas constitucionais, notadamente nos princípios. A maioria da doutrina admite que uma teoria da Constituição "constitucionalmente adequada" exige necessariamente uma teoria da interpretação constitucional "principialista" (Díaz Revorio, 1997, p. 37).

Princípios jurídicos, advirta-se, e não princípios morais, ou políticos, ou econômicos. Somente assim a legislação civil cumprirá sua destinação de tutela jurídica de todos os brasileiros e não apenas dos mais afortunados. A certeza da permanente constitucionalização, com a revitalização de sentido de suas normas, assegurar-lhe-á durabilidade pela pertinência com as mutações sociais.

CAPÍTULO 3

OBSTÁCULOS À FORÇA NORMATIVA DOS PRINCÍPIOS NO BRASIL

3.1 Os obstáculos

A interpretação e a aplicação dos princípios jurídicos nas relações privadas, principalmente após a Constituição de 1988, têm sido comprometidas pela ação de três atitudes antagônicas: 1) o uso excessivo e impreciso, que se tem denominado de banalização; 2) o apelo a razões morais, para além do sistema jurídico; 3) a resistência à natureza normativa própria e autônoma dos princípios.

A terceira, de feição tradicional, apenas atribui ao princípio jurídico caráter supletivo ou de modelação das normas jurídicas, além de reagir negativamente ao processo de constitucionalização do direito privado. A recepção de doutrinas estrangeiras sobre a matéria tem suscitado mais controvérsias do que orientações firmes sobre a função fundamental dos princípios jurídicos e sua força normativa em nosso sistema jurídico.

Temas como distinção entre regras e princípios, ou ponderação de valores ou interesses, ou maior ou menor peso dos princípios quando em colisão na situação concreta, ou mandado de otimização contribuíram para maior compreensão da força normativa própria dos princípios, mas revelaram-se insuficientes ante a construção doutrinária brasileira que se faz no âmbito do direito privado, orientada pela legalidade constitucional.

Alguns obstáculos teóricos, epistemológicos, morais ou políticos são indicados a seguir, sem ordem de precedência.

O primeiro é o da simples negação da força normativa própria dos princípios. O número de juristas que assim pensam tanto no âmbito doutrinário, como entre os juristas práticos, isto é, os que aplicam o Direito, ainda é grande no Brasil. Para essa corrente, princípio não é uma norma jurídica autônoma. Criticam a banalização, o que alguns chamam de "pan-principiologismo". Alegam que há uma invasão do campo do legislador e, sobretudo, risco à segurança jurídica. Às vezes estabelecem a correlação entre ativismo judicial e o uso de princípios jurídicos, quase como *parti pris*.

Princípio jurídico não é causa de ativismo. O ativismo que se objeta é o que instrumentaliza o direito para fins morais ou políticos. E há ativismo obstrucionista, quando se nega força normativa a normas jurídicas que estão em desacordo com as convicções do julgador, como ocorreu e ainda ocorre com a negativa de aplicação direta de normas constitucionais. Mas em nenhum tipo de ativismo pode-se incluir a interpretação e aplicação razoáveis de princípios jurídicos. Princípios incidem ou não incidem em cada caso concreto, de acordo com as circunstâncias, tal como se se dá com as demais normas jurídicas. Não é questão de preferência, ou de juízo subjetivo de valor. Essa correlação negativa genérica também ocorreria na aplicação de normas jurídicas qualificadas como simples "regras", de aparente conteúdo semântico autônomo ou nítido, sempre que o julgador se afastar do sistema jurídico para invocar solução em outros sistemas (moral, religioso, econômico, político).

Inclui-se, também, como obstáculo, no Brasil, uma corrente que parece ter reduzido sua força persuasiva nas últimas décadas, que propugna remeter os princípios jurídicos ao direito natural, entendido como ordem externa e fundante do direito positivo.

Outro obstáculo é o entendimento de alguns de que o conteúdo do princípio jurídico deve ser buscado fora do sistema jurídico, um retorno ao pré-jurídico, mediante o reenvio a valores de moral, de política, de religião, de economia. Como nós sabemos, o direito opera por seleção no mundo da vida ou dos fatos e extrai deles os elementos necessários para aquilo que leva a compor a normatividade. Nem tudo que está no mundo dos fatos ingressa no mundo do direito. Admitimos a indispensável anterioridade dos valores que integram o mundo dos fatos e que são absorvidos, integrados e incorporados pelo processo seletivo que o direito faz e os converte em normas jurídicas. Porém, quando esses valores são integrados ao sistema jurídico, compondo o seu todo, transformam-se em normas jurídicas, inclusive como princípios jurídicos. É no todo do mundo do direito que essas normas devem ser compreendidas e interpretadas, como categorias jurídicas e não nos outros sistemas de onde provieram no processo de juridicização.

Considera-se como obstáculo, igualmente, a redução dos princípios jurídicos aos que o art. 4º da Lei de Introdução às Normas do Direito Brasileiro – LINDB, com sua redação originária de 1942, qualifica como como princípios gerais de direito, de natureza apenas supletiva, como anotamos acima.

Um dos obstáculos mais antigos é a concepção, que perdeu força, de qualificar os princípios jurídicos como "normas programáticas", que não teriam força normativa própria e seriam muito mais enunciados genéricos e retóricos, que dependeriam do acolhimento de suas diretrizes pelo legislador ordinário. Essa concepção atribuía aos princípios e às demais normas constitucionais, em relação ao direito privado, efeitos meramente simbólicos, sem qualquer força normativa direta. Operava-se verdadeira inversão da força normativa, pois era a norma infraconstitucional que tinha prevalência sobre a norma constitucional. Esse entendimento, atualmente enfraquecido, repercutia entre os constitucionalistas em relação aos princípios constitucionais.

E, finalmente, entre esses obstáculos à concepção atual dos princípios jurídicos, há de ser referida a doutrina das normas de eficácia contida, que é menos abrangente que a anterior, mas que também limita a força normativa dos princípios assim classificados, porque os fazem dependentes da interposição do legislador ordinário.

3.2 Sobre a distinção de princípios e regras

É corrente no Brasil a aceitação da distinção de princípios e regras, com fundamento principalmente nas doutrinas de dois teóricos influentes, a saber, o norte-americano Ronald Dworkin e o alemão Robert Alexy.

A distinção baseia-se na asserção de que a regra teria conteúdo semântico mais claro que o princípio e se resolveria segundo a diretriz do "tudo ou nada"; é válida ou não é válida em virtude do caso. Para o princípio jurídico, a diretriz seria outra. Teria de ser levada em conta a dimensão de peso. Por seu turno, a interpretação dos princípios jurídicos, notadamente segundo Alexy, apenas seria possível lançando-se mão da ponderação otimizada, de modo a que conduza à identificação do princípio jurídico adequado e ao seu próprio conteúdo normativo a ser aplicado ao caso.

Como corolários dessas duas teses, ou melhor, desses dois pressupostos, há a referência em Dworkin ao que ele chama de *policy*, ou *policies*, que seriam diretrizes políticas, distintas dos princípios. Os princípios levariam à obrigatoriedade da conduta, enquanto as diretrizes políticas, ou *policies*, levam a metas, objetivos, resultados, que devem ser alcançados. Estas últimas, portanto, não teriam força normativa que seria própria dos princípios jurídicos.

Alexy diz que o princípio, não só em si mesmo, mas quando colide com outro princípio, há de encontrar seu sentido segundo o que ele chama de "mandado de otimização", que resulta em um processo valorativo gradativo. Apesar desse autor afirmar que se atém ao domínio do direito e não ao domínio dos valores, é a este que termina por ser enviada a interpretação, o que, segundo seus críticos, reduz substancialmente a força normativa dos princípios jurídicos.

Como sustenta Lenio Streck (Ministro [...], 2011, *passim*) – que afirma não concordar com a distinção semântico-estrutural entre princípio e regra, pois princípios são normas e sempre deontológicos –, tanto as posições de Dworkin quanto as de Alexy concordam que um dos fatores a diferenciar os princípios das regras diz respeito ao fato de que sua não-incidência (ou aplicação) em um determinado caso concreto não excluiria a possibilidade de sua aplicação em outro, cujo contexto fático-existencial fosse diferente daquele que originou seu afastamento. As regras, por outro lado, se afastadas de um caso, deveriam, necessariamente, ser afastadas de todos os outros futuros.

No caso das regras, a solução aparentemente é mais fácil quando há conflito entre elas, porque se resolve a aparente antinomia, como Noberto Bobbio deixou muito claro (a antinomia não é real, mas aparente), pelos critérios conhecidos e aplicados no sistema jurídico brasileiro: o critério cronológico, o critério hierárquico e o critério de especialidade.

Não há, todavia, diferença estrutural entre princípio e regra. Ou são normas jurídicas ou não são normas jurídicas. Princípio jurídico é norma jurídica, com a mesma natureza estrutural das demais normas jurídicas ("regras"). As suas estruturas e funções, a nosso juízo, são iguais.

No mesmo sentido que nós, João Maurício Adeodato (2023, p. 196) afirma que "a rigor, a diferença entre regra e princípio diz mais respeito a formas de seus enunciados do que a uma distinção efetiva entre tipos de normas". Sua função é ampliar ambiguidade e vagueza para justificar subsunções entre textos gerais, previamente aceitos como fundamentos de decisões de casos concretos, que parecem não encaixar nos critérios comuns.

O título que a Constituição dá ao Título I, compreendendo os artigos primeiro ao quarto, está assim enunciado: "Dos princípios fundamentais". Entre os princípios fundamentais, no que nos interessa nas relações privadas, estão a dignidade da pessoa humana (artigo primeiro, inciso terceiro) e a solidariedade social (no artigo terceiro, inciso primeiro).

A Constituição brasileira inclui entre os princípios fundamentais erradicar a pobreza e a marginalização e reduzir as desigualdades sociais e regionais. Para Dworkin, isso é uma *policy*. Para a Constituição brasileira, é um princípio fundamental. Ele e os demais princípios que estão previstos nos quatro primeiros artigos, pouco importando o modo como são enunciados. É a Constituição que assim define. São, pois, princípios fundamentais, apesar de não se enquadrarem nos referidos pressupostos doutrinários influentes.

Ainda sobre a querela princípios e regras, Marcelo Neves (2013, *passim*) inverte a metáfora de Dworkin do juiz Hércules, que não é, para ele, o que vai buscar a afirmação contrafactual mais correta possível do princípio. Ele inverte por entender que o juiz Hércules é aquele que aplica as regras, reduzindo a complexidade do princípio. No mito grego, Hércules cortava a cabeça da Hidra e outra surgia no lugar; não havia solução, até que ele pediu ao seu companheiro que, assim que cortasse a cabeça, viesse com fogo fervendo para evitar que outra surgisse. Marcelo Neves chega a utilizar a expressão "domesticação dos princípios", que se daria pelas regras. O autor cita Alexy no sentido de que os princípios não são razões fundamentais da decisão final, pois dependem da intermediação das regras. Com efeito, Alexy afirma que "o princípio é fundamento de uma regra" e que "em si mesmos os princípios nunca são razões definitivas". São argumentos que, no nosso entendimento, terminam por contradizer a força normativa da Constituição.

3.3 Sobre ponderação, peso e colisão de princípios

Os princípios jurídicos, espécies do gênero norma jurídica, não exigem qualquer ponderação de peso ou importância, atribuídos pelo intérprete, quando se depara com a dúvida sobre a incidência de dois ou mais princípios.

A colisão de princípios jurídicos é apenas aparente, pois somente o princípio jurídico adequado pode incidir sobre o suporte fático concreto, de acordo com as circunstâncias. Se o sistema jurídico indica a solução, então não há colisão.

Quando um princípio aparenta entrar em colisão com outro (e.g.: dignidade de uma pessoa *versus* integridade física de outra), resolvendo-se a aparente antinomia, as circunstâncias do caso concreto é que indicarão qual deles incidirá.

Estabelece o CPC, art. 489, §2º, que, no caso de colisão (aparente, como afirmamos) entre normas, o juiz deve justificar o objeto e os critérios gerais da ponderação efetuada, enunciando as razões que autorizam a interferência na norma afastada. A referência a normas inclui os princípios jurídicos, que são espécies, ainda que prevalentes, delas. Entendemos que esse preceito nada mais estabelece que a especificação do princípio constitucional da fundamentação necessária de qualquer decisão judicial.

Situação recorrente da necessidade de análise adequada das circunstâncias é a aparente colisão entre o princípio de liberdade de expressão e o princípio de proteção da intimidade e da honra, ambos previstos na Constituição. Não há necessidade de realizar ponderação de "peso ou importância" de cada princípio, para se determinar qual deles incidiu no caso concreto, pois tal operação envolve escolhas subjetivas do próprio intérprete, enquanto a identificação da incidência é de natureza objetiva.

A "lei da ponderação", segundo Robert Alexy, se enuncia assim: "quanto mais alto é o grau do não cumprimento ou prejuízo de um princípio, tanto maior deve ser a importância do cumprimento do outro". A ponderação é realizada em três passos: o primeiro é a comprovação do grau de não cumprimento ou de prejuízo de um princípio; o segundo é a comprovação do cumprimento do princípio em sentido contrário; o terceiro é a comprovação de que o cumprimento do princípio em sentido contrário justifica o prejuízo ou não cumprimento do outro princípio.

Deve-se principalmente a Ronald Dworkin (1968, p. 37) a doutrina corrente de que os princípios jurídicos possuem uma "dimensão de peso" ou de importância. Quando os princípios entram em colisão, resolver-se-ia o conflito levando em consideração o exato peso de cada um deles. Um dos princípios preponderaria sobre o outro, mas ambos permaneceriam válidos e integrados ao ordenamento jurídico.

Texto jornalístico reproduziu trecho de afirmação gravada que acusava presidente de tribunal trabalhista de mau uso de verbas públicas, nepotismo e tráfico de influência. A decisão recorrida condenou o órgão de imprensa em danos morais, com fundamento na inviolabilidade da honra, da intimidade e da imagem (art. 5º, X, da Constituição). Todavia, o STF (RE 208.685-1) reformou a decisão por entender que, no caso, a notícia reproduziu denúncia encaminhada ao TST, e que "a colisão será solucionada levando-se em conta o peso ou a importância relativa de cada um. A solução, portanto, não pode deixar de lado os conhecidos princípios da razoabilidade e da ponderação dos bens envolvidos. Na espécie, o dano moral pretendido pelo recorrido somente se justificaria se positivado o abuso do direito de informar".

Nessa decisão do STF, repercute a lição de Ronald Dworkin (1968, p. 37), para quem se os fatos que uma norma jurídica não principiológica ("regra") estipula em sua hipótese se realizam, então a resposta que ela prevê para o problema deve se realizar também, a não ser que ela seja inválida, o que a impede de contribuir para o caso. As regras aplicam-se segundo o modelo de tudo ou nada (Dworkin, 1999, p. 25). Os princípios jurídicos, por outro lado, possuem uma "dimensão de peso" ou de importância. Quando os princípios entram em colisão, deve-se resolver o conflito levando em consideração o exato peso de cada um deles. Um dos princípios prepondera sobre o outro, mas ambos permanecem válidos e integrados ao ordenamento jurídico.

Para nós, o peso referido por Dworkin é dado pelas circunstâncias da situação concreta, até porque não há "pesos" *a priori* entre os princípios jurídicos, pois estão situados no mesmo plano da hierarquia normativa. De qualquer forma, o sentido figurado de "peso" pode ser entendido como meio de identificação da incidência do princípio jurídico sobre o suporte fático concreto, como norma jurídica que é, o que termina por afastar a própria ideia de colisão. Consequentemente, a colisão de princípios jurídicos é apenas aparente, pois somente o princípio jurídico adequado pode incidir sobre o suporte fático concreto, de acordo com as circunstâncias que o cercam.

Sem colisão, pode haver a incidência conjunta e harmônica de princípios jurídicos, como se deu no julgamento pelo STF em 2011, na ADI 4.277, que decidiu, em caráter vinculante, que a união homoafetiva é entidade familiar, fundamentada em vários princípios constitucionais explícitos e implícitos, sem precedência de uns sobre outros.

Anote-se ainda a tese da relativização da ponderação dos princípios. De acordo com o jurista espanhol Ruiz Manero (2018, p. 35), há princípios não ponderáveis ou imponderáveis, portanto, que não podem ser objeto de ponderação. E ele se refere – do mesmo modo como ocorre no direito brasileiro – entre outros, ao princípio da dignidade da pessoa humana. Esse princípio não pode ser objeto de ponderação em face de qualquer outro princípio, ainda que de mesma matriz constitucional, porque é fundamental e estruturante.

Na maioria dos julgados, a alusão à ponderação surge como *obiter dictum* ou como expressão retórica, sem preocupação em fundamentá-la de acordo com os critérios doutrinários dominantes. Pesquisa que analisou duzentos julgados de tribunais brasileiros, inclusive dos tribunais superiores, constatou que em apenas um houve fundamentação nos critérios utilizados por Alexy, para que haja o processo de otimização, especificamente o da proporcionalidade, e de seus critérios de adequação, necessidade e proporcionalidade estrita. Por outro ângulo, para João Maurício Adeodato (2023, p. 195), em seu significado jurídico, a ponderação perpassa rodo o processo dogmático: encontrar enunciados, fatos relevantes, interpretar, argumentar, fundamentar, em suma, todos os passos que vão do caso à norma concretizada.

Os critérios utilizados pelas doutrinas estrangeiras referidas não são pertinentes à experiência brasileira, relativamente ao peso ou importância do princípio em conflito com outra norma constitucional, ou do tudo ou nada para a regra e mandamento de otimização para o princípio, ou até mesmo da ponderação. Porque a ponderação é um afazer que ocorre para o julgador tanto para o princípio quanto para a regra. Se o julgador se depara com um conflito em um determinado contrato em que uma parte afirma que é um contrato de comodato e a outra diz que é um contrato de compra e venda, ele está lidando com uma mesma fonte básica, que é o contrato. Está lidando, portanto, com um conflito de normas gerais. E tem de ponderar, em razão do que está interpretando, qual direito que se aplica. Tanto faz se é entre princípios, ou entre normas gerais, pois os critérios são os mesmos.

Com tais premissas, características e a consideração das circunstâncias que cercam a situação fática, para aplicação dos princípios ou outras normas jurídicas, não pode haver espaço para o arbítrio judicial, pois o aplicador não deve substituir o juízo jurídico por suas convicções de moralidade, de política ou de outros valores ideológicos.

3.4 Incidência dos princípios jurídicos segundo Pontes de Miranda

Para além dos pressupostos oriundos das doutrinas estrangeiras, há de se considerar uma categoria fundamental que melhor explique a força normativa dos princípios, tal como se desenvolveu no Brasil. Referimos à incidência da norma jurídica, entre as categorias jurídicas sistematizadas por Pontes de Miranda, que sempre valorizou os princípios em suas obras, notadamente no Tratado de Direito Privado. Pontes de Miranda alude a todo momento aos princípios e ele previu, ou anteviu, soluções que só vieram a se tornar comuns e pacificadas na jurisprudência brasileira, algumas décadas após. A partir justamente dos princípios.

E aí ressurge a importância da categoria da incidência jurídica, no lugar de ponderação, ou de dimensão de peso, para a interpretação dos princípios, ou até mesmo da distinção entre princípios e regras. A norma jurídica incide ou não incide. A incidência parte do suporte fático hipotético que toda norma contém.

Na conhecida lição de Pontes de Miranda, a norma jurídica incide quando o suporte fático hipotético – ou hipótese normativa – se realiza no mundo da vida ou dos fatos. A incidência da norma sobre o suporte fático concreto faz nascer o fato jurídico e seus efeitos. A norma jurídica incide quando seu suporte fático hipotético se concretiza, pouco importando se ela se qualifica como princípio ou regra. E da incidência vão surgir os efeitos a partir da configuração do fato jurídico resultante, do qual emergirão os efeitos jurídicos (relações jurídicas, poderes, direitos, deveres, pretensões, obrigações). Essa estrutura lógica é a mesma tanto para o princípio jurídico quanto para outra norma jurídica.

Exemplificando com o Código Civil, art. 421, o princípio jurídico da função social incide toda vez que um contrato se celebra e se executa para conformá-lo positivamente, não podendo a autonomia negocial contrariá-lo. Há direitos e deveres jurídicos necessários, decorrentes da incidência do princípio da função social, independentemente da previsão das partes.

A ocorrência da incidência, para a interpretação, é essencial, em primeiro lugar. Verifica-se se a norma jurídica pode incidir, pois muitas vezes ela está obstada por uma razão temporal, quando o legislador posterga seu início de vigência. Aguarda-se um ano, dois anos, um mês, quarenta e cinco dias, para que a norma jurídica possa incidir. Outrossim, há de se verificar se a incidência pode ou não alcançar fatos passados, ou se estes estão cobertos com a garantia geral do direito adquirido.

Em segundo lugar, o intérprete há de verificar o âmbito de incidência da norma jurídica, que dizem com seus fins sociais e com a abrangência material (exemplo, direito civil, quando não pode incidir em matéria penal). Ainda: a abrangência de acordo com os limites da competência formal do legislador (federal, estadual ou municipal).

Em terceiro lugar, cabe ao intérprete a verificação da incidência adequada, que se dá quando demonstra que o suporte fático hipotético ou hipótese normativa se realizou no mundo da vida ou mundo dos fatos. A confirmação da incidência da norma jurídica não pode dispensar a subsequente interpretação, que leva em conta não apenas a correspondência da situação fática com a hipótese normativa, mas também as circunstâncias que a cercam (fáticas, temporais, espaciais e especiais).

A operação da incidência, assim esquematizada, é a mesma, tanto para os princípios jurídicos, quanto para as demais normas jurídicas. A maior ou menor determinação de conteúdo ou de aparente autonomia semântica são indiferentes para a incidência da norma jurídica, e não integram a natureza ou a estrutura desta. A determinação ou indeterminação do seu conteúdo não é requisito para existência, validade e eficácia da norma jurídica enquanto tal, seja ela princípio ou não. Mais uma razão para a irrelevância da distinção entre princípios e regras.

A incidência da norma jurídica sobre o suporte fático que se concretizou provoca a emersão do fato jurídico no mundo do direito. E quando o fato jurídico surge, brotam suas eficácias todas: direitos, deveres, pretensões, obrigações, ações e situações passivas de acionados. Eficácia diz respeito à irradiação dos efeitos do fato jurídico, previstos na norma jurídica, quando esta incide sobre o suporte fático concreto (= o que se efetivou no mundo da vida).

Assim a eficácia do direito em Pontes de Miranda (1974a, p. 17) tem dois sentidos: a eficácia da norma jurídica, que é exclusivamente sua incidência sobre o suporte fático concreto, e a eficácia jurídica, como efeitos do fato jurídico ou juridicização de suas consequências. Para Marcos Bernardes de Mello (2019, *passim*), são duas espécies de eficácia lógica, uma a normativa, e outra, a jurídica. Para os fins desta exposição, utilizaremos preferencialmente o segundo sentido. Desde quando há incidência da norma jurídica, os efeitos do fato jurídico se produzem, independentemente do seu conhecimento ou da vontade favorável ou contrária dos destinatários.

As consequências jurídicas sempre existem para todas as normas jurídicas, sejam elas princípios jurídicos ou não. Veja o exemplo do art. 421 do Código Civil citado: a liberdade contratual será exercida nos limites da função social do contrato. Dois princípios emergem: liberdade de contratar e função social do contrato. É um contra o outro? Não, pois são harmonizáveis. Lido de outra forma: a liberdade de contratar depende da função social do contrato; consequentemente, se, no exercício da liberdade de contratar, o contrato violar a função social será invalidado, no todo ou em parte. O caminho é encontrado no sistema; essa é a consequência jurídica. Não precisa ser explícita, ou clara. Essa é a operação normal que todos os aplicadores do direito fazem.

Toda norma jurídica (inclusive princípio jurídico) contempla hipótese fática (ou suporte fático hipotético), de conteúdo mais ou menos determinado de fatos ou conjunto de fatos, cuja ocorrência real no mundo da vida converte-o em suporte fático concreto, que por sua vez provoca a incidência daquela norma jurídica sobre este, surgindo desse processo o fato jurídico.

São dois momentos distintos e sucessivos: o primeiro é a incidência da norma jurídica; o segundo dá-se com a observância ou a aplicação. A observância da norma jurídica pelos destinatários ou sua aplicação pela autoridade competente são eventos posteriores à incidência. A observância da norma jurídica independe de interpretação e de aplicação. A aplicação, por seu turno, depende da mediação imprescindível do intérprete, que não cria a norma jurídica nem participa de sua criação, cabendo-lhe a identificação e conformação de sua incidência, além da explicitação de seu alcance e efeitos do fato jurídico decorrente.

Como adverte Marcos Bernardes de Mello (2019, p. 121), a incidência, por ser infalível, não pode errar; o que pode haver é erro na aplicação, pois esta e não aquela é ato humano posterior, que radica na execução que se segue à incidência e desta dependente.

Por outro lado, as consequências jurídicas não são essenciais para a estrutura deôntica da norma jurídica, pois podem advir da incidência de outra norma jurídica (exemplo, por força do art. 2º do Código Civil, todo ser humano nascido com vida adquire personalidade, sendo que as consequências jurídicas positivas ou negativas decorrem das incidências dos artigos seguintes do mesmo Código e da legislação complementar).

Igualmente às demais normas jurídicas, são distintos os momentos e os modos de operar tanto da incidência do princípio jurídico quanto de sua observância ou de sua aplicação. A observância do princípio jurídico pelos destinatários é o comportamento comum do cotidiano das pessoas, em grande medida. As pessoas mais observam que violam as normas jurídicas, pouco importando que o façam por convicção ou por temor das consequências da violação. Ambos, a observância e a aplicação, são posteriores à incidência, pois esta se dá infalivelmente, quando seu suporte fático se concretiza na realidade da vida, sem necessidade de qualquer ato humano para que assim se dê.

CAPÍTULO 4

PRINCÍPIOS APLICÁVEIS AO DIREITO CIVIL EM GERAL

4.1 Princípio da dignidade da pessoa humana

A dignidade da pessoa humana é o núcleo existencial essencialmente comum a todas as pessoas humanas, como membros iguais do gênero humano, impondo-se um dever geral de respeito, tutela e intocabilidade. Como humanos, a dignidade nos faz únicos e ao mesmo tempo iguais. Há um mínimo comum que identifica todos os humanos como iguais, independentemente da origem, do sexo, da idade, da etnia, da aparência, da sanidade física ou mental e das condições socioeconômicas. A dignidade humana não é apenas um valor fundamental da humanidade, pois converteu-se em elemento constitutivo do direito positivo, elevada a princípio reitor pela Constituição de 1988.

A dignidade da pessoa humana relaciona-se tanto com a liberdade e valores do espírito quanto com as condições materiais da existência. Ela representa a superação da intolerância, da discriminação, da exclusão social, da violência, da incapacidade de aceitar o outro ou o diferente, na plenitude de sua liberdade de ser, pensar e criar.

Para A. Castanheira Neves (2002, p. 69), a pessoa humana "e a sua dignidade é o pressuposto decisivo, o valor fundamental e o fim último que preenche a inteligibilidade do mundo humano de nosso tempo". Constitui, segundo Antonio-Henrique Pérez Luño (1995, p. 318), não apenas a garantia negativa de que a pessoa não deva sofrer ofensas e humilhações, mas também uma garantia positiva no sentido do pleno desenvolvimento da personalidade de cada indivíduo.

A dignidade da pessoa humana abrange a tutela dos direitos que pertencem à pessoa, imprescindíveis para sua vida social. Por essa razão, a pessoa não pode ser entendida como meio que a instrumentalize.

O princípio da dignidade da pessoa humana é recente na história. Surge, no Ocidente, no início da modernidade, mas apenas no século XX ingressa plenamente na ordem internacional (Declaração Universal dos Direito Humanos, 1948, art. 1º) e nas Constituições, pois é incompatível com a coisificação do ser humano, que marcou a vida dos povos com a generalizada utilização da escravidão, apenas extinta no Brasil em 1888.

Viola o princípio da dignidade da pessoa humana todo ato, conduta ou atitude que coisifique a pessoa, ou seja, que a equipare a uma coisa disponível, ou a um objeto. Immanuel Kant (1986, p. 77), em lição que continua atual, procurou distinguir aquilo que tem um preço, seja pecuniário, seja estimativo, do que é dotado de dignidade, a saber, do que é inestimável, do que é indisponível, do que não pode ser objeto de troca. Diz ele: "No reino dos fins tudo tem ou um preço ou uma dignidade. Quando uma coisa tem um preço, pode-se pôr em vez dela qualquer outra como equivalente; mas quando uma coisa está acima de todo o preço, e, portanto, não permite equivalente, então tem ela dignidade". No centro de seu pensamento está a ideia de que a dignidade decorre da natureza humana racional, capaz de autoimputação de regras de comportamento, e de que todo ser racional existe como um fim em si mesmo, não podendo ser meio para uso desta ou daquela vontade. Pode-se dizer (Sarlet, 2004, p. 32) que é com Kant que, de certo modo, se completa o processo de secularização da dignidade da pessoa humana.

Antes de Kant, na primeira obra dos primórdios do renascimento reconhecidamente voltada a sobrelevar a dignidade da pessoa humana, Pico Della Mirandola (1987, p. 6), em 1486, procurava distingui-la de outros seres em virtude da razão e da autonomia, atributos próprios do homem. Nesse famoso discurso, faz Deus dirigir-se a Adão nestes termos: "A natureza limitada dos outros seres está contida nas leis que prescrevi. Você, não estando constrito por nenhuma barreira, a determinará segundo seu arbítrio, dentro dos poderes que lhe atribuo. [...] Poderá degenerar-se nas coisas inferiores que são brutas; mas poderá, segundo sua vontade, regenerar-se nas coisas superiores que são divinas".

Daí, como diz Stefano Rodotà (2012, p. 192), a irredutibilidade da pessoa humana à dimensão do mercado, "em particular no que respeita ao corpo como fonte de lucro", ou "no que respeita à autonomia da pessoa, que não pode ser instrumento dos fins e objeto de decisões de outras". No mesmo sentido, Pietro Perlingieri (2007, p. 79), para quem o direito civil reconhece que a ideia forte do sistema não é o mercado, mas a dignidade da pessoa.

A autodeterminação existencial é direito fundamental da pessoa. O primado do valor da pessoa humana e de seus direitos fundamentais impede que a área do direito civil se possa exaurir em uma concepção patrimonialista, fundada na centralidade da propriedade ou sob a noção de empresa.

O conhecimento científico atual revelou que não há raças, mas apenas uma raça humana, com idêntico código genético, de mesma origem imemorial. As novas tecnologias que permitem sequenciar os genomas de centenas de milhares de indivíduos demonstram que classificações raciais não fazem sentido. O conceito de raça como categoria biológica foi abandonado. No lugar de raças há etnias fundadas na cultura e não na biologia, mas todas integrando o mesmo gênero humano. Essas descobertas põem ao chão as pretensas justificações para as desigualdades raciais e o tratamento degradante e indigno a que foram submetidos os povos vencidos, ao longo da história, reduzidos à escravidão ou ao preconceito, como os índios e negros no Brasil.

Culturalmente, todavia, persiste o racismo estrutural, que se qualifica como crime, inclusive quando ofende minorias étnicas ou de gênero, como decidiu o STF (ADO 26). Portanto, qualquer conduta fundada no racismo é lesiva à dignidade da pessoa humana e qualificada como ilícito penal.

A unidade do gênero humano é respeitante das diversidades naturais, até porque cada pessoa humana é singular. Nesse sentido é a Declaração Universal do Genoma Humano e dos Direitos Humanos, aprovada pela Resolução n. 53/152 da Unesco, em 1998: "Art. 1º O genoma humano subjaz à unidade fundamental de todos os membros da família humana e também ao reconhecimento de sua dignidade e diversidades inerentes. Art. 2º Todos têm o direito ao respeito por sua dignidade e seus direitos humanos, independentemente de suas características genéticas". Assim, mais que a biologia, para a pessoa humana interessa a biografia.

A ideia de dignidade da pessoa humana resulta da convergência de diversas doutrinas e concepções de mundo e de humanidade, que se adensaram principalmente na cultura ocidental. É na modernidade que ela se desenvolve, ainda que sua noção se manifeste em concepções cosmológicas de responsabilidade ética dos estoicos, no mundo antigo, ganhando profundo alento com a difusão do pensamento cristão, especialmente da ideia de igualdade de todos perante a criação (Bittar, 2006, p. 46).

Deve ser destacado o caráter intersubjetivo e relacional da dignidade da pessoa humana, sublinhando a existência de um dever de respeito no âmbito da comunidade dos seres humanos, já que é de se perquirir até que ponto é possível ao indivíduo realizar, ele próprio, suas necessidades existenciais básicas, sem o concurso da comunidade e do Estado, além da necessária convivência harmônica da dignidade individual com a igual dignidade de todos os seres humanos (Sarlet, 2004, p. 47-74). O *homo dignus* vive em um sistema de relações, no exercício da dignidade social estabelecida na Constituição (Rodotà, 2012, p. 196).

A dignidade da pessoa humana não é uma propriedade que se pode "possuir" por natureza, como a inteligência ou os olhos azuis; ela marca, antes, aquela "intangibilidade" que só pode ter um significado nas relações interpessoais de reconhecimento recíproco e no relacionamento igualitário entre as pessoas (Habermas, 2004, p. 47).

Não se observa o princípio da dignidade da pessoa humana quando desigualdades pessoais, sociais, econômicas e jurídicas existem em razão do sexo ou gênero. A submissão histórica da mulher nas sociedades patriarcais, com reflexos até hoje, é incompatível com o princípio.

A distinção corrente entre sexo e gênero merece esclarecimento, como faz a historiadora austríaca-americana Gerda Lerner (2019, p. 293), ao afirmar que mulheres e homens são sexualmente diferentes em razão de suas distinções biológicas. Gênero, segundo a autora, é a definição cultural de comportamento definido como apropriado aos sexos em dada sociedade, em determinada época, como conjunto de papeis culturais, o que permite apontar para sua igualdade.

Na Constituição, a dignidade da pessoa humana é princípio recorrente: comparece como princípio fundamental, conformador da ordem jurídica brasileira, no inciso III do art. 1º; no art. 226, §7º, para fundamentar o planejamento familiar; no art. 227, para proteção da criança e do adolescente; no art. 230, para proteção das pessoas idosas.

O princípio também é recorrente na jurisprudência dos tribunais. Por exemplo, o STF no ARE 1.309.642 interpretou em conformidade com a Constituição o artigo do Código Civil que impõe o regime de separação de bens no casamento de pessoa maior de setenta anos, atribuindo-lhe sentido de norma supletiva, pois a interpretação literal viola o princípio da dignidade da pessoa humana em três pontos: o da autonomia individual, o do valor intrínseco da pessoa por tratar o idoso como instrumento para satisfação de interesse patrimonial de possíveis herdeiros, o do princípio da igualdade por utilizar a idade como elemento de desequiparação.

Nos julgados de nossos tribunais, o princípio é associado a outros princípios, aplicados de modos justapostos ou transversais, sem hierarquia ou primazia. O princípio da dignidade da pessoa humana, na experiência brasileira e ao contrário de outros sistemas jurídicos, não é supremo ou fundamento dos demais, ainda que ostente força simbólica superior.

4.2 Princípio da solidariedade social

A solidariedade, como categoria ética e moral que se projetou para o mundo jurídico, como princípio normativo, significa um vínculo racionalmente guiado, limitado e autodeterminado que impõe a cada pessoa deveres de cooperação, assistência, amparo, ajuda e cuidado em relação às outras, nas relações privadas. A solidariedade, como princípio jurídico, também é oponível ao Estado, à sociedade e às famílias.

A solidariedade cresce de importância na medida em que permite a tomada de consciência da interdependência social, qualificando-se quase sempre como solidariedade social, como a denomina a Constituição (art. 3º, I). A solidariedade pode não ser social (referente à sociedade em geral), pois também se cogita de solidariedade internacional, familiar, religiosa, afetiva.

Cada uma dessas expressões de solidariedade surge espontaneamente, nas relações sociais, como sentimento. O direito republicano e laico, para poder tratar a todos igualmente, não costuma lidar diretamente com sentimentos e sim com condutas verificáveis, que ele seleciona para normatizar. O princípio jurídico da solidariedade recebe esses sentimentos como valores e os verte em direitos e deveres exigíveis nas relações interindividuais. Portanto, o princípio e os decorrentes deveres jurídicos de solidariedade não se confundem com cuidado, beneficência, compaixão ou fraternidade, que são elevados valores morais que estão para além do direito enquanto tal.

Segundo Franz Wieacker (1980, p. 719), o *pathos* da sociedade de hoje, comprovado em geral por uma análise mais detida das tendências dominantes da legislação e da aplicação do direito, é o da solidariedade, ou seja, da responsabilidade, não apenas dos poderes públicos, mas também da sociedade e de cada um dos seus membros individuais, pela existência social de cada um dos outros membros da sociedade.

O princípio jurídico da solidariedade resulta da superação do modo de pensar e viver a sociedade a partir do predomínio dos interesses individuais, que marcou os primeiros séculos da modernidade. Estudiosos das dimensões dos direitos humanos classificam como sendo de primeira dimensão os direitos e garantias individuais, ou as liberdades públicas, com natureza negativa, ou seja, como direitos oponíveis ao poder político. Na segunda dimensão estariam os chamados direitos sociais, como as garantias dos trabalhadores, e os que nossa Constituição enuncia no art. 6º (educação, saúde, moradia, lazer, segurança, previdência social etc.). Na terceira estariam exatamente os direitos de solidariedade, não só das pessoas em relação às outras, mas em relação ao meio ambiente em que vivem as gerações atuais das pessoas humanas, aos demais seres vivos e às futuras gerações.

No mundo antigo, o indivíduo era concebido apenas como parte do todo social; daí ser impensável a ideia de direito subjetivo. No mundo moderno liberal, o indivíduo era o centro de emanação e destinação do direito; daí ter o direito subjetivo assumido a centralidade jurídica. No mundo contemporâneo, busca-se o equilíbrio entre os espaços privados e públicos e a interação necessária entre os sujeitos, despontando a solidariedade como elemento conformador dos direitos subjetivos.

No âmbito internacional, a Declaração Universal dos Direitos do Homem (art. XXIX) estabelece que "todo homem tem deveres para com a comunidade, na qual o livre e pleno desenvolvimento de sua personalidade é essencial". A solidariedade, no direito brasileiro, somente após a Constituição de 1988 inscreveu-se como princípio jurídico (art. 3º, I).

No direito privado apenas havia o conceito de solidariedade – vindo do *Corpus Juris Civilis* e inteiramente distinto do ora empregado –, subsumido à espécie de obrigação, quando um dos credores pode receber do devedor a totalidade da dívida (solidariedade ativa), ou quando um dos devedores pode ser obrigado a pagar a dívida integralmente (solidariedade passiva), o que significa individualização do crédito ou do débito plurais.

Desde os antigos se utiliza a locução latina *in solidum*, com o significado de soma do todo. Mas tem sido afirmado que o termo "solidariedade" apenas aparece na linguagem jurídica no início do século XVII, daí passando para a linguagem comum (Grynbaum, 2004, p. 26). Esse sentido estrito não é o mesmo do princípio fundamental da solidariedade no mundo contemporâneo, como dever geral de conduta, que se consolidou nas Constituições sociais do século XX, e cuja elaboração na doutrina jurídica é relativamente recente.

É somente no fim do século XIX e início do século XX que aparece a lógica da solidariedade com um discurso coerente, que não se confunde com caridade ou filantropia (Farias, 1998, p. 190). O ato caritativo radica na dimensão da consciência moral, enquanto a solidariedade é dever de natureza jurídica. Ainda que, anteriormente, alguns autores mencionassem de modo tangencial a solidariedade como princípio, deve-se a Léon Bourgeois sua primeira sistematização, com a obra *Essai d'une philosophie de la solidarité*, publicada em 1902, em seguida a um pequeno livro seu, *Solidarité*, publicado em 1896 (Rémy, 2004, p. 4), além da obra *A divisão do trabalho social* de Émile Durkheim, ao final do século XIX, na qual é defendida a tese da coesão da sociedade em virtude das forças motrizes da solidariedade mecânica e da solidariedade orgânica.

Os estudos marcadamente sociológicos influenciaram o direito público e privado já nas primeiras décadas do século XX, nessa matéria. No direito público, Léon Duguit (2005, p. 21), inspirado em Durkheim, distante da ideia de direito individual, entende que o "homem que vive em sociedade tem direitos; mas estes direitos não são prerrogativas que lhe pertencem porque, sendo homem social, tem um dever a cumprir e deve ter o poder de cumprir tal dever". No âmbito do direito civil, René Demogue (p. 158-169), em obra clássica de 1911, embora considerando ingênuas as teses de Bourgeois, aplicou a regra da solidariedade principalmente na afirmação da mais justa "repartição das perdas", contribuindo para a progressiva evolução da responsabilidade civil, da culpa ao risco, além da afirmação, avançada para a época, de que "todo homem deve sempre ter direito a um mínimo de existência".

O mais importante nessa viragem rumo ao princípio jurídico da solidariedade é a compreensão de que a solidariedade não é apenas dever positivo do Estado na realização das políticas públicas, mas também de que importa deveres recíprocos entre as pessoas, pois, como disse Bourgeois, os homens já nascem devedores da associação humana e são obrigados uns com os outros pelo objetivo comum. É dever do Estado para redução das desigualdades sociais e dever das pessoas como expressão necessária do viver em sociedade.

A imposição de solidariedade levou ao desenvolvimento da função social dos direitos subjetivos, inclusive a propriedade e o contrato, que se tornou lugar comum no início do século XXI. Sem a solidariedade, a subjetividade jurídica e a ordem jurídica convencional estão fadadas a constituir mera forma de conexão de indivíduos que permanecem juntos, mas isolados.

O princípio da solidariedade vai além da justiça comutativa, da igualdade formal, pois projeta os princípios da justiça distributiva e da justiça social. Estabelece que a dignidade de cada um apenas se realiza quando os deveres recíprocos de solidariedade são observados ou aplicados.

Os revolucionários franceses do final do século XVIII elegeram a liberdade, a igualdade e a fraternidade como valores supremos de transformação da sociedade e da busca da felicidade. O apelo ético à fraternidade converteu-se em dever jurídico de solidariedade, promanado do respectivo princípio normativo. Para Maria Celina Bodin de Morais (2017, p. 114), "o princípio constitucional da solidariedade identifica-se, assim, com o conjunto de instrumentos voltados para garantir uma existência digna, comum a todos, em uma sociedade que se desenvolva como livre e justa, sem excluídos e marginalizados".

Passados dois séculos, a Constituição de 1988, refletindo as atuais matrizes éticas da sociedade brasileira, substituiu a famosa tríade dos revolucionários franceses pelos objetivos fundamentais de "construir uma sociedade livre, justa e solidária" (art. 3º, I). Liberdade, justiça e solidariedade são fundamentos e princípios jurídicos que o Estado, a sociedade civil e cada pessoa humana devem se empenhar em observar e atingir, em processo de constante devir.

O princípio da solidariedade atravessa e determina o conteúdo dos dois outros princípios da tríade fundamental brasileira. A liberdade individual é funcionalizada à realização da solidariedade, "a promover o bem de todos" (art. 3º, IV, da Constituição), e não apenas de cada um. A justiça é principalmente material, voltada a "reduzir as desigualdades sociais" (art. 3º, III, da Constituição).

Assim, podemos afirmar que o princípio da solidariedade é um dos grandes marcos paradigmáticos que caracterizam a transformação do Estado liberal e individualista em Estado democrático e social (por alguns, justamente denominado Estado solidário), com suas vicissitudes e desafios, que o conturbado século XX nos legou.

A pessoa humana é um ser que pertence ao mundo particular e público, à comunidade familiar e à comunidade universal, nos quais interage com dever de solidariedade. Torna-se humana apenas na convivência. Parafraseando o pensador pré-socrático Heráclito, a solidariedade se inscreve no princípio do porvir incessante das coisas. O princípio da solidariedade não é apenas mandatório na aplicação do direito civil, mas dos demais ramos do direito.

O direito civil é palco, nessa quadra da história, do conflito entre a marca funcional do direito na solidariedade e a busca do sujeito de realizar seus próprios interesses com liberdade: no direito das sucessões, a marca da solidariedade para com os seus se contrapõe à de solidariedade para com todos os outros; no direito das famílias, a liberdade plena que se reclama se contrapõe a quem tem a vida na dependência da não liberdade do outro; no direito dos contratos, reclamam-se novas reflexões sobre os conceitos de lealdade e igualdade; nos direitos reais, há o dilema do uso egoístico das coisas (Nery, 2004, p. 67).

4.3 Princípio da igualdade

O princípio jurídico da igualdade sempre foi concebido como um princípio formal. Ou seja, todos são iguais perante a lei (art. 5º da Constituição), nos limites e posições estabelecidos nesta. O grande dilema da igualdade formal é, no dizer de Pietro Barcellona (1998, p. 62), que ela convive com a desigualdade que não se pode ler nos códigos, que a pressupõe necessariamente, mas que eles não regulam diretamente; à igualdade entre os homens se contrapõe, de fato, a desigualdade dos poderes privados.

O princípio jurídico da igualdade contempla e considera as diferenças naturais entre as pessoas. São diferentes as pessoas em razão de suas idades (ex.: crianças, adultos, pessoas idosas), do sexo ou gênero (ex.: homem, mulher), ou da orientação sexual (ex.: heterossexual, homossexual, transexual), da integridade psicofísica ou não, entre outras situações. As diferenças existem naturalmente, mas não podem repercutir no tratamento jurídico desigual das pessoas. Como diz Guido Alpa (2009, p. 351), as diferenças não devem traduzir-se em discriminações ou em preconceitos.

As desigualdades são, em sua maior parte, sociais ou históricas, segundo os autores que sobre elas se detiveram. Por exemplo, Rousseau, no seu conhecido discurso sobre a origem da desigualdade entre os homens, afirma que a natureza fez os homens iguais, e a civilização os tornou desiguais. Para Norberto Bobbio (2011, *passim*), essa diferença continua relevante para o problema do preconceito, quando a desigualdade natural é agravada pela superposição da desigualdade social, como ocorreu na questão feminina, que é produto artificial da sociedade dirigida pelos homens.

A história da codificação civil é atravessada pela trajetória da desigualdade dos poderes privados. Tal afirmação parece ser paradoxal, num mundo em que tanto se luta por justiça social, considerando ainda a promessa de igualdade apregoada pelos iluministas e os fundamentos de mais de duzentos anos da Revolução Liberal.

A codificação, especialmente a codificação civil, cristalizou os valores do liberalismo burguês da época, que tinha por fundamento central a patrimonialização das relações civis. Era o predomínio do ter sobre o ser. O homem destinatário da codificação civil sempre foi aquele dotado de patrimônio. E há uma justificação histórica porque, no seu momento, representou a emancipação do homem do modo de ser feudal e aristocrático, com seus rígidos e imutáveis estamentos.

Nas grandes codificações civis, despontou a desigualdade jurídica nos três principais protagonistas: a) o poder doméstico, revelado no poder marital sobre a mulher ou no poder sobre os filhos, segundo a concepção de família como entidade hierarquizada, desigual e fundada na legitimidade da origem; b) o poder do proprietário, exercido de modo absoluto e exclusivo contra todos e sem limitação, segundo o conceito moderno de liberdade como não impedimento, e, nesse sentido, afastando a intervenção do Estado e da sociedade; c) o poder contratual dominante, encoberto pela igualdade formal dos contratantes, sem contemplar os poderes reais na relação contratual.

Essa trajetória dos poderes privados marcou a história do direito civil, sendo revista apenas recentemente, considerando-se que no Brasil o Estado social apenas foi inaugurado formalmente com a Constituição de 1934. Somente ao final das últimas décadas do século XX os juristas começaram a refletir sobre as desigualdades provocadas pelos poderes privados, que estão em desarmonia com os fundamentos da justiça social e de igualdade material (arts. 3º, III, e 170 da Constituição). Busca-se, no plano jurídico, a ampliação do conceito de igualdade, desafiando as desigualdades sociais e a imensa concentração de renda, que alimentam os poderes privados hegemônicos e têm assinalado a vida social e econômica brasileira. E isso se reflete, evidentemente, na aplicação efetiva do direito em geral e do direito civil.

A mudança de atitude com relação ao princípio da igualdade faz emergir outra visão da igualdade jurídica, que não afasta a igualdade formal – a igualdade de todos perante a lei –, considerada conquista da humanidade. Amplia-se para a igualdade de todos na lei, suprimindo-se os componentes de desigualdades do conteúdo das normas jurídicas.

Apesar do princípio da igualdade, afirmado nas Constituições brasileiras, a mulher somente adquiriu a plenitude da igualdade em relação ao marido, em direitos e obrigações, em 1988, com a Constituição Federal. Porque, nem o Estatuto da Mulher Casada, de 1962, nem mesmo a Lei do Divórcio, de 1977, apagaram por completo as assimetrias jurídicas havidas historicamente entre o homem e a mulher casados.

Do mesmo modo, entendia-se normal e justificável que o consumidor, que não detém poder contratual dominante ou paritário, especialmente quando se depara com condições gerais dos contratos predispostas, pudesse ser tratado como igual relativamente ao fornecedor, o que se afastou com o advento do Código de Defesa do Consumidor, de 1990.

Alguns fatores têm contribuído para a transformação do princípio da igualdade no direito civil, no sentido de associar a igualdade formal e a igualdade material ou substancial, além das dimensões da justiça social:

a) a constitucionalização das relações civis, que supera a cisão histórica entre Constituição e Código Civil, que eram tidos como espaços normativos estanques, uma voltada às relações de poder e cidadania, e o outro, às relações igualitárias e autônomas entre sujeitos de direitos;

b) a aproximação dos conceitos de sujeito privado e cidadania, a exemplo dos direitos da personalidade;

c) a gradativa substituição da natureza patrimonializante das relações civis para a repersonalização delas, significando um redirecionamento do ter para o ser, posicionando-se em primeiro lugar a pessoa, depois seu patrimônio, e não o inverso, como era na codificação liberal;

d) a crescente compreensão do papel da ordem econômica, cujos princípios determinam a funcionalização da propriedade e do contrato, especialmente o da justiça social, quanto à imposição posta de redução das desigualdades sociais a todo o Estado e ao Direito;

e) a tensão criativa entre interesses privados, interesses sociais e interesses públicos. Porque interesses sociais não mais se confundem com interesse público-estatal. Ou, quando muito, podem ser denominados interesse público-social e interesse público-estatal. Às vezes há conflito entre eles. Eventualmente, um membro do Ministério Público ou uma associação organizada para esse fim poderá, defendendo o interesse social, a exemplo do meio ambiente, entrar em conflito com o interesse público-estatal e com os interesses privados;

f) a contenção dos abusos do poder econômico que a Constituição estabelece e que se difunde pela legislação infraconstitucional.

No Código Civil de 2002, o princípio da igualdade se materializa em vários pontos, nomeadamente:

I - Na propriedade. A propriedade deve considerar a promessa constitucional dos direitos sociais (art. 6º da Constituição), que introduziu o direito à moradia, distinto do direito da propriedade clássico. E para a relevância da posse, com se vê na desapropriação judicial do art. 1.228 do Código Civil. O trabalho, neste caso, completa a mera detenção fática da coisa.

II - No contrato. O princípio da equivalência material, não claramente expresso no Código, mas que dele deflui, exigente do equilíbrio real de direitos e obrigações das partes. A compreensão da vulnerabilidade do aderente, no contrato de adesão (arts. 423 e 424), é um sintoma dessa preocupação, com relação à igualdade material ou substancial dos contratantes, além de todas as previsões legais de juízo de equidade atribuído ao julgador. Ampliaram-se as hipóteses de revisão judicial dos contratos, no Código Civil, destacando-se as normas relativas à lesão, à correção do valor de prestação desproporcional, à concessão de indenização complementar, na ausência de cláusula penal, à redução equitativa da cláusula penal, à interpretação favorável ao aderente, à resolução por onerosidade excessiva, à redução da prestação em contrato individual. São definições que o Código faz no sentido de estabelecer uma igualdade material maior entre credor e devedor.

III - Na família. A legislação infraconstitucional deve concretizar o princípio da igualdade na família, que se expressa em três dimensões: entre as entidades familiares, entre os cônjuges e companheiros ou conviventes e entre os filhos de qualquer origem. Não são admissíveis regras de desigualdade jurídica entre cônjuges e companheiros ou conviventes, porque não há primazia constitucional entre eles.

Diz Pietro Perlingieri (1997, p. 46) que a igualdade não se exaure na paridade de tratamento, pois as disparidades sociais e econômicas devem ser tratadas de forma diversa, isto é, sem paridade. A "igualdade constitucional tende a realizar a igual dignidade social, removendo os obstáculos que limitam a liberdade dos cidadãos, de maneira a realizar a justiça social e distributiva". Assim, quando houver conflito entre o princípio da igualdade de nível constitucional, necessariamente substancial ou material, e o princípio da igualdade formal, emergente da legislação civil, prevalece o primeiro.

4.4 Princípio da tutela da vulnerabilidade

O direito contemporâneo orienta-se pela necessidade de tratamento jurídico preferencial às pessoas vulneráveis, que são assim presumidas pela lei ou consideradas de acordo com determinadas circunstâncias.

A vulnerabilidade jurídica – quando há recepção e reconhecimento pelo direito – decorre de variadas vulnerabilidades fáticas: econômica, social, etária, técnica, educacional, de acessibilidade, informacional, de deficiência física, mental e intelectual, de pertencimento a grupos sociais minoritários (sociais, culturais, raciais, de gênero). As vulnerabilidades podem ser agravadas quando estão conjugadas, por exemplo, idoso consumidor e com deficiência física. As vulnerabilidades agravadas têm sido designadas de "hiper vulnerabilidades".

António Manuel da Rocha e Menezes Cordeiro (2021, p. 57), após análise em profundidade da evolução do sistema jurídico romano-germânico, pôs-se a questão: será viável, na base das inúmeras normas que protegem, em certas situações, as pessoas vulneráveis, explicitar um princípio? Para ele a resposta é positiva, desde que se trabalhe com a dogmática própria dos princípios. Reconhece que o princípio, tal como ocorre no direito brasileiro, deve ser conjugado com outros princípios, como o da autonomia privada ou o da propriedade privada, de modo a respeitar a lógica do sistema, capazes de estabelecer pontes dogmáticas entre institutos aparentemente dispersos.

A tutela jurídica da personalidade é princípio autônomo, geral e implícito, que não se confunde com os demais princípios jurídicos explícitos e implícitos do sistema de direito privado brasileiro, inclusive com o da igualdade.

A vulnerabilidade jurídica não se confunde com a hipossuficiência, que é conceito eminentemente econômico ou conceito jurídico fundado na insuficiência das condições econômicas pessoais. De maneira geral, os juridicamente vulneráveis são hipossuficientes, mas nem sempre essa relação existe. A vulnerabilidade jurídica pode radicar na desigualdade do domínio das informações, para que o interessado em algum bem ou serviço possa exercer sua escolha, como ocorre com o consumidor; pode estar fundada na impossibilidade de exercer escolhas negociais, como ocorre com o aderente em contrato de adesão a condições gerais.

Durante o período de triunfo do individualismo jurídico moderno, aprofundou-se a ficção instrumental da igualdade formal das pessoas, como expressão de suas plenas autonomias de vontade, com desconsideração de suas vulnerabilidades reais, que ficaram invisíveis ao direito. Como corolário desse cenário formalista, não cabia ao legislador intervir para proteger a parte que, na realidade da vida negocial, estava de fato submetida ao poder negocial da outra. Foram afastados até mesmo institutos jurídicos consagrados na experiência milenar do sistema romano-germânico, como o *favor debitoris*, a *interpretatio contra stipulatorem* e a *cláusula rebus sic stantibus*, porque eram incompatíveis com a visão formalista e individualista da intocabilidade do contrato e porque reclamavam a intervenção do Estado-juiz.

Recentemente, esses e outros institutos assemelhados foram reintroduzidos nos sistemas jurídicos contemporâneos, quando passaram a contemplar a vulnerabilidade real dos contratantes. Por exemplo, a antiga formulação de origem romana *interpretatio contra stipulatorem*, que atravessou os séculos, foi adaptada à economia de massas da atualidade, tendo sido apropriada pelo art. 424 do Código Civil brasileiro para favorecer o aderente de contrato de adesão a condições gerais, qualificado como vulnerável. A regra pode ser assim enunciada: no caso de dúvida, as condições gerais do contrato de adesão devem ser interpretadas a favor do aderente e contra quem as predispôs; ou segundo a redação dada ao art. 305c, 2, do Código Civil alemão, pela legislação de modernização das obrigações de 2002: "As dúvidas em relação à interpretação das condições gerais do contrato serão resolvidas em desfavor de quem as utilizou". A regra consagra o caráter objetivo da interpretação típica, ensejando o controle judicial abstrato.

Para Luigi Ferrajoli (2001, p. 372) o processo histórico dos direitos fundamentais pode ser lido como a história da progressiva expansão das leis dos mais vulneráveis (que ele denomina de mais débeis) e da consequente luta contra os absolutismos e onipotências dos mais fortes. Assim, pela redução do absolutismo dos poderes econômicos e financeiros surgiram as garantias dos direitos dos trabalhadores, pela redução dos poderes domésticos afirmou-se a igualdade jurídica entre homens e mulheres.

As normas constitucionais, privilegiando a igualdade substancial, passaram a conformar e delimitar a produção e aplicação das normas de direito civil, tendo em conta que "o individualismo do mundo atual criou a vulnerabilidade", segundo Gilles Lipovetsky (2007, p. 53).

As vulnerabilidades em geral são relacionais quando a pessoa humana está em situação de ausência ou redução substancial de poderes e posições em face da outra, ou das outras pessoas, ou de entidades e coletividades, em virtude de fatores permanentes (ex: situação de idoso), temporários (ex: criança), ou circunstanciais (ex: consumidor, ou autodeterminação informativa). A tutela das vulnerabilidades permanentes ou temporárias não dependem de caso concreto e antecedem qualquer relação jurídica concreta.

A vulnerabilidade jurídica tanto pode ocorrer no campo existencial quanto no campo patrimonial. No campo existencial, o direito tem optado por definir o âmbito da proteção da vulnerabilidade lançando mão de estatutos legais multidisciplinares, a exemplo do Estatuto da Criança e do Adolescente (1990), o Estatuto da Pessoa Idosa (2003), o Estatuto da Pessoa com Deficiência (2015) ou, anteriormente à Constituição de 1988, do Estatuto da Mulher Casada (1962). Esses sujeitos vulneráveis reclamam proteção da família, do Estado e da sociedade. Com relação à pessoa idosa e à pessoa com deficiência, emergem deveres assemelhados aos conferidos historicamente à criança, mas com singularidades afetas aos que estão na curva final da vida e que já contribuíram para o desenvolvimento da sociedade, e aos que, por suas deficiências físicas ou mentais, necessitam do cuidado permanente. Se, na criança, os deveres voltam-se a assegurar sua formação, na pessoa idosa e na pessoa com deficiência são essencialmente de amparo. Em comum, os deveres com a vida, a saúde, o lazer, a cultura, a convivência familiar e, principalmente, com sua dignidade humana. A vulnerabilidade existencial também pode brotar de relações de famílias e sucessões, como se dá com a adjudicação ao cônjuge sobrevivente (ou companheiro de união estável) do direito real de habitação (Código Civil, art. 1.831) sobre o imóvel destinado à residência da família do *de cujus* e que tenha sido o único com tal destinação, enquadrando-se no mínimo existencial.

Os direitos da personalidade, além dos princípios próprios que sobre eles incidem, recebem igualmente a incidência do princípio da tutela da vulnerabilidade. A qualificação dos direitos da personalidade compreende implicitamente situações de vulnerabilidade que a pessoa humana está exposta, cujas violações provocam dano. Com as novas tecnologias de informação, a privacidade da pessoa está em constante ameaça de violação, exigente de tutela adequada para prevenção ou reparação do dano emergente, que é necessariamente *in re ipsa*.

A vulnerabilidade jurídica é estrutural ou circunstancial:

1) A vulnerabilidade estrutural é assim qualificada quando o direito presume que uma das partes é merecedora de tutela jurídica, independentemente das condições reais (ex.: o consumidor, pobre ou rico, é sempre juridicamente vulnerável ao poder negocial da outra parte);

2) A vulnerabilidade é circunstancial quando não há presunção legal do tipo (ex.: pessoa idosa, pessoa com deficiência) mas emerge das circunstâncias consideradas pelo direito (ex.: exploração de dados pessoais).

O legislador, para presumir a vulnerabilidade, vale-se do tipo médio, com relativo grau de abstração, de formalização (típico do modo jurídico), que resulta no tipo médio, ideal. O tipo é presumido quando a lei assim valora. Presume-se, por exemplo, que o consumidor é vulnerável, na relação de consumo, ainda que o não seja de fato, pois está em posição de vulnerabilidade diante do outro contratante, que detém o poder de fixar as regras da relação contratual (Lôbo, 1991, p. 68).

A vulnerabilidade estrutural independe de aferição real ou de prova. A presunção legal absoluta não admite prova em contrário ou considerações valorativas, até porque a presunção é consequência que a lei deduz de certos fatos, às vezes prevalecendo sobre as provas em contrário. A presunção é o meio de prova pressuposta que dispensa a comprovação real. Qualifica-se como prova indireta.

Exemplo de vulnerabilidade existencial circunstancial é a do credor de alimentos, nas relações de famílias, de acordo com determinadas circunstâncias, a saber, de idade, de tempo, de necessidades ante as possibilidades do devedor.

Exemplo de vulnerabilidade circunstancial, no campo patrimonial, é a alteração da base negocial em razão da mudança de circunstâncias (onerosidade excessiva superveniente). Não se pode esperar que a onerosidade insuportável para a parte vulnerável, em virtude das circunstâncias advindas da execução negocial, tenha como solução a extinção do contrato. Nesses casos, como no exemplo dos planos de saúde, há a razoável expectativa de que o contrato perdure por muitos anos ou até mesmo até o fim da vida da pessoa, impondo-se a consideração da vulnerabilidade de quem dele se utiliza e o permanente ajustamento da equivalência material. Outros exemplos são a lesão e o estado de perigo.

No campo contratual, por exemplo, algumas dessas vulnerabilidades estruturais reclamaram tal grau de intervenção legal que se converteram em ramos autônomos do direito, a exemplo do direito do trabalho, do direito autoral, do direito agrário e do direito do consumidor.

A vulnerabilidade também pode alcançar sujeitos de direitos não personalizados, que são destinatários de tutela jurídica, reconhecida pelo direito. Segundo o modelo adotado pelo direito brasileiro da natalidade, pessoa humana ou pessoa física é a nascida com vida. Porém, há outros sujeitos de direito que não perfazem esse modelo legal, mas que são igualmente titulares de direito. São exemplos o nascituro, os ainda não concebidos (entes humanos futuros ou prole eventual, para fins sucessórios) e as futuras gerações (para fins de precaução e prevenções ambientais, que lhes permitam vida digna quando nascerem). A evolução do direito e as exigências do mundo da vida levaram à necessidade de conferir a esses entes partes ou parcelas de capacidades para aquisição, exercício e defesa de direitos, dispensando-lhes a personalidade. Para a realização dos fins a que estão destinados, ou para sua tutela jurídica, não precisam ser personalizados nem equiparados a pessoas. Para que possam defender seus interesses em juízo basta que se lhes atribua excepcional capacidade processual.

Com relação ao nascituro, a tutela de sua vulnerabilidade é assegurada pela reserva dos direitos que lhe serão transferidos se nascer com vida, quando se converterá em pessoa. É o direito expectativo, que incide imediatamente ao início da gravidez. O direito expectativo é resolúvel, pois se encerra com o parto (nascimento com vida ou morte do nascituro). Se nascer com vida, resolve-se o direito expectativo, de que é titular o nascituro, e adquire definitivamente os direitos próprios à pessoa.

As modalidades mais incisivas e eficazes de proteção da vulnerabilidade jurídica que o legislador passou a utilizar são a de sancionar com obrigação de fazer, ou de não fazer, ou responsabilidade por dano, ou invalidade dos atos jurídicos ou partes deles que comprometem a igualdade substancial ou afetam o mínimo existencial da pessoa vulnerável, ou quando levam à desvantagem ou onerosidade excessiva em seu desfavor.

Integram a esfera do princípio da tutela da vulnerabilidade as vulnerabilidades emergentes de outros seres e de alguns bens jurídicos que afetam as pessoas humanas. A tutela jurídica de que são merecedores reflete indiretamente na esfera jurídica das pessoas humanas. É a hipótese do meio ambiente, pois, quando a Constituição impõe a todos o dever de defender e preservar o meio ambiente, "para as presentes e futuras gerações", reconhece implicitamente sua vulnerabilidade, atualmente tão aguda com as mudanças climáticas, em grande medida provocadas pelas intervenções humanas, máxime a partir da Revolução Industrial. É também a hipótese dos bens comuns, cujas vulnerabilidades comprometem o acesso a eles pelas pessoas humanas, como destacamos abaixo nos princípios do direito das coisas.

Nesse mesma direção é a tendência das legislações hodiernas de qualificar os animais como não coisas, como seres vulneráveis e sencientes. O STF, em decisões convergentes que os reconhecem como seres sencientes, com fundamento na vedação constitucional da crueldade (Constituição, art. 225, §1º, VII) proibiu a "farra do boi" (RE 153.531) e a "rinha de galos" (ADI 1.856), apesar de suas tradições culturais. Igualmente, declarou a ilegitimidade de interpretação de normas infraconstitucionais que autorizem o abate de animais apreendidos em situação de maus-tratos (ADPF 640) e a proibição do uso de animais para desenvolvimento de produtos cosméticos, de higiene pessoal e afins (ADI 5.995).

Com tais características que o singularizam, o princípio da tutela da vulnerabilidade em grande medida incide conjuntamente com outro ou outros princípios jurídicos, exigindo-se interpretação e aplicação harmonizadoras.

4.5 Princípio da liberdade

"Os homens, pela sua própria essência, buscam a liberdade", segundo Milton Santos (2007, p. 20). E, querendo a liberdade, descobrimos que ela depende inteiramente da liberdade dos outros, e que a liberdade dos outros depende da nossa (Sartre, 2014, p. 40).

A regra-matriz do princípio da liberdade é o art. 5º da Constituição, que assegura sua inviolabilidade aos brasileiros e estrangeiros residentes no Brasil. A Constituição admite a liberdade de adquirir e dispor de bens, de constituir e extinguir entidade familiar, de testar, de contrair obrigações, de associar-se. No âmbito do direito civil, o princípio da liberdade se revela na faculdade conferida à pessoa de realizar escolhas, sem impedimentos legais, desde que observados os princípios fundamentais.

A liberdade torna responsável quem a exerce, porque a responsabilidade decorre da consciência das consequências das próprias decisões ou das escolhas feitas, de seus exercícios intelectivos.

A legislação infraconstitucional utiliza-se das normas facultativas ou permissivas e das normas dispositivas ou supletivas para realização do princípio da liberdade. As normas permissivas especificam o âmbito da liberdade da pessoa nas relações civis, para além da regra geral que enuncia ser permitido tudo o que não for objeto de norma cogente (proibido ou determinado). As normas dispositivas apenas incidem quando as pessoas não estipulam de forma diferente ao que elas dispõem; ou seja, essas normas corresponderiam ao que as pessoas livremente disporiam se elas não existissem. A área do direito civil onde mais intensamente o princípio da liberdade se aplica é a das obrigações contratuais. Exemplo de norma permissiva é o art. 425 do Código Civil, que faculta às partes estipular contratos atípicos. Exemplo de norma dispositiva é o art. 435 do Código Civil, que reputa celebrado o contrato no lugar em que foi proposto, pois as partes podem indicar outro lugar. Exemplo de norma cogente proibitiva é o art. 426 do Código Civil, que proíbe contrato sobre a herança de pessoa viva.

Ao longo da história, a liberdade saiu do espaço coletivo (sentido positivo), de acordo com a cultura greco-romana, para o individual (sentido negativo), que se tornou triunfante na modernidade. Em famoso discurso proferido em 1819, Benjamin Constant intuiu a distinção que se tornou célebre entre a liberdade dos antigos e a dos modernos, título, aliás, como se tornou conhecido o discurso, para demonstrar a excelência da liberdade dos modernos, em época de triunfo da burguesia: "é a liberdade de cada um dizer sua opinião, de escolher sua profissão e de exercê-la; de dispor de sua propriedade, de abusar mesmo; de ir, de vir, sem obter permissão"; comparando-a com a dos antigos, que era a: "de deliberar no espaço público sobre a guerra e a paz, de concluir com os estrangeiros alianças, de votar as leis, de julgar, de verificar as contas dos magistrados", o que levava à "submissão completa do indivíduo à autoridade da coletividade" (Constant, 1819, *passim*). Em suma, a liberdade dos modernos, que ele valorizava, era entendida como não impedimento à ação individual, como desimpedida fruição dos bens privados, enquanto a dos antigos, que não conheceram a liberdade na dimensão individual, era o *status* político ou ação política, ou seja, o poder de governar e decidir a *res publica*, ou a vida privada dos cidadãos.

Posteriormente, Hannah Arendt (1979, p. 188-220) retomou essa interessante temática para demonstrar que o campo original da liberdade era o âmbito da política entre os antigos; livre era o titular da ação política, entendida como fato da vida cotidiana; era o governante entre governantes, movendo-se entre iguais. Os não livres não eram cidadãos: eram escravos ou *alieni juris*. Assim, para os antigos, a ideia de autonomia ou liberdade individual era incogitável. Na antiga Roma os escravos exerciam a atividade comercial (eram "livres" para exercê-la), considerada degradante para os homens livres. Entre os modernos, ocorreu a inversão: livre é o que detém a livre iniciativa econômica, pouco importando que politicamente esteja submetido a uma ditadura.

No século XVI, no trânsito do medievo para a modernidade, Bartolomé de Las Casas (2007, § 1,4), o célebre sacerdote Protetor dos Índios - ao contrário de que afirmaram depois Benjamin Constant e Hannah Arendt, de que o campo da liberdade dos antigos era o da ação política, e o dos modernos era o do não impedimento à ação individual – escreveu que o conceito antigo e republicano de *libertas* era o de independência e não impedimento, contraposta à escravidão. Assim, desde os antigos a liberdade já teria sido concebida como não impedimento.

Franz Wieacker (1980, p. 491) demonstra a tendência conservadora dos fundadores do positivismo científico, que atuaram de acordo com as exigências políticas e econômicas da época do Estado liberal, particularmente favoráveis à expansão da Revolução Industrial. Com o advento dos valores corporificados no Estado social, no século XX, fez-se bastante natural a reação à dogmática liberal, máxime no campo das obrigações, com seu favorecimento do capitalismo industrial irrestrito (o da pretensa liberdade do contrato de trabalho), da liberdade de propriedade, da liberdade do direito das obrigações, da liberdade das formas de crédito, convertendo-se em instrumento de uma sociedade injusta. Com referência ao Código Civil alemão, Wieacker esclarece que a tendência da sociedade burguesa (*burgerliche* = cidadã) a um

Burgerliches Gesetzbuch (Código Civil) seria uma reminiscência em nenhum modo casual.

O desencanto com o exercício da liberdade jurídico-formal, em seu apogeu, que em realidade apenas contemplava os mais poderosos, está retratada na conhecida sátira de Anatole France em *Le Lys Rouge* (Paris, 1894): "É obrigação dos pobres sustentar o poder e o ócio dos ricos. Permite-se-lhes que trabalhem sob a igualdade majestosa de uma lei que proíbe, a ricos como a pobres, dormir debaixo das pontes, mendigar nas ruas e roubar pão".

No mundo da vida, ou da realidade social, onde irrompe a necessidade não há liberdade.

As liberdades de locomoção, de crença, de trabalho e outras ocorrem no espaço público. O mundo do trabalho não determina a felicidade das pessoas. As pessoas efetivamente autônomas tendem a deixar de se identificar com o mundo do trabalho. O grande desafio é o exercício da liberdade no espaço privado, marcado por interferências de variados matizes: busca da felicidade, da solidariedade, tanto no plano material como, acima de tudo, no plano existencial e afetivo. O que as pessoas fazem em suas vidas privadas dizem mais sobre elas que a função que desempenham em seu trabalho.

4.6 Princípio da autonomia privada

A autonomia privada é o espaço deixado ou delimitado pelo ordenamento jurídico para que as pessoas possam regulamentar reciprocamente seus próprios interesses econômicos ou patrimoniais.

Autonomia remete a normas, ainda que enunciadas pelos próprios sujeitos destinatários delas. *Nomos,* em sua origem grega, compreendia normas, leis, costumes obrigatórios, diferentemente de *physis*, relacionada à natureza, ou à realidade.

"O direito dos nossos tempos, depois de se haver o homem libertado do direito do clã e da tribo, bem como do privatismo oligárquico da Idade Média, é baseado em que cada um tem campo de autonomia" (Pontes de Miranda, 1974a, p. XVII).

Desconhecido pelos romanos antigos e pelos juristas medievais, o princípio tem origem nos postulados filosóficos do iluminismo. Em Immanuel Kant (1986, p. 93 e 102), a autonomia da vontade confundiu-se com a própria noção de liberdade, ou seja, a liberdade como não impedimento e a autonomia como propriedade de ser lei para si mesma.

A vontade é que seria, diferentemente da causalidade natural (causas estranhas), uma espécie de causalidade humana.

No século XIX, a autonomia justificava-se por si mesma. Dizer que a vontade era autônoma ou livre era quase um truísmo, dada a força da ideologia dominante, que a fundava nas ideias inatas de liberdades absolutas de propriedade e dos negócios. O livre jogo das forças de mercado conduzia ao equilíbrio de interesses e dos poderes econômicos distintos.

No século XX, no entanto, os juristas procuraram construir conceito jurídico próprio, distanciando-se de suas origens filosóficas e políticas, relativizando o papel da vontade subjetiva e especificando as liberdades necessárias para exercer as escolhas nas relações privadas, surgindo assim a autonomia privada. Porém, a qualificação jurídica desse conceito sofreu e tem sofrido resistências.

No contexto histórico e social que vivemos de complexidade do mundo da vida e das relações jurídicas, a autonomia da vontade ilimitada, ou apenas limitada pelas linhas tênues de ordem pública e bons costumes, foi substituída pela autonomia limitada pelo ordenamento jurídico, assim denominada autonomia privada, a partir das linhas mestras fixadas na Constituição.

A autonomia privada, como conceito e princípio jurídicos assim demarcados, pouco tem em comum com o voluntarismo e subjetivismo predominantes na ideia de autonomia da vontade oitocentista, que teve a função política de inibir o legislador, inclusive constitucional, de regulá-la ou até mesmo referi-la, importando verdadeira constitucionalização negativa.

Na contemporaneidade, a autonomia privada descolou-se do conceito anterior de autonomia da vontade como modo de ser da liberdade íntima ou psicológica. O direito fê-la interdependente do ordenamento jurídico, com limites e efeitos pré-definidos. A autonomia privada é recepcionada pelo ordenamento jurídico como a que se expressa, ou se manifesta socialmente, ou se declara (torna-se clara), dentro dos limites legais, contornados por normas cogentes (impositivas ou proibitivas) que não podem ser afastadas.

A pessoa não pode criar e dar a si mesma normas ou regras, independentemente, mas sim regulamentar interesses, com os efeitos que o direito confirma. Às vezes, como ocorre com os atos jurídicos em sentido estrito, a liberdade é exclusiva para realizar ou não o ato, mas não há liberdade para definir os efeitos, que são predeterminados pelo ordenamento jurídico (por exemplo, qualquer pessoa pode reconhecer voluntariamente a parentalidade – paternidade ou maternidade –, mas não determinar alcance, modificá-la ou revogá-la).

A Constituição atribui à União a competência privativa para legislar sobre direito civil (art. 22, I), mas também assegura competência aos sujeitos privados para configurar relações jurídicas com autonomia (ainda que não se refira explicitamente a esse termo), por exemplo, celebrar contratos, estabelecer disposições testamentárias, contrair casamento ou união estável, vincular seu patrimônio com garantia de hipoteca ou penhor.

Curiosamente, nem a Constituição nem o Código Civil brasileiros aludem, em nenhuma de suas normas, à autonomia privada ou à autodeterminação. Na Constituição, há apenas referência à "autodeterminação dos povos", com significado inteiramente distinto do empregado em direito privado.

A autonomia privada é conceito jurídico genuinamente doutrinário, que busca extrair do conjunto da legislação constitucional e infraconstitucional, por inferência, sua existência.

A concentração nuclear da autonomia privada na relação de natureza patrimonial ou econômica e até mesmo contratual é comum nas definições dos autores, a exemplo da que formula a jurista portuguesa Ana Prata (1982, *passim*), que ressalta suas características de exercício de "atividade econômica", de "conteúdo diretamente patrimonial" e de "poder contratual"

Na prática do direito, a autonomia privada é aludida quase sempre como um axioma, um aforisma, um *topos*, uma premissa evidente e verdadeira, que não precisa de definição, com reflexos em decisões paradigmáticas. Por exemplo, no julgamento sobre a penhorabilidade do bem de família do fiador, a maioria do Supremo Tribunal Federal (Tema 1.127 de repercussão geral) considerou-o constitucional com fundamento na autonomia privada, princípio não previsto expressamente na Constituição brasileira, que prevaleceu sobre o direito fundamental e existencial da moradia, explicitamente previsto no art. 6º da Constituição.

A opção por manter a expressão autonomia privada decorre de sua ampla conotação de espaço de exercício de liberdades nas relações privadas, ou espaço jurídico privado, para distinguir do que se considera espaço jurídico público (estatal ou não estatal). Por exemplo, considera-se lugar comum a afirmação corrente de que na administração pública não cabe o princípio da autonomia privada, pois o gestor público deve observar o princípio da legalidade, inclusive quando atua com discricionariedade autorizada em lei.

A autonomia privada negocial merece essa adjetivação esclarecedora, pois compreende não apenas os contratos, mas também os outros negócios jurídicos bilaterais, não contratuais, além dos negócios jurídicos unilaterais, promanados de uma única manifestação de vontade, e plurilaterais, cujas manifestações de vontade orientam-se ao mesmo fim. Exemplos de negócios jurídicos oriundos de autonomia privada não contratual: a) unilateral: promessa de recompensa; b) bilateral: convenção coletiva de consumo celebrada entre entidade dos fornecedores e entidade de proteção dos consumidores; c) negócio jurídico plurilateral: convenção de condomínio edilício.

Além do direito das obrigações, há negócios jurídicos que são próprios ao direito das famílias, ao direito das coisas e ao direito das sucessões.

A autonomia privada negocial apenas é apreensível a partir dos seus limites. Como disse Pontes de Miranda no volume 38 de seu *Tratado de Direito Privado*, não há autonomia absoluta ou ilimitada, pois a alusão à autonomia é ao que se pode querer dentro desses limites. Essa orientação dominante encerra um paradoxo, resultado da evolução histórica da ideia, do conceito e do princípio de autonomia: pensada como espaço desimpedido de exercício de liberdade negocial, passa a ser explicada por seus limites, como espaço delimitado pelo ordenamento jurídico.

O advento da legislação intervencionista dos Estados sociais do século XX provocou o estreitamento do espaço de autonomia privada negocial, ampliando a incidência de normas cogentes imperativas ou proibitivas, com o propósito de proteger o contratante presumivelmente vulnerável, a exemplo do trabalhador, do inquilino, do segurado, do autor, do promitente comprador, do consumidor, do aderente em contrato de adesão.

A Constituição brasileira, no art. 170, estabelece que é livre a atividade econômica observados os princípios elencados. As ordens econômica e social constitucionais são, assim, pontos de partida da definição do espaço de autonomia privada, nas relações negociais inseridas em atividades econômicas.

Sua função atual é muito mais a de permitir que os poderes privados atinjam o equilíbrio de direitos e obrigações, sem submissão de um titular a outro. Ou, então, em dimensão fortemente axiológica, que seja repensada como importante instrumento de promoção da dignidade da pessoa humana e da solidariedade social.

4.7 Princípio da autodeterminação existencial

A autodeterminação existencial é ato jurídico em sentido estrito, com efeitos predeterminados em lei, tendo por fito interesses exclusivamente existenciais de quem a exerce.

A autodeterminação existencial difere da autonomia privada negocial. É existencial quando a livre determinação da pessoa diz respeito a si mesma, à sua própria existência em face das outras, sem com estas depender de relação jurídica para tal fim, salvo quando o legislador estabelece normas cogentes (imperativas ou proibitivas). Seus campos preferenciais são os direitos da personalidade, o direito dos dados pessoais, o direito das famílias, os direitos das pessoas juridicamente vulneráveis. A liberdade de escolha ou a determinação pessoal, nessas situações jurídicas, emana da própria pessoa para produzir efeitos jurídicos que afirmam ou reafirmam sua personalidade perante todos.

A autodeterminação existencial qualifica-se assim para distingui-la de outros modos de autodeterminação, principalmente da autodeterminação dos povos (soberana ou pública), de um povo em face dos demais povos. A autodeterminação pessoal seria redundante, porque somente as pessoas podem exercê-la, além de ser essa adjetivação abrangente dos atos e atividades negociais, estranhos ao âmbito existencial.

É existencial quando a livre determinação da pessoa diz respeito a si mesma, à sua própria existência em face das outras, sem com estas depender de relação jurídica para tal fim, salvo quando o legislador estabelece normas cogentes (imperativas ou proibitivas).

Quando a lei não admite a autodeterminação, estabelece normas cogentes, que não podem ser modificadas ou desconsideradas pelas pessoas; por exemplo, não há autonomia privada ou autodeterminação para afastar a regra de que toda pessoa é capaz de direitos e deveres na ordem civil (art. 1º do Código Civil).

A autodeterminação sobre a vida e o corpo tem sido entendida como o ponto mais intenso e extremo da liberdade existencial, nos limites estabelecidos pelo direito. Por exemplo, o art. 15 do Código Civil prevê que ninguém pode ser constrangido a submeter-se, com risco de vida, a tratamento médico ou a intervenção cirúrgica.

No campo dos serviços médicos, a autodeterminação converteu-se em direito indeclinável do paciente, como modo especial de realização efetiva da garantia da dignidade da pessoa humana ou direito subjetivo fundamental. A autodeterminação implica que a pessoa humana seja adequadamente informada por quem detém o domínio do conhecimento especializado, de modo a permitir-lhe a liberdade de escolha. Na relação médico/paciente é o direito de ser informado dos procedimentos e consequências das intervenções médicas e o respectivo dever do profissional de prestar as informações. Daí que não produz efeito jurídico o consentimento puro e simples, mas o consentimento informado.

Na mesma direção é o disposto no art. 2º da Lei Geral de Proteção de Dados – LGPD (Lei n. 13.709/2018), que expressamente utiliza a expressão "autodeterminação informativa", alinhando-a entre os fundamentos dos dados pessoais (das pessoas humanas). Essa lei qualifica (art. 5º, XII) como consentimento a "manifestação livre, informada e inequívoca pela qual o titular concorda com o tratamento de seus dados pessoais para uma finalidade determinada". Em relação aos dados pessoais, a autodeterminação existencial se expressa assim após a pessoa humana ser devidamente informada, para controle do tratamento e do armazenamento ou não de seus dados por terceiros (agentes de tratamento de dados pessoais, segundo a lei). Não há aqui, nenhum móvel negocial, mas sim a proteção de seu espaço existencial, mediante controle dos dados pessoais.

A autodeterminação informativa, além de empoderar o titular para controlar seus próprios dados pessoais, com oponibilidade a todos e não apenas a quem promove o tratamento e administração, também é oponível ao Estado, para que fiscalize e intervenha no sentido de assegurar a proteção, mediante a Autoridade Nacional de Proteção de Dados.

Observa o princípio da autodeterminação existencial a Lei n. 14.382/2022, que alterou substancialmente a Lei dos Registros Públicos, ao assegurar a qualquer pessoa a alteração de seu prenome, imotivadamente e a qualquer tempo após a maioridade. Esse reconhecimento legal fortalece a plenitude do direito da personalidade de identidade pessoal.

O exercício de escolha pessoal de gênero é modalidade de autodeterminação existencial. O Supremo Tribunal Federal, na ADI 4.275 de 2018 (tema 761 de repercussão geral), reconheceu às pessoas transexuais que assim o desejarem, independentemente da cirurgia de transgenitalização, o direito à substituição de prenome e sexo, diretamente no registro civil.

Estão também compreendidas na autodeterminação existencial as situações jurídicas que envolvem decisões que afetam as pessoas com deficiência. A Convenção Internacional dos Direitos das Pessoas com Deficiência, aprovada pela Assembleia Geral das ONU em 2006, e o Estatuto das Pessoas com Deficiência, de 2015, regularam a peculiar capacidade jurídica dessas pessoas, para além do sistema de capacidade civil em geral previsto no Código Civil. A capacidade jurídica da pessoa com deficiência mental ou intelectual é plena, para os atos existenciais, e restringida para os atos negociais patrimoniais, neste caso dependente de medida de apoio (curatela específica e temporária ou tomada de decisão apoiada).

Certas situações próprias de direito das famílias também se vinculam à autodeterminação existencial. Há autodeterminação: na escolha da entidade familiar, inclusive da monoparental; na decisão em se divorciar ou extinguir união estável; no exercício da autoridade parental, ainda que seja separado ou divorciado; na decisão de rejeitar a guarda compartilhada, ainda que esta seja preferencial por lei; no reconhecimento voluntário de filho biológico ou socioafetivo; na recusa da tutela.

No âmbito do direito das sucessões, as diretivas antecipadas de vontade ou testamento vital são hipóteses de autodeterminação existencial.

A liberdade de escolha ou a determinação individual, nessas situações jurídicas, emana da própria pessoa para produzir efeitos jurídicos que afirmam ou reafirmam sua personalidade perante todos.

4.8 Princípio da função social

A função social significa que o exercício de qualquer direito deve estar em conformidade com o interesse social da comunidade onde se insere. Em outras palavras, o interesse individual não pode contrariar ou prevalecer sobre o interesse social.

Muito importante tem sido a distinção entre interesse público estatal e interesse público social. Durante o período do Estado liberal, havia nítida separação entre o que era público, sempre no sentido de estatal, e o que era privado. Todavia, o interesse público não está contido apenas no poder político organizado; pode estar na sociedade, de modo transubjetivo, para além dos interesses particulares, não se confundindo com a soma destes. E pode até mesmo conflitar com o interesse público estatal. Veja-se o exemplo do meio ambiente, pois interessa a todos, a toda a sociedade, que seja preservado, mesmo que a Administração Pública tenha entendido que deva ser sacrificado ou limitado em benefício do progresso econômico.

Às vezes, e até com frequência, o poder público está em total sintonia com o poder econômico, o que faz emergir o contraponto do interesse (público) social, especialmente por esse achado da cidadania ativa que são as ações coletivas (no Brasil, especialmente as ações civis públicas e as ações populares). Quando um cidadão, na ação popular, ou o membro do Ministério Público, na ação civil pública, postula a defesa do meio ambiente contra decisões e escolhas legítimas da Administração Pública, dentro do campo indiscutível do interesse público, o conflito se dá entre este e o interesse público social.

O conceito de função insere-se no direito a partir de estudos de juristas, na virada do século XIX para o século XX, que testemunharam o declínio do individualismo jurídico e seu caudal de injustiças, agregando a ideia de atividade dirigida a fins de realização dos interesses sociais. Norberto Bobbio (1977, p. 30) refere-se a duas funções essenciais do direito na sociedade: a de conservação e a de promoção de mudanças, nesta última valendo-se primacialmente de sanções positivas.

É precisamente no direito privado que esse princípio jurídico enfrenta seus maiores desafios, no que concerne ao campo de incidência. A força da pré-compreensão, ancorada na visão de mundo de predomínio do individualismo jurídico nas relações privadas entre muitos intérpretes, tem dificultado a correta interpretação de seu conteúdo e alcance nas relações e situações jurídicas concretas. Não é fácil situar a função social em áreas que se desenvolveram sem consideração de suas dimensões sociais, como as dos sujeitos de direito, dos negócios jurídicos, dos ilícitos civis, das obrigações em geral, dos contratos, das coisas, das sucessões e das empresas.

A Constituição alude expressamente à função social da propriedade, quando trata dos direitos individuais (art. 5º, XXIII) e da atividade econômica (art. 170, III), a qual se desenvolve mediante contratos. Relativamente aos bens imóveis, especifica o mínimo que deve observar a propriedade urbana para cumprir a função social (art. 182, §2º) e a propriedade rural (art. 186). Essas especificações não esgotam o universo da função social nos vários âmbitos do direito civil.

Muitas são as compreensões doutrinárias da função social dos direitos privados, mas há um denominador comum, que, de um modo ou de outro, nelas se encontra: os direitos subjetivos privados não se confinam no âmbito individual de seus titulares, projetando-se no ambiente social que contribui para conformação de seus significados. Os direitos subjetivos apenas fazem sentido em sua intrínseca intersubjetividade. O ambiente social, ao ser impactado pelo advento ou modificação de direitos subjetivos, enlaça-os na formação de seus significados, conjugando indivíduo e sociedade, valores individuais e valores sociais. Não há subjugação dos valores individuais aos valores sociais, ou o inverso como ocorreu no passado, mas sim conjugação e harmonização.

Antes da construção da dogmática jurídica da função social, principalmente na viragem do século XIX para o século XX, influentes juristas já cogitaram do "caráter social dos direitos privados". Assim Rudolf von Ihering denominou o fenômeno. Em sua época, disse von Ihering que todos os direitos privados estão influenciados e vinculados por "considerações sociais".

No período do Estado Moderno liberal, a inevitável dimensão social dos direitos civis era desconsiderada para que não prejudicasse a realização individual, em conformidade com a ideologia constitucionalmente estabelecida; o interesse individual era o valor supremo, apenas se admitindo limites negativos gerais de ordem pública e bons costumes, não cabendo ao Estado e ao direito considerações de justiça social.

A função exclusivamente individual do direito civil é incompatível com o Estado social democrático, caracterizado, sob o ponto de vista jurídico-constitucional, pela tutela explícita da ordem econômica e social na Constituição. O art. 170 da Constituição estabelece que toda a atividade econômica está submetida à primazia da justiça social.

O princípio da função social harmoniza-se com a modificação substancial relativa à regra básica de interpretação dos negócios jurídicos introduzida pelo art. 112 do Código Civil de 2002, que abandonou a investigação da intenção subjetiva dos figurantes em favor da declaração objetiva, socialmente aferível, ainda que contrarie aquela.

O preceito do Código Civil que melhor expressa essa transformação paradigmática é o seu art. 421. A liberdade contratual, um dos valores mais caros do liberalismo individualista, sobrepunha-se a qualquer consideração de natureza social, com o mínimo de regulação apenas para se garantir o *fair play* dos interesses individuais contrapostos. O art. 421 assegura a liberdade contratual, mas determina que ela deve ser limitada pela função social. Não se trata somente de estabelecer limites externos (negativos) ao seu exercício, mas também os limites internos (positivos).

Vários institutos jusprivatistas, alguns antigos e outros mais recentes, são especificações da função social. Extraiamos alguns exemplos do Código Civil: a desconsideração da personalidade jurídica, a lesão, o estado de perigo, a fraude contra credores, o abuso do direito, o enriquecimento sem causa, a prescrição das pretensões individuais, a decadência nos direitos subjetivos, os juros legais, a revisão ou resolução do contrato por onerosidade excessiva, os direitos de vizinhança, a prevalência da posse sobre a titularidade inerte de direito real, o condomínio, a parentalidade socioafetiva, a prevalência do fato real da união estável sobre a vontade individual dos companheiros ou conviventes, o direito aos alimentos, o direito à herança necessária como limite do direito do testador.

Em termos estruturais, a função social exsurge como norma jurídica e como dever jurídico. Assim, toda vez que houver a celebração de contrato haverá a incidência do princípio da função social, integrando a determinação de seu conteúdo (validade), ou impedindo que certo conteúdo convencionado prevaleça (invalidade). Ao mesmo tempo, a função social é dever jurídico geral que se integra à situação jurídica ou relação jurídica, independentemente da vontade dos titulares. No exemplo citado do contrato, a função social é dever geral de conduta dos contratantes, que se integra àquele independentemente das vontades destes.

4.9 Princípio da boa-fé

A boa-fé apresenta-se sob duas modalidades: subjetiva e objetiva.

A boa-fé subjetiva diz respeito à ignorância do sujeito acerca da existência do direito do outro, ou, então, à convicção justificada de ter um comportamento conforme o direito. É a boa-fé de crença. No Código Civil é sempre delimitada, a exemplo do art. 1.201, que estabelece ser de boa-fé a posse, se o possuidor ignora o vício, ou o obstáculo que impede a aquisição da coisa.

A boa-fé objetiva é regra de conduta das pessoas nas relações jurídicas, principalmente obrigacionais. Interessam as repercussões de certos comportamentos na confiança que as pessoas normalmente neles depositam. Confia-se no significado comum, usual, objetivo da conduta ou comportamento reconhecível no mundo social. A boa-fé objetiva importa conduta honesta, leal, correta. É a boa-fé de comportamento, segundo uma ideia básica de correção na maneira de comportar-se nas relações sociais. A boa-fé objetiva não nos dá uma regra apta a ser aplicada a cada caso particular, mas exige um juízo valorativo que o tempo e o espaço determinam. Para Erlich Danz (1951, p. 191), significa confiança, segurança e honorabilidade baseada nela, pelo que se refere sobretudo à palavra dada, e a palavra "fé" alude "a fidelidade; quer dizer que uma das partes se entrega confiadamente à conduta leal da outra no cumprimento de suas obrigações, fiando-se que esta não a enganará".

A boa-fé objetiva é a dimensão externa da boa-fé em geral. Diferentemente, a boa-fé subjetiva importa demonstração da dimensão interna, pois resulta da crença real e concreta da pessoa na existência do direito pretendido ou na ignorância de obstáculo jurídico a este.

O jurista e político romano Cícero (2002, p. 37 e 133) já destacava em sua obra *Dos Deveres* a boa-fé, com a seguinte fórmula que considerava valiosa: "a fim de que de vós e vossa fé eu não receba perdas e danos", a que se acrescentava estoutra: "como se age entre pessoas honestas, e sem nenhuma fraude", ainda que reconhecesse que a maior questão era saber o que seja bem agir e ser pessoa honesta. Cabia ao juiz determinar precisamente em cada espécie de negócio o que significava essa cláusula. O alicerce da justiça, para Cícero, é a boa-fé, ou seja, a sinceridade nas palavras e a lealdade nas convenções. A boa-fé objetiva, em nosso sistema, tem suas raízes mais remotas na experiência da *fides*, que é "um dos conceitos mais fecundos da experiência romana" (Tafaro, 2004, p. 53). Consistia, como disse Cícero, no dever de honestidade, e, também, na confiança de uma parte sobre a retidão de conduta da outra.

O Código Civil brasileiro de 1916, que expressava a ideologia liberal e individualista de rejeição à intervenção do juiz nas relações privadas, delimitou a boa-fé subjetiva a determinadas hipóteses do direito das coisas, notadamente da posse, assim classificada em posse de boa-fé e de má-fé. Mas a boa-fé objetiva praticamente foi omitida, salvo em hipóteses específicas como o de seu art. 1.443, para o contrato de seguro.

A doutrina jurídica brasileira, todavia, não se conformou com esse confinamento legal e extraiu do sistema jurídico, como um todo, os fundamentos e requisitos de sua ampla aplicação nas relações negociais.

A jurisprudência dos tribunais, com suporte nessa doutrina, não fugiu ao enfrentamento do tema em situações determinadas.

Com forte impacto no direito civil, o Código de Defesa do Consumidor, de 1990, atribuiu importância fundamental e decisiva à boa-fé objetiva nos contratos de consumo e na peculiar responsabilidade do fornecedor por fato ou por vício do produto ou do serviço. No seu art. 51, IV, o CDC confere à boa-fé objetiva a função de parâmetro geral de cláusula abusiva, nas hipóteses não contempladas expressamente na lista legal.

Ao contrário da omissão do Código Civil anterior, o Código Civil de 2002 incorporou expressamente a boa-fé objetiva como princípio regente dessas relações, a exemplo do art. 113: "Os negócios jurídicos devem ser interpretados conforme a boa-fé e os usos do lugar de sua celebração". Essa regra é cogente, não podendo ser afastada pelas partes. Cada figurante (devedor ou credor) assume o dever próprio e em relação ao outro de comportar-se com boa-fé, obrigatoriamente. Ao regular o abuso do direito, o art. 187 qualifica como ato ilícito, gerador de dever de indenizar, exercer o direito contrariamente à boa-fé. O art. 422 refere-se a ambos os contratantes do contrato comum civil ou mercantil, não podendo o princípio da boa-fé ser aplicado preferencialmente ao devedor. São, portanto, tríplices as funções da boa-fé, a partir do Código Civil: de interpretação (hermenêutica), de integração e de controle ou limite dos atos jurídicos.

Por suas múltiplas interferências nas relações obrigacionais e sua potencialidade de aplicação, a boa-fé objetiva já foi denominada, positivamente, "topos subversivo do direito obrigacional" (Martins-Costa, 2018, p. 195). A autora esclarece que a boa-fé subjetiva e a boa-fé objetiva têm diferentes âmbitos e diversas funções: o agir "de boa-fé" denota estado de fato, isto é, a boa-fé subjetiva, e não um princípio prescritivo, um *standard* de conduta, como denota a boa-fé objetiva.

A boa-fé não se confunde com o dever de observância dos bons costumes, os quais têm sentido mais amplo de condutas socialmente aceitas, como tradução da moral comunitária dominante no plano jurídico, que lhe empresta juridicidade. A boa-fé objetiva oferece dimensão mais específica, como dever de conduta dos participantes da relação obrigacional segundo fundamentos e padrões éticos. Sabe-se que a moral e as normas morais, existentes em cada comunidade, não se confundem com a ética, sublimada como padrões ideais de conduta. A moral extrai-se da realidade social, com suas contingências e vicissitudes (por isso, fala-se de moral cristã, de moral burguesa, por exemplo), enquanto a ética é um dever ser otimizado, ideal, que orienta a conduta humana à máxima harmonia e perfectibilidade. Com risco de simplificação, dizemos que os bons costumes estão mais próximos da moral, e a boa-fé, da ética.

No âmbito dos negócios jurídicos, ressalte-se a referida regra fundamental de interpretação do Código Civil, no art. 113. Emilio Betti (1971, p. 367) denomina esse tipo de interpretação como interpretação integradora, na medida em que a interpretação leva em conta suas diretrizes, pois integradas ao negócio jurídico, independentemente da vontade das partes, e até com primazia sobre esta. Também o princípio da conservação do negócio jurídico está lastreado na boa-fé; de modo equivalente, o da conversão do negócio jurídico nulo em válido (Código Civil, art. 170) só é possível se as partes estiverem de boa-fé. Em situações específicas, tenha-se o exemplo (Código Civil, art. 105) da circunstância de ser uma das partes menor relativamente incapaz, que não pode ser invocada pela outra em seu proveito, quando era de seu conhecimento, para fins de anulação. Outro exemplo: A lesão (e o estado de perigo, que não deixa de ser espécie daquela) enraíza-se na boa-fé. Ainda: terceiros de boa-fé não podem ser afetados pela nulidade do negócio jurídico, em virtude de sua aparência de validade.

No direito das famílias, podemos destacar: 1) O casamento, mesmo declarado nulo, produz todos os efeitos em relação aos filhos e aos cônjuges de boa-fé; a boa-fé subjetiva assume relevância para permitir a permanência dos efeitos do casamento declarado nulo ou anulável. A boa-fé purifica a invalidade, admitindo efeitos apesar desta; 2) Para o casamento não se aplica a regra geral de proteção dos interesses dos terceiros de boa-fé que contraíram negócios com o mandatário, sem este e aqueles saberem do falecimento do mandante (art. 689 do Código Civil); 3) A retroação dos efeitos do contrato de regime de bens da união estável tem como limite a proteção dos interesses de terceiros de boa-fé; 4) A união estável constituída de boa-fé por ambos os companheiros ou conviventes produz todos os seus efeitos, até a sentença de desconstituição dela, tanto em relação a eles quanto a seus filhos, inclusive os sucessórios; 5) A modalidade de guarda ou convivência pode ser modificada pelo juiz ou mesmo subtraída do genitor se este abusar de seu direito, em virtude da regra geral estabelecida no art. 187 do Código Civil, relativamente à boa-fé; 6) Na hipótese de inseminação artificial heteróloga, o consentimento do marido é irrevogável e jamais a paternidade pode ser impugnada por ele, que não pode se voltar contra o próprio ato, em violação da boa-fé; 7) A alteração do regime de bens, no casamento ou na união estável, apenas é possível se houver ressalva dos interesses de terceiros de boa-fé; 8) Quando se tratar de invalidação promovida pelo cônjuge ou companheiro ou convivente contra o outro, nos casos de oneração e alienação de bens imóveis, e de extinção de contrato de fiança, de concessão de aval e de contrato de doação, deverão ser ressalvados os direitos e créditos do terceiro de boa-fé.

No direito dos contratos, o art. 422 do Código Civil associou ao princípio da boa-fé o que denominou princípio da probidade. No direito público, a probidade constitui princípio autônomo da Administração Pública, previsto explicitamente no art. 37 da Constituição, como "princípio da moralidade", a que se subordinam todos os agentes públicos. No direito contratual privado, todavia, a probidade é qualidade exigível sempre à conduta de boa-fé. Quando muito seria princípio complementar da boa-fé objetiva ao lado dos princípios da confiança, da informação e da lealdade. Pode dizer-se que não há boa-fé sem probidade, desde os antigos romanos.

No direito das coisas, a boa-fé não é apenas subjetiva, mas também objetiva. Fundamenta a classificação tradicional de posse de boa-fé e de má-fé e das respectivas proteções possessórias. O conceito de boa-fé na posse não considera nenhum padrão ético-jurídico de conduta, mas sim o estado de fato psicológico; se fosse considerado, bastaria que o possuidor se comportasse honestamente, inspirando confiança e lealdade, o que apagaria a distinção entre boa-fé subjetiva e boa-fé objetiva. A boa-fé subjetiva ou objetiva encontra-se, igualmente, em outros institutos do direito das coisas, como no abuso do direito de propriedade, na aquisição da coisa por usucapião extraordinária e ordinária, nos outros meios de aquisição originária da propriedade imobiliária como a acessão, nas modalidades legais de aquisição da propriedade móvel como o achado do tesouro, a tradição e a especificação, no condomínio geral e no condomínio edilício, na servidão, no usufruto, na hipoteca, na propriedade fiduciária.

No direito das sucessões, protegem-se o herdeiro aparente e o adquirente de boa-fé. O casamento putativo ou a união estável putativa condicionam os direitos sucessórios. Os terceiros de boa-fé não são prejudicados pelos efeitos da exclusão da sucessão, por indignidade. Terceiros de boa-fé não podem ser afetados pela nulidade do testamento, em virtude de sua aparência de validade. Aplicam-se ao fideicomisso os efeitos da posse de boa-fé e de má-fé. O possuidor tem de restituir todo o proveito obtido com a posse da herança, salvo os direitos e exceções que lhe são atribuídos, se em boa-fé.

A boa-fé, como princípio normativo, não apenas está presente no Código Civil, mas igualmente em diversas legislações especiais, para eficaz defesa das situações merecedoras de tutela jurídica, como o consumidor no CDC e o titular dos dados pessoais na Lei Geral de Proteção de Dados-LGPD, de 2018. Nas relações de consumo, ainda que o inciso III do art. 4º do CDC cuide de aplicá-lo a consumidores e fornecedores, é a estes que ele se impõe, principalmente em virtude da vulnerabilidade daqueles. Por exemplo, no que concerne à informação, o princípio da boa-fé volta-se em grande medida ao dever de informar do fornecedor.

O direito fundamental à informação visa à concreção das possibilidades objetivas de conhecimento e compreensão, por parte do contratante típico, destinatário do produto ou do serviço. Cognoscível é o que pode ser conhecido e compreendido pelo contraente, notadamente o consumidor. Não se trata de fazer com que ele conheça e compreenda efetivamente a informação, mas deve ser desenvolvida uma atividade razoável que o permita e o facilite. É um critério geral de apreciação das condutas em abstrato, levando-se em conta o comportamento esperado do consumidor típico em circunstâncias normais. Ao fornecedor incumbe prover os meios para que a informação seja conhecida e compreendida. A declaração de ter conhecido ou compreendido as condições gerais ou as cláusulas contratuais gerais não supre a exigência legal e não o impede de pedir judicialmente a ineficácia delas. Ao julgador compete verificar se a conduta concreta guarda conformidade com a conduta abstrata tutelada pelo direito.

Entre tantas expressões derivadas do princípio da boa-fé objetiva pode ser destacado o dever de não agir contra o ato próprio. Significa dizer que a ninguém é dado valer-se de determinado ato, quando lhe for conveniente e vantajoso, e depois voltar-se contra ele quando não mais lhe interessar. Esse comportamento contraditório denota intensa má-fé, ainda que revestido de aparência de legalidade ou de exercício regular de direito. Revela-se, em muitos casos, como aproveitamento da própria torpeza, mas a incidência desse dever não exige o requisito de intencionalidade.

A teoria radica no desenvolvimento do antigo aforismo *venire contra factum proprium nulli conceditur*, significando que a ninguém é lícito fazer valer um direito em contradição com sua anterior conduta, quando essa conduta, interpretada objetivamente segundo a lei, os bons costumes e a boa-fé, justifica a conclusão que não se fará valer posteriormente o direito que com estes se choque.

Puig Brutau (1951, p. 102) sustenta que quem deu lugar a uma situação enganosa, ainda que sem intenção, não pode pretender que seu direito prevaleça sobre o de quem confiou na aparência originada naquela situação; essa aparência, afirma-se, deu lugar à crença da "verdade" de uma situação jurídica determinada.

A teoria também é versada doutrinariamente sob a denominação de teoria dos atos próprios, que sanciona como inadmissível toda pretensão lícita, mas objetivamente contraditória com respeito ao próprio comportamento anterior efetuado pelo mesmo sujeito. O fundamento radica na confiança despertada no outro sujeito de boa-fé, em razão da primeira conduta realizada. A boa-fé restaria vulnerada se fosse admissível aceitar e dar curso à pretensão posterior e contraditória. São requisitos: a) existência de uma conduta anterior, relevante e eficaz; b) exercício de um direito subjetivo pelo mesmo sujeito que criou a situação litigiosa devida à contradição existente entre as duas condutas; c) identidade de sujeitos que se vinculam em ambas as condutas (Borda, 1993, p. 12).

Já Anderson Schreiber (2005, p. 271), sob a ótica do direito brasileiro, considera como pressupostos de incidência da vedação de *venire contra factum proprium*: a) um *factum proprium*, isto é, uma conduta inicial; b) a legítima confiança de outrem na conservação do sentido objetivo dessa conduta; c) um comportamento contraditório com esse sentido objetivo; d) um dano ou, no mínimo, um potencial de dano a partir da contradição.

O Código Civil, nos preceitos destinados ao lugar do adimplemento, introduziu norma (art. 330) cuja natureza corresponde ao dever de não contradizer o ato próprio. Ao estabelecer que o pagamento reiteradamente feito em outro local faz presumir renúncia do credor relativamente ao previsto no contrato. Em outras palavras, o credor não pode fazer valer o estipulado no contrato contrariando a conduta que adotou, ao admitir que o adimplemento se fizesse em outro lugar, pois gerou a confiança do devedor que assim se manteria.

A aplicação da vedação de *venire contra factum proprium* é ampla em situações práticas variadas. No direito das obrigações podem ser referidas: a) quando uma parte, intencionalmente ou não, faz crer à outra que tal forma não é necessária, incorrendo em contradição com seus próprios atos quando, mais tarde, pretende amparar-se nesse defeito formal para não cumprir sua obrigação; b) quando, apesar da nulidade, uma parte considera válido o ato, dele se beneficiando, invocando a nulidade posteriormente por deixar de interessá-la; c) quando um fornecedor oferece bonificações nas prestações ajustadas, cancelando-as sem aviso prévio; d) quando uma parte aceita receber reiteradamente as prestações com alguns dias após os vencimentos, sem cobrança de acréscimos convencionados para mora, passando a exigi-los posteriormente.

Próximo do dever de não agir contra o ato próprio, com este frequentemente se confundindo, é o instituto denominado pela doutrina *tu quoque*, mediante o qual uma pessoa que viole uma norma jurídica não pode exigir de outrem seu acatamento (Cordeiro, 1997, p. 837). No sistema de *common law* é conhecida a expressão *equity must come with clean hands*.

A doutrina também destaca a situação do credor que deixa de observar a norma legal que lhe seja aplicável, beneficiando o devedor com essa conduta, não podendo modificá-la posteriormente, porque gerou a confiança no devedor de que essa conduta seria mantida, ou seja, não mais faria valer a norma legal afastada. Para Franz Wieacker (1986, p. 62), essa modalidade de exercício inadmissível de direito exige conduta prévia de inatividade e duração no tempo. A conduta é aferida objetivamente, sem necessidade de investigar ocorrência de culpa.

António Manuel da Rocha e Menezes Cordeiro (1997, p. 797) denominou-a *supressio*, de natureza subsidiária porque aplicável quando o ordenamento jurídico não determine outra solução. Para nós a *supressio* não deixa de ser uma manifestação específica do dever de não agir contra atos próprios. Exemplifique-se com o já citado art. 330: o lugar contratual do pagamento é desconsiderado – renúncia presumida (*supressio*) – em favor do lugar de fato onde se dá o pagamento, que deve prevalecer, pois houve a constituição de novo direito subjetivo (*surrectio*, outra modalidade de dever de não agir contra atos próprios). Ambos os conceitos, assim delineados por António Manuel da Rocha e Menezes Cordeiro, têm por fito a rejeição dos comportamentos contraditórios (violação da boa-fé), convertendo-se um direito subjetivo inativo em outro.

Exemplo de aplicação jurisprudencial da *supressio* é o REsp 214.680, do STJ, no caso de ocupação por uma condômina, consentida pelos demais condôminos, do final de corredor do andar do edifício, considerada área morta, ainda que comum, desautorizada posteriormente pelo condomínio, tendo o Tribunal decidido que a supressão do uso privado daquele espaço comum importaria pagamento de indenização pelo condomínio.

CAPÍTULO 5

PRINCÍPIOS DOS DIREITOS DA PERSONALIDADE

5.1 Direitos da personalidade como inerentes à pessoa humana

Os direitos da personalidade são os direitos não patrimoniais inerentes à pessoa humana, compreendidos no núcleo essencial de sua dignidade. Os direitos da personalidade concretizam a dignidade da pessoa humana, no âmbito civil.

Nossos estudos iniciais dos direitos da personalidade orientaram-se no sentido de qualificá-los como direitos "inatos" da pessoa humana. Essa compreensão incidia, porém, no equívoco de amparar-se em razões metajurídicas, como se fosse possível encontrá-las universalmente, sem consideração dos diversos sistemas jurídicos. Não são inatos, mas sim "inerentes". A inerência decorre do reconhecimento jurídico em cada sistema jurídico dos direitos fundamentais e dos direitos da personalidade, explicitamente ou implicitamente adotados na Constituição e na legislação infraconstitucional.

"Com a teoria dos direitos de personalidade, começou, para o mundo, nova manhã do direito. Alcança-se um dos cimos da dimensão jurídica". Assim Pontes de Miranda (1971, p. 6) introduziu a matéria, para realçar sua magnitude. O giro conceitual é bem destacado quando se compara essa afirmação com a rejeição de Teixeira de Freitas no século XIX e tantos outros juristas, centrados nos seguintes argumentos: 1) difícil enquadramento no modelo do direito subjetivo; 2) ausência de valor patrimonial ou econômico; 3) imprecisão das consequências jurídicas. Paradoxalmente, esses supostos defeitos converteram-se nas bases virtuosas da construção da teoria dos direitos da personalidade.

A história dos direitos da personalidade é recente, quando são identificados os direitos fundamentais que compõem o núcleo jurídico constitutivo de cada pessoa humana, merecedores de tutela jurídica não apenas em face dos poderes políticos, mas sobretudo em face dos poderes privados e de cada pessoa humana em face de outra.

Apesar de terem antecedentes importantes no direito romano, por exemplo com a *actio injuriarum*, e no direito intermédio discutindo-se já o problema de *jus hominis in se ipsum*, os direitos da personalidade só no século XIX lograram afirmar-se no direito privado como categoria autônoma (Pinto, 2000, p. 62).

Considerando o direito brasileiro, o reconhecimento legal expresso dos direitos da personalidade apenas se dará no início do século XXI, com o Código Civil de 2002, ainda que possam ser colhidos, sem essa qualificação clara, nas Constituições desde a de 1934 até a de 1988.

Os direitos da personalidade, na perspectiva da Constituição, são espécies do gênero direitos fundamentais. Na perspectiva do direito civil, constituem o conjunto de direitos inerentes à pessoa humana, que prevalecem sobre todos os demais direitos subjetivos privados. Pode-se dizer, portanto, que os direitos da personalidade são a projeção dos direitos fundamentais no âmbito existencial da pessoa humana.

Todos os direitos da personalidade são direitos fundamentais, mas nem todos os direitos fundamentais são direitos da personalidade. Assim, são direitos da personalidade os direitos à vida, à liberdade pessoal, à integridade física e psíquica, à intimidade, à vida privada, ao sigilo, à honra, à imagem (retrato ou reputação), à identidade pessoal, aos dados pessoais sensíveis, aos direitos morais de autor, entre outros que sejam constitutivos da pessoa humana, assim reconhecidos pelo sistema jurídico.

Por não preencherem o atributo de inerência à pessoa humana, não são direitos da personalidade, por exemplo, os direitos fundamentais qualificados na Constituição como direitos sociais (art. 6º), os direitos econômicos (art. 170), os direitos ao meio ambiente ecologicamente equilibrado (art. 225). Estes são direitos fundamentais que existem em razão da pessoa humana e para sua proteção, mas não são estritamente inerentes a ela, pois apenas existem em relação necessária com outras pessoas humanas, ou com pessoas jurídicas, ou com o Estado, ou com a sociedade.

Luigi Ferrajoli (2001, p. 293-308) denomina de direitos da personalidade ao conjunto de direitos pertencentes a todas as pessoas independentemente da cidadania – que nós qualificamos como inerentes à pessoa humana – e de direitos de cidadania a todas as outras classes de direitos fundamentais, incluindo os que ele denomina de direitos fundamentais de liberdade (negativas) e os direitos fundamentais de autonomia (liberdades positivas ou direitos-poderes).

A constitucionalização dos direitos fundamentais muito contribuiu para se alcançar a relevância jurídica que ostentam os direitos da personalidade, ante a qualificação destes como espécies daqueles. Os direitos da personalidade fizeram percurso oposto ao dos demais institutos jurídicos fundamentais: em vez de migrarem do direito civil para a Constituição, vieram desta para o direito civil infraconstitucional.

Para Adriano de Cupis (1982, p. 18), "existem direitos sem os quais a personalidade restaria em uma atitude completamente insatisfeita, privada de qualquer valor concreto; direitos desacompanhados dos quais todos os outros direitos subjetivos perderiam qualquer interesse para o indivíduo: a ponto de chegar-se a dizer que, se esses não existissem, a pessoa não seria mais a mesma".

Sua natureza não patrimonial, em desacordo com a cultura jurídica ocidental de valorização do indivíduo proprietário, fez com que permanecessem à margem do direito civil. Foi preciso que se avançasse na compreensão de que sua violação deveria se enquadrar no âmbito dos danos e, fundamentalmente, dos danos não patrimoniais ou danos morais. As trajetórias dos dois institutos ficaram indissoluvelmente ligadas, com reconhecimento expresso na Constituição de 1988, que os tratou em conjunto, principalmente no inciso X do art. 5º, que assim dispõe: "X - São invioláveis a intimidade, a vida privada, a honra e a imagem das pessoas, assegurado o direito à indenização pelo dano material ou moral decorrente de sua violação". A interação não é ocasional, mas necessária. A referência aos danos morais é abrangente dos danos existenciais, que comprometem o projeto de vida da pessoa e sua vida em relação, de modo permanente.

O Código Civil dedica um capítulo da parte geral aos direitos da personalidade, selecionando aqueles que produzem efeitos mais agudos nas relações civis, a saber: direito à integridade física, proibindo-se atos de disposição ao próprio corpo, salvo para fins de transplante e, gratuitamente, após a morte, para fins científicos ou altruísticos; vedação de tratamento médico ou intervenção cirúrgica não consentidos; direito à identidade pessoal (direito a ter nome e a impedir que seja usado de modo a expor ao ridículo ou com intenção difamatória; proibição de usar o nome alheio, sem autorização, para fins publicitários; proteção ao pseudônimo); direito à imagem; direito à honra; direito à vida privada.

Essa fragmentação normativa não deve perder o sentido da estrutura existencial da pessoa, que exige uma proteção unitária e integral, não admitindo ser substancialmente parcelada em multiplicidade de aspectos, desconectados uns dos outros, cada um dos quais se apresenta como um interesse juridicamente tutelável de modo autônomo, como bem adverte Carlos Fernández Sessarego (1992, p. 36).

Os principais desafios que a aplicação dos direitos da personalidade enfrenta, inclusive no cotidiano do sistema judiciário, máxime os que se enquadram no direito à privacidade, são: a) sua abdicação no inconsciente coletivo em prol da sensação de mais segurança, multiplicando-se aspectos do que já se denominou de sociedade de vigilância, notadamente com o advento das novas tecnologias; b) o argumento da tutela da liberdade de expressão, que passa a ser tida, equivocadamente, como dotada de primazia *a priori*; c) a exposição pública dos dados pessoais, voluntária ou praticada ilicitamente por terceiros, nos meios de comunicação e nas chamadas redes sociais.

É consenso entre os autores dessa matéria que o primeiro texto consagrado diretamente ao direito à privacidade foi o de Warren e Brandeis, publicado em 1890 nos Estados Unidos, na *Harvard Law Review*, n. 193. Esses autores, então jovens advogados, que foram pessoalmente molestados com a invasão de suas privacidades por jornalistas sensacionalistas, apontam como núcleo indevassável o direito de estar só ou de ser deixado só, como espécie de propriedade individual estendida, concebida como direito absoluto, ou seja, a propriedade do indivíduo é o valor supremo, inviolável pelo Estado e pela sociedade. Não é esse o sentido atual de núcleo essencial, pois ancorado no âmbito irredutível da dignidade da pessoa humana, de caráter extrapatrimonial, cuja violação possa afetar o próprio significado de dignidade e do valor da pessoa humana. Warren e Brandeis admitiram que o direito à privacidade não proibia a publicação de qualquer matéria que fosse de "interesse público e geral", coincidindo com a ideia de esfera pública e social. Também admitiram a comunicação de qualquer matéria, quando a publicação for feita de acordo com a lei que interdita a difamação, o que a aproxima da segunda esfera (esfera privada). Mas em nenhuma circunstância poderia haver publicação concernente a "vida privada, hábitos, atos e relações de um indivíduo" sem qualquer conexão com atividade pública que ele desenvolva ou pretenda desenvolver. Por fim, a verdade da matéria publicada ou a falta de malícia de quem a publicou não pode ser salvo-conduto para violação da privacidade.

Adverte Stefano Rodotà (2004, p. 95) que estamos diante de progressivos resvalos na privacidade: da pessoa "perscrutada", através de câmaras de vídeo e de técnicas biométricas, pode passar-se à pessoa "modificada" mediante a inserção de *chips* e de etiquetas "inteligentes", em um contexto que cada vez mais claramente nos individualiza como *networked persons*, pessoas permanentemente em rede, configuradas de modo a emitir e receber pulsos que permitem esquadrinhar e reconstruir movimentos, hábitos, contatos, alterando sentidos e conteúdos da autonomia das pessoas. Diz o autor que "o corpo em si está se tornando uma senha" (Rodotà, 2004, p. 93). Impressões digitais, geometria da mão ou dos dedos, da orelha, íris, retina, traços faciais, odores, assinatura, uso do teclado, o andar, o DNA. Recorre-se cada vez mais a esses dados biométricos para finalidade de identificação.

Ao mesmo tempo, crescem as preocupações e resistências ao uso indiscriminado dos dados biométricos, inclusive o DNA. Documento da Organização para Cooperação e Desenvolvimento Econômico – OCDE, de 2004, adverte que estas tecnologias parecem funcionar adequadamente em usos reduzidos e limitados de identificação pessoal, mas sua precisão, confiabilidade e adequação não foram suficientemente refinadas para utilização em larga escala. Além disso, é preocupante o risco de furto de identidade com a reprodução desses dados, pois eles, como a impressão digital ou o dado genético, não podem ser substituídos, como fazemos com uma senha violada. A dimensão do problema é salientada no dado genético, que pode ser facilmente coletado e utilizado sem que o interessado saiba.

Afirmando-se vítima de imprensa sensacionalista, que documentou em fotos cenas de sua vida privada, durante dez anos, na Alemanha, a princesa Caroline de Mônaco foi à Corte Europeia de Direitos Humanos (CEDH), alegando vulneração do art. 8º da Convenção Europeia de Direitos Humanos, pelos tribunais alemães. O Tribunal Federal de Justiça alemão, qualificando-a como "personalidade da sociedade contemporânea por excelência", deferiu-lhe a proteção à privacidade, quando estivesse em ambiente público, mas apenas em local retirado (isolado), fora do olhar do público, cuja demarcação se apresentasse objetivamente discernível por terceiras pessoas, revelando-lhes, também objetivamente, desejo de isolamento. Já o Tribunal Constitucional Federal alemão decidiu que somente as fotos em que a requerente se fazia acompanhar de seus filhos menores mereciam a tutela da Lei Fundamental, à luz da qual o direito à privacidade, neste caso, seria aplicável. A CEDH, todavia, decidiu, com razão, que: a) a proteção da vida privada vai além do círculo privado da família, incluindo, também, uma dimensão social; b) que qualquer pessoa, mesmo aquela conhecida do público em geral, deve poder gozar de uma "expectativa legítima" de proteção e respeito à sua vida privada; c) a publicação se justificaria na medida em que trouxesse uma contribuição para o debate de interesse geral, para além da satisfação de uma mera curiosidade do público.

5.2 Princípio da tipicidade aberta

Na doutrina, discute-se a existência de um direito geral da personalidade a que se remeteriam todos os tipos previstos ou não no sistema jurídico. Argumenta-se com a impossibilidade de previsão de todas as hipóteses dos direitos que reputamos inerentes à pessoa humana, o que poderia levar à recusa de tutela jurídica a situações atípicas. Pietro Perlingieri (1997, p. 154-6), por exemplo, enxerga no artigo 2º da Constituição da Itália, referido aos "direitos invioláveis do homem", o que denomina de cláusula geral de tutela da personalidade, não podendo o juiz negá-la a quem peça garantias sobre um aspecto de sua existência que não tenha previsão específica.

Essa questão tem a ver com a natureza aberta ou fechada da tipicidade dos direitos da personalidade. A doutrina tradicional, quando chega a admiti-los, prefere contê-los nos tipos legais previstos; nada além deles. Essa orientação restritiva ainda decorre da concepção patrimonialista hegemônica das relações civis, preocupada com o crescimento de pretensões de tutela à pessoa, sem fundamento econômico.

No direito brasileiro incide o princípio da tipicidade aberta, ou seja, os tipos previstos na Constituição e na legislação civil são apenas enunciativos, não esgotando as situações suscetíveis de tutela jurídica à personalidade.

O tipo, conquanto menos abstrato que o conceito, é dotado de certa abstração, pois se encontra em plano menos concreto que os fatos da vida. Os fatos concretos, que ocorrem na vida, para serem enquadrados em determinado tipo, necessitam de reconhecimento social, de uma certa tipicidade social. Desse modo, são apreensíveis pelo intérprete, reduzindo-se o juízo de valor subjetivo. No campo da filosofia do direito, a influente corrente de pensamento denominada tópica jurídica propugna pela identificação dos *topoi*, significando os lugares comuns ou a opinião dominante na comunidade geral ou especializada (como a jurídica). Com risco de simplificação, trata-se de interessante recepção, com adaptação aos valores da modernidade, da tópica aristotélica.

A tipicidade aberta, ao lado da tipicidade social reconhecida, estabelece os limites mais amplos da consideração dos tipos. Significa dizer que são tipos de direitos da personalidade: a) os tipos previstos na Constituição e na legislação civil; b) os tipos reconhecidos socialmente e conformes com a Constituição.

A Constituição brasileira prevê a tutela geral da personalidade no princípio fundamental da dignidade da pessoa humana (art. 1º, III), que abre e delimita o alcance dos direitos da personalidade implícitos.

Os direitos à vida, à honra, à integridade física, à integridade psíquica, à privacidade, entre outros, são essencialmente tais, pois, sem eles, não se concretiza a dignidade humana. A cada pessoa não é conferido o poder de dispô-los, sob pena de reduzir sua condição humana; todas as demais pessoas devem abster-se de violá-los.

O recurso ao princípio fundamental dispensa a identificação dos direitos da personalidade em planos suprajurídicos, principalmente em argumentos jusnaturalistas ou políticos. A história dos direitos da personalidade se confunde com a história dos direitos fundamentais, radicada no iluminismo, nas declarações de direitos humanos, enfim, na progressiva emancipação humana para afirmar sua dignidade. No estádio atual, contudo, tanto os direitos fundamentais quanto os direitos da personalidade estão firmemente assentados em sistemas jurídicos positivos, como o brasileiro, e nestes devem ser localizados.

Como acima se disse, a especificidade dos direitos da personalidade reside na sua natureza de direitos inerentes à pessoa humana, sem os quais ela não se revela inteiramente. Entretanto, como adverte Adriano de Cupis (1982, p. 14), não se pode dar à expressão o sentido de direito pertencente à natureza humana, como reação ao poder estatal.

Os direitos da personalidade são direitos subjetivos, sem a restrição histórica que estes tiveram, de exprimirem e perseguirem valores econômicos, segundo o paradigma do direito de propriedade. São direitos subjetivos não patrimoniais, no sentido de estarem previstos e tutelados pelo direito objetivo. Assim, de acordo com o princípio da tipicidade aberta adotado pelo direito brasileiro, todos os direitos subjetivos que não tenham objeto econômico e sejam inerentes e essenciais à realização da pessoa são direitos da personalidade.

5.3 Princípio da unicidade da identificação pessoal

Cada pessoa humana é identificada perante os demais de modo único e singular.

O direito à identidade pessoal significa o direito a ser identificado por símbolos e signos, principalmente o de ter nome. Além de direito, o registro civil é imposição legal, e a pessoa tem o dever de portar o nome, no interesse da sociedade. Essa natureza complexa de direito/dever tem sido destacada na doutrina. Para Adriano de Cupis (1982, p. 143), "mais exato é dizer que existe um direito privado ao nome, com reflexos especiais de natureza publicística".

"Toda pessoa tem direito a um prenome e aos nomes de seus pais ou ao de um deles" (Pacto de São José da Costa Rica, incorporado ao direito brasileiro pelo Decreto n. 678/1992), com força supralegal. O registro de nascimento é considerado direito fundamental, constitutivo da pessoa humana. Assim é previsto no art. 7º da Convenção Internacional dos Direitos da Criança, também com força supralegal no Brasil, impondo-se como dever à família, à sociedade e ao Estado.

O nome que é atribuído à pessoa humana, principalmente pelos pais, pode ser mudado pela própria pessoa, inclusive o prenome. Esse direito da personalidade vem sendo reconhecido pelas legislações hodiernas, de modo a que o nome corresponda em máxima medida ao modo como cada pessoa humana deseja ser identificada. Assim o fez a Lei n. 14.382/2022, ao permitir que o prenome possa ser mudado pela pessoa quando atingir a maioridade civil, em qualquer tempo, sem necessidade de justificação ou motivação – como exigia a legislação anterior –, mediante requerimento a qualquer oficial do registro civil e alteração de seu registro de nascimento. A alteração extrajudicial imotivada do prenome pode ser feita apenas uma vez, dependendo qualquer outra de decisão judicial. De acordo com essa lei, o sobrenome também poderá ser alterado administrativamente perante o oficial do registro civil pela própria pessoa, para suprimir ou acrescentar sobrenomes familiares, inclusive na hipótese de multiparentalidade (biológica e socioafetiva), ou para alteração de grafia.

Com o casamento, qualquer dos nubentes, querendo, pode acrescer ao seu o sobrenome do outro (Código Civil, art. 1.565); esse direito é potestativo, ou seja, é livre decisão do interessado, inclusive para retomar o sobrenome de solteiro, ainda que na constância do vínculo conjugal. Igualmente, o companheiro ou convivente de união estável pode acrescentar ao seu o nome do outro companheiro, sendo necessário prévio registro do contrato ou escritura de união estável. O companheiro poderá requerer ao registro civil o retorno ao nome de solteiro, por meio da averbação da dissolução da união estável.

O direito ao nome, por ser direito da personalidade, não cessa com o fim do casamento ou da união estável; retomar o nome de solteiro é direito exclusivo de quem porta o sobrenome e não dever. O outro cônjuge ou companheiro ou convivente não são titulares do sobrenome, porque este não se enquadra como coisa, para fins de titularidade de posse ou propriedade.

Estabelece o Código Civil que o nome da pessoa não pode ser empregado por outrem em publicações ou representações que a exponham ao desprezo público, ainda quando não haja intenção difamatória. Nesta hipótese, a proteção legal ao direito ao nome imbrica-se com a proteção à honra.

Além do nome, a pessoa também se identifica por outros signos que a projetam socialmente. A voz, a maneira de ser, os gestos, o estilo de escritos e outros modos de expressão que singularizam a pessoa no ambiente social não podem ser utilizados indevidamente, com intuito econômico ou que levem ao prejuízo de sua reputação. O Código Civil, ao aludir aos escritos e transmissão das palavras, enuncia exemplos que amplificam o conceito de identidade pessoal.

Tem sido entendido que a categoria de gênero ultrapassa a ideia de sexo biológico, levando-se em conta o princípio da dignidade da pessoa humana, o que abre a possibilidade de alteração do nome e do registro civil. Questão singular é a da identidade pessoal dos transexuais, que não se enquadram no conceito de homossexual. O transexual não tem orientação sexual voltada para pessoas do mesmo sexo, mas é aquele que apresenta conflito, normalmente inato, entre o sexo biológico e o sexo psíquico, que lhe é determinante em sua existência. No julgamento da ADO 26 e da MI 4.733, o STF reconheceu a mora do Legislativo e qualificou as condutas de discriminação por orientação sexual ou identidade de gênero como enquadráveis no crime de racismo. E na ADI 4.275 reconheceu às pessoas transexuais o direito à substituição do prenome e do sexo diretamente no registro civil, sem necessidade de cirurgia de transgenitalização.

A intersexualidade difere da transexualidade por ser qualificada como um distúrbio de diferenciação sexual (DDS), quando características como genitais, órgãos reprodutivos ou padrões cromossômicos não se desenvolveram segundo os padrões binários de sexo. A pessoa nasce com variação de caracteres sexuais, incluindo cromossomos, gônadas ou órgãos genitais que dificultam a identificação de um indivíduo como totalmente feminino ou masculino. Dados da ONU indicam que até 1,7% da população mundial tem traços intersexuais. O erro na identificação do sexo pode ser traumático para a vida da pessoa. Essa matéria tem provocado a busca por solução adequada no mundo. Em 2016 e 2018, a Alemanha, após decisão e recomendação do Tribunal Constitucional ao legislador, editou legislação admitindo o direito de consignar no registro civil um terceiro gênero, sob a determinação de "outro" ou "diverso", além de masculino e feminino. Em 2018, a cidade de Nova York, nos Estados Unidos, aprovou lei permitindo que as pessoas que não se identificam com gêneros binários e os pais de bebês intersexuais possam não classificar o sexo, indicando "x", no registro de nascimento. Na Austrália, em 2014, a Suprema Corte admitiu o registro do gênero neutro. Na Índia, em 2014, e no Nepal, desde 2015, é permitido que se indique nos documentos de identidade o terceiro sexo ou gênero. O Brasil enfrentou diretamente o problema da identidade dessas pessoas, mediante Provimento n. 122/2021 do CNJ, que determinou aos ofícios de registro civil que seja consignado no registro de nascimento do intersexual, em conformidade com a Declaração de Nascido Vivo ou Declaração de Óbito, a expressão "sexo ignorado". Segundo o Provimento, o oficial recomendará ao declarante a escolha de prenome comum aos dois sexos, porém, se for recusada a sugestão, o registro deve ser feito com o prenome indicado pelo declarante. As averbações para designação opcional do sexo e mudança do prenome poderão ser feitas a qualquer tempo diretamente no registro civil – independentemente de autorização judicial ou laudo médico – pelos pais, com assistência destes ou pela própria pessoa, se maior, não podendo o registro consignar tal fato.

5.4 Princípio da indisponibilidade e hipóteses de autolimitação

Por serem inerentes à pessoa humana, os direitos da personalidade são indisponíveis, ou seja, não podem ser objeto de transações ou alienações gratuitas, pecuniárias ou patrimoniais. Estão fora do mercado. Nenhuma pessoa humana pode dispor ou abdicar inteiramente de sua honra, de sua intimidade, de sua vida, de sua liberdade pessoal, de sua identidade, de parte de seu corpo, enfim daquilo que o singulariza como ser humano. No que concerne à transmissão gratuita de órgãos, sua admissibilidade decorre de sua possibilidade de serem destacados sem risco à vida de quem o faz, ou de sua integridade física.

O princípio da indisponibilidade dos direitos da personalidade subjaz às situações limites que os sistemas jurídicos enquadram em normas proibitivas, de modo geral. É o que ocorre com a indisponibilidade da vida e a consequente proibição legal do suicídio e até mesmo da eutanásia, na maioria dos ordenamentos, diferentemente da admissibilidade corrente da ortotanásia, que assegura ao doente terminal a morte digna sem a manutenção artificial da vida. De modo inverso, entende-se como não violação ao princípio da indisponibilidade o exercício voluntário de atividades perigosas à vida, a exemplo de esportes francamente autolesivos como o boxe ou da renúncia a tratamentos médicos razoáveis.

Todavia, é possível a autolimitação de determinados direitos da personalidade, sem sua disponibilidade total. Na atualidade, verificam-se constantes exemplos de autolimitação, especialmente no que concerne à privacidade, com ampla divulgação e estímulo pela mídia. Um dos exemplos frisantes são os espetáculos televisivos de exposição do cotidiano de pessoas, cujas privacidades são propositadamente expostas, denominados *reality shows*, com transmissão aberta, que têm por objetivo a exposição de um grupo de pessoas reunidas numa única casa, isoladas do mundo e vigiadas por sistemas internos de vídeo e som.

Como diz Guy Debord (2006, p. 16), que denuncia a ideologia da "sociedade do espetáculo" no mundo contemporâneo, "o espetáculo é a afirmação da aparência e a afirmação de que toda vida humana – isto é, social – é simples aparência", como negação da vida que se tornou visível. O ser humano se torna um simulacro imagético, desprovido de autonomia em sua vida cotidiana, direcionada para o consumo de imagens sedutoras, pela exposição máxima da intimidade diante do olhar coletivo.

Relativamente à privacidade, o direito alemão desenvolveu a doutrina das três esferas, no intuito de identificar o que seria seu núcleo essencial insuscetível de limitação e o que poderia ser objeto de autolimitação. Com base na jurisprudência constitucional, têm sido assinaladas três esferas ou âmbitos do livre desenvolvimento da personalidade (em relação com a dignidade da pessoa), em função das possibilidades de intervenção do Estado em cada uma delas: a) a esfera íntima ou interna, especialmente vinculada à dignidade, e que constituiria um núcleo subtraído a qualquer ingerência estatal; b) a esfera privada, na qual o indivíduo pode desenvolver livremente sua personalidade, mas em que o Estado pode intervir quando se devam proteger interesses da coletividade; c) a esfera pública ou social, constituída pelas ações que não tenham relação com o desenvolvimento da personalidade e, portanto, não protegidas como configuração da vida privada. A doutrina das três esferas tem por fito a limitação negativa oposta ao Estado, segundo a concepção dominante na Alemanha dos direitos fundamentais. Todavia, pode ser apropriada à aplicabilidade imediata e direta desses direitos e dos direitos da personalidade às relações entre sujeitos privados, que no Brasil não depende de mediação estatal.

A adaptação da doutrina das três esferas, em relação à própria pessoa titular do direito à privacidade, pode ser útil para discernir o objeto de autolimitação. A esfera íntima ou interna, ou o núcleo irredutível e essencial integrante da dignidade de qualquer pessoa, que a sociedade assim considera, não pode ser objeto de autolimitação. Nenhuma pessoa pode permitir, por ato de liberalidade ou mediante contrato oneroso, que sua esfera íntima de privacidade possa ser violada ou exposta. A esfera íntima da privacidade é tudo aquilo que a consciência jurídica contemporânea considera insuscetível de projeção no espaço público.

A difusão atual dos meios de comunicação, amplificada com a revolução da informática e da chamada sociedade da informação, no final do século XX e começo do século XXI, levou a extremos as potencialidades de invasão da privacidade das pessoas, não apenas pelo Estado, mas sobretudo pelas empresas e por indivíduos. Nos casos de comunidades eletrônicas ou sites de relacionamento, as pessoas revelam características de sua intimidade e vida privada, como seus desejos, fantasias, tendências, qualidades, defeitos, preferências e interesses, que passam a ser de domínio público. As empresas utilizam-se de programas invasores, que coletam informações sobre as pessoas, para fins de induzi-las ao consumo de produtos e serviços mediante publicidade subliminar, muitas vezes com a colaboração dos indivíduos que prestam informações aparentemente inofensivas sobre dados que integram sua intimidade e vida privada.

Até que ponto a proteção jurídica da privacidade, máxime com o estímulo à autolimitação, pode ser exequível na sociedade da informação? A informação, potencializada ao infinito, no mundo informatizado, pode ser irreversível. Os exemplos se sucedem de tentativas de cessação, mediante decisões judiciais, que, em vez de estancar a violação ao direito à privacidade, provoca a curiosidade e a malícia dos usuários do mundo virtual, que difundem mais ainda as informações lesivas.

A banalização da autolimitação da privacidade está provocando a própria desconsideração social ou ruína desta, pois as pessoas passam a encarar como normal sua violação. A extensão banal da autolimitação da privacidade pode resvalar para o predomínio de valores morais discutíveis, como sanção para a conduta considerada contrária àqueles. O STJ (REsp 595.600) decidiu que não cabe indenização por danos morais para mulher anônima que praticou *topless* (despiu a parte de cima do biquíni) voluntariamente em praia pública, tendo a foto sido publicada em jornal. O voto condutor da maioria no Tribunal de Justiça estadual observou que "se a embargada resolveu mostrar sua intimidade às pessoas deve ter maioridade suficiente para suportar as consequências de seus atos". A censura moral ressalta nesse voto. O recurso ao STJ não foi acolhido, sob o argumento de que, "se a demandante expõe sua imagem em cenário público, não é ilícita ou indevida sua reprodução sem conteúdo sensacionalista pela imprensa, uma vez que a proteção à privacidade encontra limite na própria exposição realizada". Ou seja, e sem razão, o Tribunal defende a tese da autolimitação tácita, inexistente no direito brasileiro, o que autorizaria a violação da privacidade da pessoa que assim agir. O fato de a pessoa ter conduta diferente das demais, sem prejuízo a quem quer que seja e inexistindo lei proibitiva, é exercício de sua liberdade, constitucionalmente assegurada, não se podendo entender que autorizou tacitamente a publicação violadora de sua privacidade, na medida em que se atingiu público maior que o do lugar onde se encontrava, com evidente intuito sensacionalista.

No plano jurídico constitucional e dos valores tão duramente conquistados para realização concreta da existência humana e de sua dignidade, não é possível a autolimitação irrestrita dos direitos da personalidade. O núcleo essencial e intangível, que diz com a dignidade da pessoa, igual à de todas as outras pessoas, não pode ser objeto de autolimitação, não pela proteção das pessoas concretas em causa, mas pela necessidade de evitar que determinados valores da pessoa humana amplamente reconhecidos como indisponíveis sejam publicamente degradados ou aviltados, de modo a estimular essa conduta. Na hipótese da privacidade, apenas as demais esferas da vida privada e da intimidade que tangenciam o espaço público podem ser autolimitadas. Não se trata aí de pretensa proteção paternalista ou "tirania da dignidade", como pareceu a certa corrente doutrinária, de forte conotação liberal e individualista (Pinto, 2001, p. 50). Também não concebível no direito brasileiro o "consentimento autorizador de um poder de agressão", cogitado em doutrina estrangeira.

Todavia, e para que não configure renúncia, que o direito brasileiro interdita, certas esferas dos direitos da personalidade podem sofrer limitação temporária do exercício. Não é o direito da personalidade que pode ser autolimitado, mas exclusivamente seu exercício, em tempo definido. Nesse sentido, o Enunciado 4 das Jornadas de Direito Civil (CJF/STJ): "O exercício dos direitos da personalidade pode sofrer limitação voluntária, desde que não seja permanente nem geral". Igualmente o Enunciado 139 das Jornadas de Direito Civil: "Os direitos da personalidade podem sofrer limitações, ainda que não especificamente previstas em lei, não podendo ser exercidos com abuso de direito de seu titular, contrariamente à boa-fé objetiva e aos bons costumes".

Não há extinção ou renúncia ao direito, mas suspensão temporária de seu exercício que será restabelecido ao termo final. Cabe ao aplicador do direito verificar se a limitação afeta o núcleo essencial do direito da personalidade, ou da preservação da dignidade da pessoa humana.

A autolimitação há de ser expressa e indiscutível. A ausência prolongada do exercício de determinado direito da personalidade ou de defesa em face de violação duradoura não significa renúncia ou limitação. Por outro lado, ainda quando haja consentimento, é permitida a retratação, que consiste na possibilidade de o titular da imagem revogar o consentimento, cabendo ao prejudicado o direito à indenização que comprovadamente resultar desse ato. A retratação é inerente ao direito da personalidade, que não pode ser disponível ou limitado em caráter permanente ou quando sua utilização resulte em dano ao titular, cuja extensão adequadamente não podia prever; em contrapartida há o dever de reparar "os prejuízos causados às legítimas expectativas da outra parte", como prevê o art. 81, parte 2, do Código Civil português.

O direito brasileiro não abriga a teoria do consentimento implícito, em relação às pessoas que aparecem nos espaços públicos. Segundo essa teoria, a pessoa que aparece nas ruas, parques, eventos esportivos ou artísticos, expõe-se ao risco da publicidade, podendo sair acidentalmente em um filme ou fotografia. Não se pode admitir que a imagem filmada ou fotografada nessas circunstâncias esteja franqueada para uso comercial ou de reportagem. O estar na rua não significa que a pessoa tenha consentido em que sua imagem se torne pública, especialmente se levar a embaraços ou constrangimentos.

Na questão delicada da limitação voluntária de seu exercício, repisa-se a distinção entre direito absoluto e direito ilimitado. Direito absoluto é todo aquele oponível a todas as demais pessoas (*erga omnes*), infundindo o dever geral de abstenção, mas pode sofrer limitação voluntária, desde que não seja permanente ou que afete seu núcleo essencial.

5.5 Princípios de intransmissibilidade, irrenunciabilidade e intransmissibilidade

Nenhuma pessoa pode transmitir ou renunciar a qualquer parte ou dimensão dos direitos da personalidade, em caráter definitivo.

Entendemos que os direitos da personalidade tutelam o núcleo essencial da dignidade da pessoa humana. A proteção à dignidade humana não é valor exclusivamente individual; não radica no juízo de valor subjetivo, do que cada pessoa entende como tal. O sentido, no tempo e no espaço, é extraído dos valores que se desenvolveram e consolidaram no meio social, no tempo e no espaço, que podem contrariar os valores da pessoa que deve ser protegida. Assim, há um mínimo inatingível, que é igual para todas as pessoas.

A renúncia a qualquer direito da personalidade afetaria sua inviolabilidade e significaria renunciar a si mesmo, para converter-se de sujeito em objeto. O direito de povos antigos, fundado na escravidão, admitia que uma pessoa pudesse renunciar à sua liberdade para converter-se em escravo, como forma de pagamento de dívidas, o que é inadmissível na contemporaneidade. Como diz Pontes de Miranda (1971, p. 8), "a razão para a irrenunciabilidade é a mesma da intransmissibilidade: ter ligação íntima com a personalidade e ser eficácia irradiada por essa. Se o direito é direito de personalidade, irrenunciável é".

A titularidade dos direitos da personalidade é única e exclusiva, não podendo ser transferida para terceiros, herdeiros ou sucessores. Por não serem objetos externos à pessoa, não podem ser disponíveis, inclusive quanto ao exercício deles, ainda que gratuito. O Poder Público não pode desapropriar qualquer direito da personalidade, porque este não pode ser de domínio público ou coletivo. Pela mesma razão, não pode ser objeto de execução ou de penhora judicial, pois isso importaria subtração de parte essencial da pessoa, o que comprometeria seu desenvolvimento existencial. As pretensões ou exigências para o cumprimento do dever e da obrigação de abstenção ou de fazer jamais prescrevem.

A temporária disponibilidade, que hoje em dia é frequentemente responsável pela reversão de frutos econômicos ao titular da declaração de vontade, não desmerece a atribuição da irrenunciabilidade. Porque, sendo irrenunciáveis, não autorizam a alienação, tampouco a transmissibilidade absoluta de seu conteúdo. Há, isto sim, parcial e temporária limitação de exercício, mediante excepcional e restrito consentimento do titular. É o caso da utilização e publicação consentida do retrato, da divulgação autorizada de aspectos íntimos e da tolerância da ofensa à honra. O direito permanece intacto. Suas potencialidades são cedidas temporariamente, no que consiste a faculdade máxima de disposição humana (Jabur, 2000, p. 45).

Porém, um esclarecimento se impõe para se ultrapassar a contradição; é dizer, o que se transmite não é o direito da personalidade, mas a projeção de seus efeitos patrimoniais, quando haja. O direito permanece inviolável e intransmissível, ainda que o titular queira transmiti-lo, pois o que é inerente à pessoa não pode ser dela destacado. A pessoa não transmite sua imagem, ficando dela privada durante certo tempo, o que acarretaria sua despersonalização. O que se utiliza é certa e determinada projeção de sua imagem (a foto, o filme, a gravação), que desta se originou.

Relativamente à imprescritibilidade, dúvidas assomam em virtude da regra do Código Civil, que estabelece a prescrição da pretensão de reparação civil. O dano moral não se indeniza, mas a compensação pecuniária pode ser entendida como espécie do gênero reparação civil. Assim, prescreve a pretensão para reparação compensatória do dano moral que violou direitos da personalidade. Todavia, não se prescrevem as demais pretensões decorrentes da violação dos direitos da personalidade, que não têm natureza pecuniária. São imprescritíveis as pretensões relativas a fazer cessar a violação ou para interdição preventiva, apesar de ultrapassados os três anos, ou para obrigações de fazer. Os direitos da personalidade, por si mesmos, são inatingíveis pela prescrição. Daí a orientação do STJ (REsp 970.697 e REsp 1.027.652) de que são imprescritíveis as pretensões reparatórias por danos derivados de atos de tortura ocorridos durante a ditadura militar no Brasil.

Os direitos da personalidade extinguem-se com a pessoa; pode haver a transeficácia deles, *post mortem*, de modo que a defesa seja atribuída a familiares, como no caso da lesão à honra ou à imagem do falecido, ocorrida posteriormente ao falecimento. Não se pode alvitrar a sucessão de direitos da personalidade, enquanto tais, porque não são bens patrimoniais. Por essa razão, a chamada herança digital confina-se às eventuais dimensões patrimoniais dos direitos da personalidade.

O Código Civil refere-se adequadamente à legitimação aos cônjuges (compreendem-se, também, os companheiros de união estável), ascendentes e descendentes do morto, para que cesse a ameaça ou a lesão aos direitos da personalidade deste, ou para reclamar perdas e danos. Ainda que morta a pessoa, seus direitos da personalidade não podem ser violados posteriormente, o que franqueia a defesa por parte de seus familiares. Contudo, o espólio, diferentemente do cônjuge sobrevivente, não possui legitimidade para postular reparação por prejuízos decorrentes de ofensa, após a morte do *de cujus*, à memória e à imagem do falecido, porque adstrito ao patrimônio deixado por este.

Quem está legitimado à defesa não exerce direito próprio, mas direito de outrem. É típica legitimação de direito material e legitimação *ad causam*, de acordo com as categorias adotadas por Pontes de Miranda. Essa legitimação tem por fito obrigação de fazer e, sobretudo, obrigação de não fazer (cessar a ofensa ou a lesão). Marcos Bernardes de Mello (2019, p. 76) esclarece que a legitimação consiste em uma posição do sujeito – de direito material e processual, acrescentamos –, capaz ou não, relativamente ao objeto do direito, que tem como conteúdo o poder de disposição, o poder de aquisição e o de contrair dívidas.

Os aspectos patrimoniais decorrentes da reparação civil são efeitos atribuídos ao legitimado. Os familiares podem ser atingidos diretamente, não apenas por via reflexa, nas hipóteses em que a ofensa não apenas lesa os direitos do falecido, mas se estende a seus familiares; nessas hipóteses não se cuida de legitimação, mas de exercício direto de direito (*jure proprio*).

As novas tecnologias de informação têm feito emergir bens incorpóreos que transitam entre a extrapatrimonialidade e a patrimonialidade no tráfico jurídico. É o que ocorre com os dados pessoais lançados e transmitidos nas chamadas redes sociais, com as exigências antagônicas de defesa da privacidade e de utilização econômica deles. Um dos problemas emergentes é quanto ao acervo dos dados pessoais (imagens, mensagens, documentos eletrônicos) deixado no ambiente virtual pela pessoa que falece.

Quem tem legitimação para agir em defesa da memória do morto a tem também para o acesso aos dados digitais, mas que não se confunde com sucessão hereditária.

Legitima-se o acesso aos dados da pessoa falecida, mas não seu uso ou alteração. Note-se que, nessas situações, há dados pessoais sensíveis da pessoa falecida, que certamente não desejaria que fossem conhecidos ou revelados, ainda que para seus parentes próximos, além de dados pessoais de terceiros. Por outro lado, não é razoável que seja legitimado a ter acesso qualquer parente herdeiro, pois em nosso direito vai até ao quarto grau, de acordo com a ordem de vocação hereditária.

São transmissíveis e se incluem na herança deixada pelo *de cujus* as dimensões econômicas dessas contas, ou dos perfis, *sites*, *blogs*, tais como: a) os valores de publicidade a eles transferidos por empresas para veiculação de seus produtos e serviços; b) a exploração econômica autorizada dos direitos da personalidade do titular (por exemplo, da imagem); c) contratos de uso ou de aquisição de bens digitais; d) direitos patrimoniais de autor.

Já as contas que se refiram a conteúdos privados não devem ser devassadas como regra, na medida em que há interesse na tutela da privacidade da pessoa falecida, que se opera mesmo em face dos familiares.

5.6 Princípio da liberdade de expressão e seus impactos nos direitos da personalidade

A liberdade de expressão, no âmbito do direito público constitucional, ostenta consolidação histórica de mais de dois séculos, como uma das garantias das liberdades individuais. O mesmo não se pode dizer de sua interlocução com os direitos da personalidade, caracterizada por tensões, colisões e pouca densidade teórica.

A liberdade de expressão é um dos princípios fundamentais fixados em nossa Constituição. Todavia, não prevalece *a priori* sobre os demais. Cabe ao intérprete e aplicador identificar se ele incidiu ou não, isto é, ante as circunstâncias, se seu suporte fático se concretizou no mundo dos fatos, ou se foi outro princípio que incidiu, como, por exemplo, o da tutela da privacidade.

A história da liberdade de expressão é atravessada pelas vicissitudes por que passou a imprensa, nos dois últimos séculos, a ponto de ser confundida com a liberdade de imprensa, que é uma de suas espécies. Desde a Primeira Emenda à Constituição dos Estados Unidos, de 1791, essa aparente confusão se estabeleceu, pois ela proibiu o Congresso federal americano (depois a Suprema Corte a estendeu aos Estados-Membros e aos demais poderes) de fazer qualquer lei "restringindo a liberdade de expressão, ou da imprensa" (*abridging the freedom of speech, or of the press*), cuja expressão pode ser entendida como relativa a duas espécies ou a apenas uma, sendo a segunda desdobramento da primeira. A história dos povos é marcada pela repressão, perseguição ou morte daqueles que contrariaram os interesses do poder político, do poder religioso, do poder econômico e quaisquer outros poderes sociais dominantes.

Quando os direitos da personalidade emergiram como categorias fundamentais do direito privado no plano legislativo, nas últimas décadas – no Brasil, apenas com o advento da Constituição de 1988 e do Código Civil de 2002 –, foi inevitável que muitas de suas dimensões esbarrassem nas dimensões próprias da liberdade de expressão. Dois problemas, desde então, se apresentaram, ante a aparente colisão: 1) o da supremacia *a priori* de uma contra outra; ou 2) da harmonização possível entre elas.

A supremacia *a priori* tem sido relacionada à prevalência do que se entenderia como interesse público sobre o interesse privado. Nessa linha de pensamento, a liberdade de expressão ostentaria maior grau de interesse público. Assim, os direitos da personalidade, que tutelariam apenas interesses privados, deveriam sempre ceder à garantia da liberdade de expressão. Esse entendimento tem sido encontrado em nossa doutrina jurídica – principalmente de direito público – e nos fundamentos de diversos julgados de nossos Tribunais, inclusive do Supremo Tribunal Federal.

Porém, se atentarmos para os enunciados normativos da Constituição de 1988, por exemplo do inc. X do art. 5º ("X - são invioláveis a intimidade, a vida privada, a honra e a imagem das pessoas, assegurado o direito a indenização pelo dano material ou moral decorrente de sua violação"), é difícil inferir deles a submissão necessária *a priori* ao que se entenderia por interesse público da liberdade de expressão.

Em verdade, a Constituição estabelece exatamente o não prevalecimento da liberdade de expressão sobre os direitos da personalidade, como se vê neste preceito do capítulo destinado à comunicação social: "Art. 220. [...] §1º Nenhuma lei conterá dispositivo que possa constituir embaraço à plena liberdade de informação jornalística em qualquer veículo de comunicação social, observado o disposto no art. 5º, IV, V, X, XIII e XIV". A referência expressa ao inc. X, ao contrário do que se tem expressado na doutrina e na jurisprudência, significa que a inviolabilidade dos referidos direitos da personalidade é oponível, inclusive, à liberdade de expressão.

Entendemos, portanto, que não há prevalência *a priori* da liberdade de expressão sobre os direitos da personalidade, pois a Constituição os pôs no mesmo plano. Essa orientação contrasta firmemente com alguns dos fundamentos da decisão do STF, na ADPF n. 130, que entendeu não recepcionada (modalidade de inconstitucionalidade, adotada no Brasil) inteiramente a Lei de Imprensa (Lei n. 5.250/1967), por incompatibilidade com a Constituição de 1988.

Constam de ementa do acórdão da ADPF n. 130, julgada em 2009, alguns problemáticos enunciados argumentativos:

1) "[...] as relações de imprensa e as relações de intimidade, vida privada, imagem e honra são de mútua excludência, no sentido de que as primeiras se antecipam, no tempo, às segundas; ou seja, antes de tudo prevalecem as relações de imprensa como superiores bens jurídicos e natural forma de controle social sobre o poder do Estado, sobrevindo as demais relações como eventual responsabilização ou consequência do pleno gozo das primeiras".

2) "Somente depois é que se passa a cobrar do titular de tais situações jurídicas ativas um eventual desrespeito a direitos constitucionais alheios".

3) "Determinação constitucional de momentânea paralisia à inviolabilidade de certas categorias de direitos subjetivos fundamentais, porquanto a cabeça do art. 220 da Constituição veda qualquer cerceio ou restrição à concreta manifestação do pensamento".

Ao que parece, o STF decidiu ainda sob o impacto da história da censura arbitrária, ideológica e violenta que se abateu sobre a imprensa enquanto perdurou a ditadura militar. O fato de ter sido a Lei de Imprensa editada durante esse triste período de nossa história não é razão suficiente para considerá-la inteiramente imprestável, inclusive no que concerne às responsabilidades civis preventiva e reparadora pelos danos causados às pessoas, em virtude de excessos e abusos, que são regras comuns encontradas nas legislações nacionais emanadas de regimes democráticos. Se essa razão fosse suficiente, então todas as leis editadas durante a ditadura militar (entre os exemplos, a Lei dos

Registros Públicos) deveriam ser consideradas não recepcionadas pela Constituição de 1988.

O STF inverteu o fim do preceito constitucional, resultando no impedimento da vítima em prevenir a ofensa pelo exercício abusivo e excessivo da liberdade de imprensa. É insustentável que se possa livremente violar os direitos da personalidade, notadamente os relativos à intimidade, à vida privada, à imagem e à honra, para apenas após o seu cometimento pugnar por receber uma indenização por dano moral – sempre sob o risco de configurar "excessividade indenizatória" –, que jamais permite ao ofendido a restituição ao estado anterior. A ofensa perdura enquanto alguém tiver acesso à informação ofensiva divulgada pelos meios de comunicação, jornais impressos, gravações, vídeos da época. Em tempos de internet, a ofensa é praticamente perpétua.

Com essa decisão, o STF erigiu a liberdade de imprensa em valor ou princípio constitucionais absolutos ou ilimitados. A doutrina jurídica, aqui e alhures, tem sustentado que não há, nas Constituições democráticas, princípios absolutos, que não admitem discussão, limitação, controle, incidência conjunta com outros ou balanceamento. Princípios que tais são próprios de ordens autocráticas, como vigoraram durante o Estado absoluto, primeira etapa do Estado moderno, ou nas ditaduras contemporâneas.

Ao bloquear medidas preventivas de ofensas, ou a interrupção das ofensas continuadas ou repetidas pelos veículos de imprensa, condenou permanentemente as vítimas à imolação moral.

A responsabilidade civil preventiva não é censura, porque não tem por fito impedir a liberdade de imprensa, mas evitar o dano.

Nas ADIs n. 6.792 e 7.055, julgadas em 2024, o STF restringiu ainda mais a responsabilidade civil dos órgãos de imprensa e dos jornalistas, que somente ficará configurada "em caso inequívoco de dolo ou culpa grave (evidente negligência profissional na apuração dos fatos)". Contudo, em 2025, o STF abriu mais espaço para a vítima ao decidir (Tema de repercussão geral 995) que, na hipótese de publicação de entrevista, em que o entrevistado imputa falsamente prática de crime a terceiro, a empresa jornalística poderá ser responsabilizada civilmente se comprovada sua má-fé, mas devendo assegurar o direito de resposta e remover de ofício ou por notificação da vítima a imputação caluniosa quando esta permanecer disponível em plataformas digitais.

A Lei Geral de Proteção de Dados – LGPD (Lei n. 13.709/2018) é exemplo de responsabilidade civil preventiva, que pode ser aplicada, analogicamente, às publicações da imprensa. A LGPD, art. 6º, VIII, estabelece que as atividades de tratamento de dados pessoais pelos agentes (pessoas físicas e jurídicas) deverão observar o princípio de prevenção, mediante a adoção de medidas para prevenir a ocorrência de danos em virtude desse tratamento, além do dever de demonstrar e comprovar a observância, o cumprimento e a eficácia das normas de proteção dos dados.

O limite da liberdade de expressão é o dano, que deve ser prevenido e não apenas reparado *a posteriori*. Qualquer ofensa a direito de personalidade, inclusive por abuso ou excesso da liberdade de expressão, é fato ilícito que dá ensejo à prevenção ou compensação do dano moral decorrente.

O próprio STF, contrariando a orientação que prevaleceu na ADPF n. 130, decidiu no caso Ellwanger (HC n. 82.424) que a liberdade de imprensa não incluía a incitação ao racismo; também decidiu (RHC n. 146.303) que a incitação ao ódio público contra qualquer denominação religiosa e seus seguidores não está protegida pela liberdade de expressão, cujo exercício não é absoluto. Percebe-se, nesses casos, o afastamento da prevalência *a priori* da liberdade de expressão, inclusive da liberdade de imprensa.

Em relação ao art. 20 do CC/2002, tem sido discutida a constitucionalidade da proibição nele contida de divulgação ou publicação de dados e informações de uma pessoa, "salvo se autorizadas, ou necessária à administração da justiça ou à manutenção da ordem pública", ante a possível colisão entre a liberdade de informação e de imprensa e a garantia da intimidade e da vida privada, que a CF tutela. Sobre o tema, escreveu Luís Roberto Barroso (2003, p. 98) que é possível a interpretação constitucionalmente adequada desse artigo (ou de interpretação conforme com a Constituição). Essa tese terminou vencedora no STF, em 2015, no caso das biografias não autorizadas (ADI 4.815), tendo o Tribunal dado "interpretação conforme à Constituição aos arts. 20 e 21 do Código Civil, sem redução de texto, para, em consonância com os direitos fundamentais à liberdade de pensamento e de sua expressão, de criação artística, produção científica, declarar inexigível autorização de pessoa biografada relativamente a obras biográficas literárias ou audiovisuais".

Nessa decisão, o STF pendeu para a liberdade de expressão, em detrimento da inviolabilidade da intimidade, da privacidade e da honra da pessoa biografada, restando a esta a reparação pelos danos decorrentes e o direito de resposta, *a posteriori*. Porém, a Constituição não determina essa prevalência. Ao contrário, a Constituição, art. 220, remete expressamente ao inciso X de seu art. 5º, que garante o direito à privacidade. A referência expressa ao inc. X, ao contrário do que se tem expressado na doutrina e na jurisprudência, significa que a inviolabilidade dos referidos direitos da personalidade é oponível, inclusive, à liberdade de expressão. Por outro lado, a reparação dos danos apenas *a posteriori* importa negativa da prevenção ou da não continuidade do dano.

O exercício do direito de resposta pode ser muito mais satisfatório para o lesado pelo abuso ou excesso da liberdade de expressão, por seu efeito simbólico, que a reparação pecuniária, a qual terá função complementar.

O direito de resposta, gratuito e proporcional à matéria ofensiva, foi regulamentado pela Lei n. 13.188/2015, facultado ao ofendido em qualquer meio de comunicação social, distribuição, transmissão ou plataforma de distribuição, inclusive na Internet. Considera-se matéria ofensiva o conteúdo que atente, ainda que por equívoco de informação, contra a honra, a intimidade, a reputação, o conceito, o nome, a marca ou a imagem de pessoa física ou jurídica identificada ou passível de identificação. Não são considerados matérias ofensivas os comentários realizados por usuários da Internet nas páginas eletrônicas dos veículos de comunicação social. A retratação espontânea ou a retificação não impedem o exercício do direito de resposta. É de sessenta dias o prazo que a lei qualifica como de decadência para o exercício do direito de resposta, mediante ação judicial, se não for atendido no prazo de sete dias pelo meio de divulgação e transmissão, o qual ainda responderá por perdas e danos.

Para muitos, o direito de resposta constitui verdadeiro corolário do direito de informação e da liberdade de expressão, garantias da cidadania, na medida em que permite a reposição da verdade. Sob outra perspectiva, expressa a necessidade de limite do exercício do poder privado de comunicação e informação, o qual, como os demais poderes, não pode ser considerado ilimitado.

Além do direito de resposta, impõe-se o direito à retratação, quando matéria divulgada pela mídia ofende injustamente a honra de pessoa, seja figura pública ou privada. Nesse sentido, decidiu o STJ (REsp 1.771.866) que o direito à retratação e ao esclarecimento da verdade possui previsão constitucional, não tendo sido afastado pelo

STF no julgamento da ADPF 130/DF, que considerou não recepcionada pela Constituição a Lei de Imprensa, de 1967; para o STJ o direito à retratação tem fundamento nos arts. 927 e 944 do CC.

CAPÍTULO 6

PRINCÍPIOS DO DIREITO DAS FAMÍLIAS

6.1 Relações de famílias em evolução e os princípios fundamentais

À família, ao longo da história, foram atribuídas funções variadas, de acordo com sua evolução, a saber, religiosa, política, econômica e procracional. Sua estrutura era patriarcal, legitimando o exercício dos poderes masculinos sobre a mulher – poder marital –, e sobre os filhos – pátrio poder. As funções religiosa e política praticamente não deixaram traços na família atual, mantendo apenas interesse histórico, na medida em que a rígida estrutura hierárquica foi substituída pela coordenação e comunhão de interesses, de afetos e de vida.

O patriarcalismo ou o patriarcado, em sua definição mais ampla, segundo Gerda Lerner (2019, p. 295) significa a manifestação e institucionalização da dominância masculina sobre as mulheres e crianças na família e na sociedade em geral.

No Brasil, o patriarcalismo, como princípio fundador das famílias, deixou marcas profundas que atravessaram os séculos, perdendo força apenas na segunda metade do século XX. "Sempre rodeados de escravos, os brasileiros" – teorizava Auguste de Saint-Hilaire (1976, p. 234), em suas andanças pelo Brasil no início do século XIX – "estão habituados a não ver senão escravos em todos os seres a quem são superiores seja pela força, seja pela inteligência. A mulher é, na maioria das vezes, a primeira escrava da casa, e o cão o último".

No direito luso-brasileiro, era rígido o poder marital sobre a mulher, com as seguintes previsões, nas Ordenações: castigos, cárcere privado pelo tempo que exigisse a correção, direito de morte, se a surpreendia em flagrante adultério. Segundo Pontes de Miranda (1981, p. 52), o direito canônico também inferiorizava a condição da mulher, mas seus "delitos" tinham punição mais branda.

As Constituições liberais sempre atribuíram à família o papel de célula básica do Estado. As declarações de direito, como a Declaração Universal dos Direitos do Homem, de 1948, em sinal dos tempos, preferiram vinculá-la à sociedade (art. 16.3: "A família é o núcleo natural e fundamental da sociedade"), como reconhecimento da perda histórica de sua função política. Assim, também, na Constituição de 1988, art. 226: "A família, base da sociedade".

A função política despontava na família patriarcal, cujos fortes traços marcaram a cena histórica brasileira, da Colônia às primeiras décadas do século XX. Em obras clássicas, vários pensadores assinalaram este instigante traço da formação do homem brasileiro, ao demonstrar que a religião e o patrimônio doméstico se colocaram como irremovíveis obstáculos ao sentimento coletivo de *res publica*. Por trás da família, estavam a religião e o patrimônio, em hostilidade permanente ao Estado, apenas tolerado como instrumento de interesses particulares. Em suma, o público era (e ainda é, nos hábitos antirrepublicanos que persistem) pensado como projeção do espaço privado-familiar.

Na perspectiva tradicional, a família era concebida como totalidade na qual se dissolviam as pessoas que a integravam, especialmente os desiguais, como a mulher e os filhos. Desde a colonização portuguesa, a família brasileira, estruturada sob o modelo de submissão ao poder marital e ao poder paterno de seu chefe, não era o âmbito adequado de concretização da dignidade das pessoas.

A família atual brasileira desmente essa tradição centenária. Relativizou-se sua função procracional. Desapareceram suas funções política, econômica e religiosa, para as quais era necessária a origem biológica. A família recuperou a função que, por certo, esteve nas suas origens mais remotas: a de grupo unido por desejos e laços afetivos, em comunhão solidária de vida. Sendo assim, é exigente de tutela jurídica mínima, que respeite a liberdade de constituição, convivência e dissolução; a autorresponsabilidade; a igualdade irrestrita de direitos, embora com reconhecimento das diferenças naturais e culturais entre os gêneros; a igualdade entre irmãos biológicos e socioafetivos e o respeito a seus direitos fundamentais, como pessoas em formação; o forte sentimento de solidariedade recíproca, que não pode ser perturbada pelo predomínio de interesses patrimoniais. Em trabalho que dedicamos ao assunto, denominamos esse fenômeno de repersonalização das relações familiares (Lôbo, 1989, *passim*). É o salto, à frente, da pessoa humana no âmbito familiar.

Atualmente, a família converteu-se em *locus* de realização existencial de cada um de seus membros e de espaço preferencial de afirmação de suas dignidades. Dessa forma, os valores coletivos da família e os pessoais de cada membro devem buscar permanentemente o equilíbrio, "em clima de felicidade, amor e compreensão", como enuncia a Convenção Internacional sobre os Direitos da Criança. Consumaram-se na ordem jurídica as condições e possibilidades para que as pessoas, no âmbito das relações familiares, realizem e respeitem reciprocamente suas dignidades como pais, filhos, cônjuges, companheiros ou conviventes, parentes, crianças, pessoas idosas, pessoas com deficiência, ainda que a dura realidade da vida nem sempre corresponda a esse desiderato.

A realização pessoal da afetividade, no ambiente de comunhão de vida e solidariedade, é a função básica da família de nossa época. Suas antigas funções feneceram, desapareceram ou passaram a desempenhar papel secundário. Nas sociedades ocidentais, o predomínio do casamento por amor separou-o dos princípios tradicionais da filiação, da biologia e da economia. Até mesmo a função procracional, com a secularização crescente do direito das famílias e a primazia que passou a ser atribuída à afetividade, deixou de ser sua finalidade precípua.

A família, na sociedade de massas contemporânea, sofreu as vicissitudes da urbanização acelerada ao longo do século XX, como ocorreu no Brasil. Por outro lado, a emancipação feminina, principalmente econômica e profissional, modificou substancialmente o papel que era destinado à mulher no âmbito doméstico e remodelou a família. De acordo com Gerda Lerner (2019, p. 293), "emancipação" tem derivação histórica específica do direito civil romano – *e* + *manus* + *capere*: sair de ou sob a mão de, livrar-se da dominação paternalista – o que se encaixaria na situação atual das mulheres com mais exatidão do que "libertação". Para Norberto Bobbio (2011, p. 162), a emancipação feminina é a "única autêntica revolução de nosso tempo" no mundo ocidental.

O fenecimento do poder marital, a transformação do pátrio poder em autoridade parental no interesse recíproco de pais e filhos e o abandono da atitude moralmente indefensável de filhos ilegítimos são outros dos principais fatores do desaparecimento da família patriarcal no direito, ainda que persistam focos de resistência cultural.

Reinventando-se socialmente, reencontrou sua unidade na comunhão de vida afetiva, antiga função desvirtuada por outras destinações nela vertidas, ao longo de sua história. A afetividade, assim, desponta como elemento nuclear e definidor da união familiar, aproximando a instituição jurídica da instituição social. A afetividade é o triunfo da intimidade como valor, inclusive jurídico, da modernidade.

O Brasil participou das grandes mudanças que ocorreram no direito das famílias a partir da década de 1970 do século passado, no mundo ocidental, havendo notáveis convergências nas soluções adotadas, principalmente na realização do princípio da igualdade entre os cônjuges e entre os filhos de qualquer origem. O direito das famílias que surgiu desse processo transformador, de acordo com a intensa evolução das relações familiares, pouco tem em comum com o que se conheceu nas décadas e séculos anteriores. Nenhum ramo do direito privado renovou-se tanto quanto o direito das famílias, que antes se caracterizava como o mais estável e conservador de todos.

Mas, apesar dos avanços da legislação, especialmente da Lei do Divórcio, restaram normas que favoreciam o tratamento desigual entre marido e mulher e entre os filhos, além de permanecer a vedação às famílias não matrimoniais. Somente com a Constituição de 1988, cujo capítulo dedicado às relações familiares pode ser considerado um dos mais avançados entre as Constituições de todos os países, consumou-se o término da longa história da desigualdade jurídica na família brasileira.

Na medida em que a família deixou de ser concebida como base do Estado para ser espaço de realizações existenciais, cresceram as demandas de mais autonomia e liberdade e menos intervenção estatal na vida privada, pois a legislação sobre família foi, historicamente, mais cristalizadora de desigualdades e menos emancipadora.

A família, tutelada pela Constituição, está funcionalizada ao desenvolvimento da dignidade das pessoas humanas que a integram (art. 226, §7º). A entidade familiar não é tutelada para si mesma, senão como instrumento de realização existencial de seus integrantes. A Convenção sobre os Direitos da Criança de 1990 declara que a criança deve ser preparada individualmente para uma vida individual em sociedade, respeitada sua dignidade. O Estatuto da Criança e do Adolescente tem por fim assegurar "todos os direitos fundamentais inerentes à pessoa humana" dessas pessoas em desenvolvimento (art. 3º) e a absoluta prioridade dos direitos referentes às suas dignidades (arts. 4º, 15 e 18). O Código Civil de 2002, cuja redação originária antecedeu a Constituição, não faz qualquer alusão expressa ao princípio da dignidade da pessoa humana; todavia, por força da primazia constitucional, este princípio fundamental informa e conforma o sentido das normas infraconstitucionais, notadamente as aplicáveis às relações familiares, incidindo conjuntamente com os princípios específicos.

Ao afirmar a tese do Tema 622 de repercussão geral, que reconheceu juridicamente a multiparentalidade, ou os efeitos jurídicos conjuntos das filiações biológicas e socioafetivas, o STF fundou-se explicitamente no princípio constitucional da dignidade da pessoa humana, que inclui a tutela da felicidade e da realização pessoal dos indivíduos, impondo-se o reconhecimento jurídico de modelos familiares diversos da concepção tradicional.

Em sua ressignificação atual, o princípio fundamental da solidariedade deve ser distribuído a todos os membros da família, pois a solidariedade conjugal converteu-se em solidariedade familiar, em que a criança é ao mesmo tempo objeto e sujeito do novo modelo de família e obrigada a colaborar e cooperar para o bem-estar da família, como afirma Cinzia Valente (2016, p. 288). No Código Civil, podemos destacar algumas normas fortemente perpassadas pelo princípio da solidariedade familiar: o art. 1.513 tutela "a comunhão de vida instituída pela família", somente possível na cooperação entre seus membros; a adoção (art. 1.618) brota não do dever, mas do sentimento de solidariedade; a autoridade parental (art. 1.630) é menos "poder" dos pais e mais múnus ou serviço que deve ser exercido no interesse dos filhos; a colaboração dos cônjuges e companheiros ou conviventes na direção da família (art. 1.567) e a mútua assistência moral e material entre eles (art. 1.566) e entre companheiros ou conviventes são deveres hauridos da solidariedade; os cônjuges e companheiros são obrigados a concorrer, na proporção de seus bens e dos rendimentos, para o sustento da família (art. 1.568); o dever de prestar alimentos (art. 1.694) a parentes, cônjuge ou companheiro, que pode ser transmitido aos herdeiros no limite dos bens que receberem (art. 1.700), decorrem da imposição de solidariedade entre pessoas ligadas por vínculo familiar. O dever de cuidado, sob o ponto de vista do direito, recebe a força subjacente do princípio da solidariedade, como expressão particularizada desta.

6.2 Democratização das relações familiares como pressuposto de seus princípios

A democratização das relações jurídico-familiares, na dimensão social e na dimensão da aplicação jurídica, é fato e aspiração. Pode ser vista como "ato" (o que já se efetivou) e "potência" (vir a ser família democrática), no sentido substancial ou de fins, e não apenas no sentido tradicional de meio, forma ou comportamento.

A democratização do espaço público, desde os tempos antigos até a contemporaneidade, continuou convivendo com a autocracia no espaço privado, principalmente nas famílias. Nos gregos antigos, o espaço privado não era democrático, pois não era do político (*polis*), mas sim da casa (*oikos* – economia), fundado na hierarquia e na verticalidade.

A expansão da igualdade familiar e da redução do patriarcalismo tem conduzido à formação da família democrática, ou mais democrática. Segundo Rodrigo da Cunha Pereira (2012, p. 164), na família democrática, não há superioridade de um gênero sobre o outro, as crianças e os adolescentes são sujeitos de direito tanto quanto os adultos, embora tenham lugares e funções diferentes. "Uma ordem democrática [incluindo a democratização da vida pessoal] não implica um processo genérico de 'nivelar por baixo', mas em vez disso promove a elaboração da individualidade" (Giddens, 1993, p. 205). Essa tensão entre liberdade e solidariedade e seus princípios é indispensável à compreensão da família democrática na atualidade.

Em 1994, a ONU declarou a família como a "menor democracia no seio da sociedade". No Brasil, um dos fundamentos constitucionais da democratização familiar é o art. 226 da CF: no §5º há previsão da igualdade conjugal; no §7º, o planejamento familiar "é livre decisão do casal" (tipo de liberdade); no §8º, a proteção à família dá-se nas pessoas que a integram, e não a ela como instituição ou valor, como fora no passado.

Podem ser elencados alguns fatores de democratização das relações familiares: emancipação das mulheres, dos filhos e das entidades familiares invisíveis; igualdade jurídica entre os gêneros, entre os filhos e entre as entidades familiares. Esses fatores configuram o direito à inclusão.

Um dos aspectos relevantes é a transformação do pátrio poder em autoridade parental – complexo recíproco de direitos e deveres, no lugar da obediência e da tradição. "Poder" tem como correlativo a submissão do outro: o interesse dominante é do titular do poder; enquanto "autoridade" pressupõe o interesse do destinatário (filho). Outra grande transformação, no sentido da democratização familiar, se deu com o poder marital, substituído pela coparticipação dos cônjuges e dos companheiros ou coparentalidade.

No âmbito das relações de família, pautadas pela diretriz constitucional da igualdade entre cônjuges, companheiros ou conviventes, filhos e entidades familiares, não se pode pensar a simetria entre cidadão e poder político – referida por muitos doutrinadores –, e entre titular de direitos fundamentais hipossuficiente ou vulnerável e titular de direitos fundamentais portador de poder privado. Tendo desaparecido o poder marital e o pátrio poder, em nosso direito, não se pode mais identificar integrantes das famílias como portadores de poderes privados, tutelados juridicamente. A autoridade familiar, que substituiu o pátrio poder, é muito mais serviço no melhor interesse dos filhos do que propriamente poder; sua natureza é de autoridade reconhecida e legitimada, que existe em razão dos destinatários, porque não há mais relação de sujeição dos filhos em face dos pais. Tanto pais quanto filhos são sujeitos recíprocos de direitos e deveres, que ocorre, por exemplo, com o direito/dever à convivência, inclusive quando os pais se separam.

6.3 Trajetória progressiva das mulheres ao princípio da igualdade familiar

O direito das famílias avançou de modo expressivo na viragem do século XX para o século XXI, como nenhum outro ramo do direito, mas não podemos subestimar as resistências culturais ancoradas nos resíduos do modelo patriarcal ou androcêntrico. "A inferioridade da mulher se traduzia em duas instituições: 1ª - o poder marital, comparável ao poder paterno sobre os filhos, consistindo em poder forte sobre a pessoa; o marido, ensinava o Código [Civil francês de 1804], deve proteção, a mulher obediência; 2ª - a incapacidade, que interditava a mulher de figurar na cena jurídico-judiciária sem autorização do marido e a colocava no mesmo nível de um menor" (Carbonnier, 1996, p. 213).

Longa foi a luta das mulheres para sair da invisibilidade jurídica, no âmbito da família, a que a tradição dos povos as relegou. O Código de Manu dizia "A mulher, durante a infância, depende do pai; durante a juventude, do marido; morrendo o marido, dos filhos; se não tem filhos, dos parentes próximos do marido, porque a mulher nunca deve governar-se à vontade" (Coulanges, 2011, p. 111). As leis gregas e romanas diziam o mesmo.

No final do século XVIII, Mary Wollstonecraft, pensadora feminista pioneira, publicou *A vindication of the rigths of woman*, sustentando que não podemos defender nossa posição a favor dos direitos dos homens sem assumir um interesse semelhante nos direitos das mulheres, pois a justiça, por sua própria natureza, tinha de ter alcance universal, em vez de ser aplicável aos problemas de algumas pessoas, mas não de outras.

Em 1869, John Stuart Mill (2006, p. 15) sustentou que o princípio das relações sociais existentes entre os sexos, de subordinação legal de um sexo a outro, era um dos principais obstáculos para o desenvolvimento humano, devendo "ser substituído por um princípio de igualdade perfeita, sem qualquer poder ou privilégio para um lado e incapacidade para o outro". Em sua época, disse, "o casamento é o único cativeiro real admitido pela nossa lei" (Mill, 2006, p. 114).

Virginia Woolf (2014), escrevendo em 1928 questionava sobre a invisibilidade do sexo feminino e sobre a relação das diferenças e a igualdade, esta segundo o padrão masculino: "A educação não deveria aflorar e fortalecer as diferenças em vez das similaridades?" e "Qual é a parte feminina de nossa educação para que os homens educados, ao menos no Ocidente judaico-cristão, aprendam as especificidades femininas para além do direito de que elas sejam iguais aos homens?".

A emancipação jurídica, social e econômica das mulheres deve muito à luta dos movimentos feministas, notadamente na segunda metade do século XX, para a derrocada das desigualdades e preconceitos da sociedade e da família patriarcais e androcêntricas. Como disse Simone de Beauvoir, ninguém nasce mulher; torna-se mulher. No Brasil, um marco relevante foi a conquista do voto feminino, mediante Decreto de 1932, de 24 fevereiro, que se converteu em data comemorativa dessa efeméride pela Lei n. 13.086/2015.

Claudia Godin, prêmio Nobel de economia de 2023, alude à revolução silenciosa do recente protagonismo da mulher, que divide em quatro fases: a entrada da mulher no mercado de trabalho; a expansão da educação feminina; a redução da taxa de fecundidade; e as mudanças referentes à própria identidade e à relação entre trabalho e família. As três primeiras fases são compreendidas como o período de evolução que se inicia ao final do século XIX. Nesse momento inicial, a identidade da mulher adulta era formada após o casamento. No fim dos anos 1970, no entanto, elas começaram a ter horizontes profissionais claros e tomar decisões com mais autonomia. A fase revolucionária ainda estaria em curso. Ao precisar de trabalhos com estruturas mais flexíveis para atender às demandas de cuidados familiares as mulheres recebem penalização nos rendimentos. Os homens, por outro lado, são premiados por estar disponíveis para atender às maiores jornadas de trabalhos e de demandas profissionais.

A Convenção sobre a Eliminação de Todas as Discriminações contra a Mulher, ou Convenção da Mulher, adotada pela ONU em 1979 e entrada em vigor em 1981, estabelece que os países devem implementar todos os meios apropriados para eliminar discriminações contra a mulher em todas as matérias relativas ao casamento e às relações familiares, e, com base na igualdade entre homem e mulher, assegurar os mesmos direitos e responsabilidades entre si e como pais, independentemente da natureza da entidade familiar.

O direito intenta ultrapassar a divisão biológica e social dos sexos para alcançar o ser humano em sua unicidade, como titular de direitos iguais, homem ou mulher, dentro e fora das relações familiares. Ao mesmo tempo, ultrapassa, ou busca ultrapassar, o que o sociólogo francês Pierre Bourdieu (2019, p. 144) denomina de "violência simbólica", que naturaliza construção social e aparências biológicas como fundamentos de arbitrária divisão sexual de funções, poderes e direitos. É tarefa constante e corretora, pois, como lembra o autor, os Estados modernos inscreveram em suas normas legais, inclusive no direito das famílias, "todos os princípios fundamentais da visão androcêntrica".

As diferenças naturais entre os gêneros não podem projetar-se na vida social e na vida jurídica, nem fundamentar a desigualdade de exercício dos direitos. A projeção da diferença natural decorre do preconceito, que a converte em legitimação da desigualdade, como a história no-lo demonstra.

A perpetuação dos efeitos do patriarcalismo nas relações familiares, impediente da emancipação feminina, notadamente econômica e social, compromete a aplicação do princípio da igualdade. Onde irrompe a necessidade não há igualdade, nem liberdade de escolha.

Não é surpreendente que, em mais de dois séculos da revolução liberal, haja necessidade de um direito das mulheres, notadamente em países onde se supunha resolvido o problema? Não se trata de expressão de feminismo radical, mas de séria investigação das condições reais do ordenamento jurídico em assegurar-lhes a plenitude como sujeitos de direitos, em total paridade com os homens. A matéria é necessariamente interdisciplinar, não podendo ficar contida no campo tradicional do direito das famílias. Em estudo dedicado à matéria, a jurista norueguesa Tove Stang Dahl (1993, *passim*) faz aplicação desse direito no campo da teoria geral do direito, em situações específicas, dentre outras: a) ao direito das mulheres ao dinheiro; b) ao direito das donas de casa; c) à discriminação na situação de desemprego.

É surpreendente que a longa luta pela igualdade jurídica das mulheres norte-americanas, desde quando conquistaram em 1920 o direito ao voto, não tenha ainda redundado em reconhecimento constitucional. Apesar dos esforços de eliminação da discriminação sexual na lei e de várias tentativas de aprovação de emendas, estas foram rejeitadas e a Constituição dos Estados Unidos não estabelece explicitamente a igualdade entre homens e mulheres.

O tema assume importância relevante quando se discute o gênero neutro, que vê homens e mulheres como iguais em direitos, afastando propositadamente as diferenças. Enquanto se avançava na busca da igualdade jurídica integral entre homens e mulheres – no Brasil, só alcançável com a Constituição de 1988 – que vencesse a desigualdade, justificada em preconceitos e discriminações em razão do sexo, as diferenças foram obscurecidas porque não contribuíam para se alcançar o penoso objetivo.

Vencida a etapa da igualdade jurídica, vem à tona a rica dimensão psicossocial das diferenças entre os gêneros, que a dogmática do direito de família não pode mais descurar. O imenso desafio é a compatibilidade das diferenças com o princípio da igualdade jurídica, para que não se retroceda à discriminação em razão do sexo, que a Constituição veda.

A conquista do reconhecimento dos direitos iguais à mulher não tem sido suficiente. Segue-se a luta pela efetivação desses direitos na realidade social e econômica. No setor empresarial e no mercado de trabalho privado estima-se que a igualdade de remuneração entre homens e mulheres apenas se alcançará, no Brasil, em 2050, o que é ultrajante à ordem constitucional e à dignidade da pessoa humana.

6.4 Princípios jurídicos especiais das relações familiares

Considerando esse quadro amplo de transformações, além dos princípios fundamentais e gerais aplicáveis ao conjunto do direito civil, como os da dignidade da pessoa humana e da solidariedade social,

há princípios que são específicos do âmbito das relações familiares, comuns a todas elas:
1) Igualdade familiar;
2) Liberdade familiar;
3) Corresponsabilidade familiar;
4) Afetividade familiar;
5) Convivência familiar;
6) Melhor interesse da criança.

Além desses princípios específicos comuns há outros relativos a situações determinadas ou delimitadas das relações familiares:

a) O princípio da monogamia, historicamente afeto ao casamento, não é mais geral das famílias, em virtude do fim da exclusividade da família matrimonial, no direito brasileiro. O princípio da monogamia é apenas aplicável ao casamento, dada a natureza deste e a tutela constitucional das famílias que refogem ao modelo matrimonial, cujos exemplos salientes são as famílias parentais (monoparentais, sob direção de pai ou mãe exclusivamente, ou pluriparentais, quando a pessoa integra família dirigida por algum outro parente: avô, tio, irmão mais velho etc.).

Monogamia significa interdição a outro casamento, mas não a outra entidade familiar, inclusive a união estável, cuja constituição é admitida quando um (ou ambos) dos companheiros ou conviventes for casado, desde que esteja separado de fato. Sendo a união estável distinta do casamento, regra peculiar e restritiva deste não pode ser aplicável àquela, nem mesmo com recurso à analogia. Todavia, em 2020, na contramão da orientação doutrinária e jurisprudencial que se consolidou, a apertada maioria (6 a 5) do STF fixou a seguinte tese de repercussão geral de impedimento de famílias conjugais paralelas (Tema 529, RE 1.045.273): "A preexistência de casamento ou de união estável de um dos conviventes, ressalvada a exceção do artigo 1.723, §1º, do Código Civil, impede o reconhecimento de novo vínculo referente ao mesmo período, inclusive para fins previdenciários, em virtude da consagração do dever de fidelidade e da monogamia pelo ordenamento jurídico-constitucional brasileiro". A ressalva contida no enunciado exclui da restrição da decisão as pessoas formalmente casadas, mas separadas de fato, o que não constituiria concubinato, tal como qualificado na decisão do STF.

b) Em virtude das transformações ocorridas e que estão a ocorrer no direito das famílias, alguns princípios emergem do sistema jurídico brasileiro e que poderiam desfrutar de autonomia, como o pluralismo das famílias, adotado pela Constituição de 1988, pois elas são titulares de mesma proteção legal. Todavia, por suas características, o pluralismo das famílias qualifica-se como diretriz constitucional (ou metanorma), que se concretiza em princípios constitucionais gerais aplicáveis ao direito das famílias, a saber, o princípio da igualdade e o princípio da liberdade, pois as entidades são juridicamente iguais, ainda que diferentes, e as pessoas são livres para constituí-las.

c) O planejamento familiar (Constituição, art. 226, §7º) diz respeito à liberdade de compor a filiação biológica ou não biológica, podendo a pessoa ou o casal determinar ou estimar o número de filhos, ou decidir não ter filhos, sem interferência da sociedade ou do Estado, diferentemente do que ocorreu nalguns países preocupados com a explosão demográfica. É, portanto, princípio derivado do princípio geral da liberdade nas relações de família.

d) Em relação às crianças e adolescentes, a Convenção Internacional sobre os Direitos da Criança, de 1989, adotada pela Assembleia das Nações Unidas, entrada em vigor em 1990 e internalizada no direito brasileiro com força de lei em 1990 pelo Decreto Legislativo n. 28, de 24.9.1990, e pelo Decreto Executivo n. 99.710, de 21.11.1990, com natureza supralegal (segundo o parâmetro utilizado pelo STF no RE 404.276), assenta-se em quatro princípios fundamentais: 1) Toda criança (neste conceito estão as pessoas humanas até 18 anos) deve desfrutar igualmente de seus direitos (art. 2º); 2) O melhor interesse deve ser a consideração primária em todas as matérias concernentes à criança (art. 3º); 3) Toda criança deve ter garantidos os direitos à vida, à sobrevivência e ao desenvolvimento pessoal (art. 6º); 4) Toda criança deve ter o direito de expressar seus pontos de vista e de participar das decisões que lhe afetem, de acordo com sua idade e capacidade (art. 12). Para o cumprimento desses princípios, a criança deve ser posta no centro das relações familiares, devendo ser considerada segundo o espírito de paz, dignidade, tolerância, liberdade, igualdade e solidariedade.

e) Outra diretriz é a da intervenção estatal mínima nas relações familiares, em face do prevalecimento da autodeterminação das pessoas nessas relações, que parte da doutrina considera princípio jurídico específico, a exemplo de Rodrigo da Cunha Pereira (2012, p.178). Sua natureza, para nós, é de postulado, diretriz, metanorma ou critério de interpretação e aplicação das normas jurídicas, pois desprovida de força normativa, que o princípio jurídico ostenta.

Após séculos de tratamento assimétrico, o direito evoluiu, mas muito há de percorrer para que se converta em prática social constante, consolidando a comunhão de vida, de amor e de afeto, no plano da efetivação desses princípios (Lôbo, 2004, p. 136), que presidem as relações de família em nossa sociedade hodierna.

6.5 Princípio da igualdade familiar

O princípio da igualdade familiar, formal e material, relaciona-se à paridade de direitos entre os cônjuges ou companheiros de união estável e entre os filhos. Não há cogitar de igualdade entre pais e filhos, porque cuida de igualar os juridicamente iguais. A consequência mais evidente é o desaparecimento de hierarquia entre os que o direito passou a considerar pares, tornando perempta a concepção patriarcal de chefia. A igualdade não apaga as diferenças entre os gêneros, que não pode ser ignorada pelo direito. Ultrapassada a fase da conquista da igualdade formal, no plano do direito, as demais ciências demonstraram que as diferenças não poderiam ser afastadas. A mulher é diferente do homem, o idoso é diferente do adolescente, mas, enquanto pessoas humanas, devem exercer os mesmos direitos e deveres. A história ensina que a diferença serviu de justificativa a preconceitos de supremacia masculina, vedando à mulher o exercício pleno de sua cidadania ou a realização como sujeito de direito.

Nenhum princípio da Constituição provocou tão profunda transformação do direito das famílias quanto o da igualdade entre homem e mulher, entre os filhos de qualquer origem e entre as entidades familiares. Todos os fundamentos jurídicos da família tradicional feneceram, principalmente os da legitimidade, verdadeira *summa divisio* entre sujeitos e subsujeitos de direito, segundo os interesses patrimoniais subjacentes que protegiam, ainda que razões éticas e religiosas fossem as justificativas ostensivas. O princípio geral da igualdade de gêneros foi igualmente elevado ao *status* de direito fundamental oponível aos poderes políticos e privados (art. 5º, I, da Constituição de 1988).

No passado recente, a legitimidade familiar constituiu a categoria jurídica essencial que definia os limites entre o lícito e o ilícito, além dos limites das titularidades de direito, nas relações familiares e de parentesco. Família legítima era exclusivamente a matrimonial. Consequentemente, filhos legítimos eram os nascidos de família constituída pelo casamento, que determinavam por sua vez a legitimidade dos laços de parentesco decorrentes; os demais recebiam o sinete estigmatizante de filhos, irmãos e parentes ilegítimos. Após a Constituição de 1988, que igualou de modo total os cônjuges entre si, os companheiros ou conviventes entre si, os companheiros aos cônjuges, os filhos de qualquer origem familiar, além dos não biológicos aos biológicos, a legitimidade na família desapareceu como categoria jurídica, pois apenas fazia sentido como critério de distinção e discriminação. Neste âmbito, o direito brasileiro alcançou muito mais o ideal de igualdade familiar do que qualquer outro.

O princípio da igualdade familiar dirige-se principalmente ao legislador, vedando-lhe que edite normas que o contrariem, à administração pública, para que programe políticas públicas para superação das desigualdades reais existentes entre os gêneros, à administração da justiça, para o impedimento das desigualdades, cujos conflitos provocaram sua intervenção, e, enfim, às pessoas para que o observem em seu cotidiano. Sabe-se que costumes e tradições, transmitidos de geração a geração, sedimentaram condutas de opressão e submissão no ambiente familiar, mas não podem ser obstáculos à plena realização do direito emancipador.

O princípio da igualdade familiar está expressamente contido na Constituição de 1988, designadamente nos preceitos que tratam das três principais situações nas quais a desigualdade de direitos foi a constante histórica: os cônjuges, os filhos e as entidades familiares. O simples enunciado do §5º do art. 226 traduz intensidade evolucionária em se tratando dos direitos e deveres dos cônjuges, significando o fim definitivo do poder marital: "Os direitos e deveres referentes à sociedade conjugal são exercidos igualmente pelo homem e pela mulher". O sentido de sociedade conjugal é mais amplo, pois abrange a igualdade de direitos e deveres entre os companheiros da união estável. O §6º do art. 227, por sua vez, introduziu a máxima igualdade entre os filhos, "havidos ou não da relação de casamento, ou por adoção", em todas as relações jurídicas, pondo cobro às discriminações e desigualdade de direitos, muito comuns na trajetória do direito das famílias brasileiro. O *caput* do art. 226 tutela e protege a família, sem restringi-la a qualquer espécie ou tipo, como fizeram as Constituições brasileiras anteriores em relação à exclusividade do casamento.

O princípio da igualdade, como os demais princípios, constitucionais ou gerais, não é de aplicabilidade absoluta, ou seja, admite limitações desde que não violem seu núcleo essencial. Assim, o filho havido por adoção é titular dos mesmos direitos dos filhos havidos da relação de casamento, mas está, ao contrário dos demais, impedido de casar-se com os parentes consanguíneos de cuja família foi oriundo, ainda que se tenha desligado definitivamente dessa relação de parentesco (art. 41 do ECA).

Inexistindo hierarquia entre o casamento e a união estável, não se justifica que o Código Civil tenha atribuído deveres distintos para os cônjuges e para os companheiros ou conviventes. A Constituição não desnivelou a união estável ao estabelecer que a lei deva facilitar a conversão dela em casamento. Cuida-se aí de faculdade ou de poder potestativo; é como se dissesse que os companheiros são livres para manter sua entidade familiar, com todos os direitos, ou convertê-la em outra, se assim desejarem, para o que o legislador deve remover os obstáculos jurídicos. Do mesmo modo, o caminho inverso é possível, convertendo-se os cônjuges, após o divórcio, em companheiros ou conviventes. O Código Civil, no entanto, não facilitou a conversão; dificultou-a, ao impor deveres que são aplicáveis apenas aos cônjuges, mas não aos companheiros ou conviventes (cf. arts. 1.566 e 1.724).

A igualdade e seus consectários não podem apagar ou desconsiderar as diferenças naturais e culturais que há entre as pessoas e entidades. Todavia, as diferenças não podem legitimar tratamento jurídico assimétrico ou desigual, no que concernir com a base comum dos direitos e deveres, ou com o núcleo intangível da dignidade de cada membro da família. Não há qualquer fundamentação jurídico-constitucional para distinção de direitos e deveres essenciais entre as famílias, ou para sua hierarquização, não se podendo impor um modelo preferencial sobre as demais, nem exigir da união estável as mesmas características do casamento, dada a natureza de livre constituição da primeira.

Há situações em que os pais podem adotar medidas diferentes na educação de cada um dos filhos, ou mesmo um dos filhos. Por vezes, a satisfação do princípio da igualdade na filiação impõe o atendimento às diferenças individuais, o respeito ao direito de cada um de ser diferente. Outras vezes, um dos filhos apresenta necessidades especiais a demandar medidas especiais. Nessas situações, em que são tratados desigualmente os desiguais, os pais não podem ser acusados de discriminação.

6.6 Princípio da liberdade familiar

O princípio da liberdade diz respeito ao livre poder de escolha ou autonomia de constituição, realização e extinção de entidade familiar, sem imposição ou restrições externas de parentes, da sociedade ou do legislador; à de livremente procriar ou não; à livre aquisição e administração do patrimônio familiar; ao livre planejamento familiar; à livre definição dos modelos educacionais, dos valores culturais e religiosos; à livre formação dos filhos, desde que respeitadas suas dignidades como pessoas humanas; à liberdade de agir, assentada no respeito à integridade física, mental e moral; à liberdade de escolha e alteração do regime de bens; à liberdade de instituir bem de família convencional.

A liberdade familiar realiza-se essencialmente no espaço privado, permitindo a cada integrante concretizar a busca da felicidade para si e os demais. Diferentemente, as liberdades de expressão, de locomoção, de crença, de trabalho e outras ocorrem no espaço público.

O direito das famílias anterior era extremamente rígido e estático, não admitindo o exercício da liberdade de membro que contrariasse o exclusivo modelo matrimonial e patriarcal. A mulher casada era juridicamente dependente do marido e os filhos menores estavam submetidos ao poder paterno. Não havia liberdade para constituir entidade familiar, fora do matrimônio. Não havia liberdade para dissolver o matrimônio, quando as circunstâncias existenciais tornavam insuportável a vida em comum do casal. Não havia liberdade de constituir estado de filiação fora do matrimônio, estendendo-se as consequências punitivas aos filhos. As transformações desse paradigma familiar ampliaram radicalmente o exercício da liberdade para todos os atores, substituindo o autoritarismo da família tradicional por um modelo que realiza com mais intensidade a democracia familiar. Em 1977, a Lei do Divórcio (após a respectiva emenda constitucional) emancipou os casais da indissolubilidade do casamento, permitindo-lhes constituir novas famílias. Mas somente a Constituição de 1988 retirou definitivamente das sombras da exclusão e dos impedimentos legais as entidades não matrimoniais, os filhos ilegítimos, enfim, a liberdade de escolher o projeto de vida familiar, em maior espaço para exercício das escolhas afetivas. O princípio da liberdade, portanto, está visceralmente ligado ao da igualdade.

Na Constituição e nas leis atuais o princípio da liberdade na família apresenta duas vertentes essenciais: liberdade da entidade familiar, diante do Estado e da sociedade, e liberdade de cada membro diante dos outros membros e da própria entidade familiar. A liberdade se realiza na constituição, manutenção e extinção da entidade familiar; no planejamento familiar, que "é livre decisão do casal" (art. 226, §7º, da Constituição), sem interferências públicas ou privadas; na garantia contra a violência, exploração e opressão no seio familiar; na organização familiar mais democrática, participativa e solidária.

Facilitar a conversão de uma entidade em outra é especificação do princípio da liberdade de constituição de família; a união estável não é rito de passagem para o casamento. A norma do §3º do art. 226 da CF/1988 configura muito mais comando ao legislador infraconstitucional para que remova os obstáculos e dificuldades para os companheiros ou convivente que desejarem se casar.

O princípio da liberdade diz respeito não apenas à criação, manutenção ou extinção dos grupos familiares, mas à sua permanente constituição e reinvenção. Tendo a família se desligado de suas funções tradicionais, não faz sentido que ao Estado interesse regular deveres que restringem profundamente a liberdade, a intimidade e a vida privada das pessoas, quando não repercutem no interesse geral.

O princípio da liberdade familiar também se concretiza em normas específicas, como a do art. 1.614 do Código Civil, que permite ao filho maior exercer a liberdade de recusar o reconhecimento voluntário da paternidade feito por seu pai biológico, preferindo que no seu registro de nascimento conste apenas o nome da mãe. Do mesmo modo, se o reconhecimento se deu quando o filho era menor, pode este impugná-lo, ao atingir a maioridade, o que demonstra que o estado de filiação não é necessariamente uma imposição da natureza. O princípio é compatível com a escolha dos cônjuges em viverem em domicílios separados por conveniência pessoal.

No direito das famílias, a liberdade e a autonomia devem observar os valores superiores de proteção dos integrantes da entidade familiar, especialmente os que se qualifiquem como vulneráveis. Assim, muitas de suas normas são cogentes, com determinação dos deveres jurídicos.

Cada escolha, cada exercício admissível da liberdade familiar importa assunção da responsabilidade correspondente com os outros e o interesse social, o que revela seus limites mais gerais.

6.7 Princípio da corresponsabilidade familiar

A responsabilidade na família é pluridimensional e não se esgota nas consequências dos atos do passado, de natureza negativa, que é o campo da responsabilidade civil. Mais importante e desafiadora é a responsabilidade pela promoção dos outros integrantes das relações familiares e pela realização de atos que assegurem as condições de vida digna das atuais e futuras gerações, de natureza positiva. A família, mais que qualquer outro organismo social, carrega consigo o compromisso com o futuro, por ser o mais importante espaço dinâmico de realização existencial da pessoa humana e de integração das gerações (Lôbo, 2024, p. 51).

O problema delicado da responsabilidade nas relações de amor ou de afeto, do ponto de vista da ordem moral (e jurídica), tinha sido enfrentado por Immanuel Kant, na *Fundamentação da metafísica dos costumes*, para ressaltar sua relação com a liberdade. Por essa razão, um pai e um filho podem não nutrir afeto real um pelo outro – e até mesmo se detestarem –, mas o direito impõe deveres jurídicos recíprocos.

A paternidade e a maternidade lidam com seres em desenvolvimento que se tornarão pessoas humanas em plenitude, exigentes de formação até quando atinjam autonomia e possam assumir responsabilidades próprias, em constante devir. Não somente os pais, mas também todos os que integram as relações de parentesco ou grupo familiar. Nesta linha, o art. 227 da Constituição impõe à família, em sentido amplo, e bem assim à sociedade e ao Estado, deveres em relação à criança, ao adolescente e ao jovem, concernentes à preservação da vida, à saúde, à educação familiar e escolar, ao lazer, à profissionalização, à cultura, à dignidade, à liberdade e à convivência familiar. Por seu turno, o art. 229 da Constituição estabelece que os pais tenham o dever de assistir, criar e educar os filhos menores. Esse complexo enlaçamento de deveres fundamentais existe pelo simples fato da existência da criança e do adolescente, sem necessidade de ser exigível por estas. Basta a situação jurídica da existência, do nascer com vida.

A viragem copernicana da assunção de deveres fundamentais em face da criança resulta de seu reconhecimento como sujeito de direitos próprio. A responsabilidade com sua formação integral, em respeito à sua condição de pessoa em desenvolvimento, é muito recente na história. A concepção então existente de pátrio poder era de submissão do filho aos desígnios quase ilimitados do pai; a criança era tida mais como objeto de cuidado e correção do que como sujeito próprio de direitos. Fora da família, a criança era tida como menor em condição irregular. A difusão internacional da doutrina de proteção integral da criança concretiza-se no Brasil com o advento da Constituição e do ECA de 1990. De objeto a sujeito chega-se à responsabilidade e aos deveres fundamentais.

Ainda com relação aos filhos, a supressão ou limitação dos direitos dos havidos fora do casamento legitimavam a irresponsabilidade. Os filhos ilegítimos, que marcaram a legislação do direito das família brasileiro até 1988, não podiam sequer ser reconhecidos juridicamente pelos pais na legislação anterior. E, assim, a responsabilidade natural era vedada pela lei, inexistindo direitos e deveres. Diferentemente da noção ética de responsabilidade contemporânea, a liberdade era dela dissociada; livre era o genitor do filho ilegítimo, e, consequentemente, irresponsável.

A união estável é outro exemplo na direção da responsabilidade positiva no direito das famílias. Jogada na vala comum das relações concubinárias, a irresponsabilidade imposta aos companheiros ou conviventes pelo Direito apenas foi atenuada com a construção doutrinária e jurisprudencial da sociedade de fato. Retirada das sombras da ilegalidade e convertida em entidade familiar pela Constituição de 1988, resultou em assunção de responsabilidades igualitárias dos companheiros, que passaram a ser sujeitos recíprocos de direitos e deveres de natureza material e moral.

A responsabilidade por alimentos, que decorre da relação de família ou da relação de parentesco, conjuga obrigações de dar e de fazer. Responsável é o cônjuge, companheiro ou convivente ou parente que possa suportar o sustento material do outro, em comprovada necessidade. Os alimentos podem decorrer, ainda, da exigibilidade do dever de amparo cujo titular do direito é a pessoa idosa (art. 230 da Constituição e o Estatuto da Pessoa Idosa), oponível ao familiar. O descumprimento dos deveres jurídicos de sustento, assistência ou amparo faz nascer a pretensão e a correlativa obrigação de alimentos, de caráter pessoal.

Nota-se crescente distanciamento da responsabilidade das famílias com a formação de suas crianças, transferindo para terceiros, principalmente a escola, seu indeclinável dever de educação integral. Sabe-se, desde os antigos, que a formação da pessoa envolve três ambientes fundamentais: a casa, a escola e o espaço público. A complexidade da vida contemporânea, o mundo do trabalho e os imensos territórios das cidades fazem com que os pais dediquem menos tempo aos filhos, transferindo inclusive a absorção de valores e da compreensão do mundo para a escola e a rua.

A noção de educação, para fins da responsabilidade na família, é a mais larga possível. Inclui a educação escolar, a formação moral, política, religiosa, profissional, cívica que se dá em família e em todos os ambientes que contribuam para a formação do filho, como pessoa em desenvolvimento. Ela inclui, ainda, todas as medidas que permitam ao filho aprender a viver em sociedade. A educação ou formação moral envolve a elevação da consciência e a abertura para os valores. O art. 205 da Constituição enuncia que a educação, "direito de todos e dever do Estado e da família, será promovida e incentivada com a colaboração da sociedade, visando ao pleno desenvolvimento da pessoa, seu preparo para o exercício da cidadania e sua qualificação para o trabalho". Por seu turno, a Lei de Diretrizes e Bases da Educação Nacional – LDB, Lei n. 9.394/1996, estabelece que a educação abrange os processos formativos que se desenvolvem na vida familiar, na convivência humana, no trabalho, nas instituições de ensino e pesquisa, nos movimentos sociais e organizações da sociedade civil e nas manifestações culturais. Apenas a conjugação família-escola permite cumprir plenamente tais deveres e alcançar os fins legais.

A Constituição (art. 225) impõe ao Estado e à coletividade o dever de defender e preservar o meio ambiente, "para as presentes e futuras gerações". Essa responsabilidade, que é de todos, não é algo distante, inatingível ou mero discurso retórico; é tarefa não somente do Estado, não somente da sociedade; é tarefa, sobretudo, da família, que integra a coletividade, pois afinal diz respeito à continuidade de cada grupo familiar. Futura geração é a geração que vem a seguir à atual no grupo familiar. Não há mais qualquer dúvida de que a existência humana só é possível se incorporarmos a natureza à ética da responsabilidade.

6.8 Princípio da afetividade familiar

Demarcando seu conceito, é o princípio que fundamenta o direito das famílias na estabilidade das relações afetivas e na comunhão de vida, na contemporaneidade. Recebeu grande impulso dos valores consagrados na Constituição de 1988 e resultou da evolução da família brasileira, refletindo-se na doutrina jurídica e na jurisprudência dos tribunais. O princípio da afetividade entrelaça-se com os princípios da convivência familiar e da igualdade entre cônjuges, companheiros e filhos, que ressaltam a natureza cultural e não exclusivamente biológica da família. A evolução da família, segundo Claude Lévi-Strauss (1976, p. 72), "expressa a passagem do fato natural da consanguinidade para o fato cultural da afinidade" (este no sentido de afetividade).

A família recuperou a função que, por certo, esteve nas suas origens mais remotas: a de grupo unido por desejos e laços afetivos, em comunhão de vida. O princípio jurídico da afetividade faz despontar a igualdade entre irmãos biológicos e não biológicos e o respeito a seus direitos fundamentais, além do forte sentimento de solidariedade recíproca, que não pode ser perturbada pelo prevalecimento de interesses patrimoniais. É o salto, à frente, da pessoa humana nas relações familiares.

A afetividade, como princípio jurídico, não se confunde com o afeto, como fato psicológico ou anímico, porquanto pode ser presumida quando este faltar na realidade das relações. Assim, a afetividade é dever imposto aos pais em relação aos filhos e destes em relação àqueles, ainda que haja desamor ou desafeição entre eles.

Na psicopatologia, por exemplo, a afetividade é o estado psíquico global com que a pessoa se apresenta e vive em relação às outras pessoas e aos objetos, compreendendo o estado de ânimo ou humor, os sentimentos, as emoções e as paixões e reflete sempre a capacidade de experimentar sentimentos e emoções. Evidentemente essa compreensão abrangente do fenômeno é inapreensível pelo direito, que opera selecionando os fatos da vida que devem receber a incidência da norma jurídica.

O princípio jurídico da afetividade entre pais e filhos apenas deixa de incidir com o falecimento de um dos sujeitos ou se houver perda da autoridade parental. Na relação entre cônjuges e entre companheiros ou conviventes o princípio da afetividade incide enquanto houver afetividade real, pois esta é pressuposto da convivência. Até mesmo a afetividade real, sob o ponto de vista do direito, tem conteúdo conceptual mais estrito (o que une as pessoas com objetivo de constituição de família) do que o empregado nas ciências da psique, na filosofia, nas ciências sociais, que abrange tanto o que une quanto o que desune (amor e ódio, afeição e desafeição, sentimentos de aproximação e de rejeição).

Por isso, sem qualquer contradição, podemos referir a dever jurídico de afetividade oponível a pais e filhos e aos parentes entre si, em caráter permanente, independentemente dos sentimentos que nutram entre si, e aos cônjuges e companheiros enquanto perdurar a convivência. No caso dos cônjuges e companheiros ou conviventes, o dever de assistência, que é desdobramento do princípio jurídico da afetividade (e do princípio fundamental da solidariedade que perpassa ambos), pode projetar seus efeitos para além da convivência, como a prestação de alimentos e o dever de segredo sobre a intimidade e a vida privada.

O princípio da afetividade está implícito na Constituição. Encontram-se na Constituição fundamentos essenciais do princípio da afetividade, constitutivos dessa aguda evolução social da família brasileira, além dos já referidos: a) todos os filhos são iguais, independentemente de sua origem (art. 227, §6º); b) a adoção, como escolha afetiva, alçou-se integralmente ao plano da igualdade de direitos (art. 227, §§5º e 6º); c) a comunidade formada por qualquer dos pais e seus descendentes, incluindo-se os adotivos, tem a mesma dignidade de família constitucionalmente protegida (art. 226, §4º); d) a convivência familiar (e não a origem biológica) é prioridade absoluta assegurada à criança e ao adolescente (art. 227).

O art. 1.593 do Código Civil enuncia regra geral que contempla o princípio da afetividade, ao estabelecer que "o parentesco é natural ou civil, conforme resulte de consanguinidade ou outra origem". Essa regra impede que o Poder Judiciário apenas considere como verdade real a biológica. Assim os laços de parentesco na família (incluindo a filiação), sejam eles consanguíneos ou de outra origem têm a mesma dignidade e são regidos pelo princípio da afetividade.

A força determinante da afetividade, como elemento nuclear de efetiva estabilidade das relações familiares de qualquer natureza atualmente torna relativa e, às vezes, desnecessária a intervenção do legislador. A afetividade é o indicador das melhores soluções para os conflitos familiares. Às vezes a intervenção legislativa fortalece o dever de afetividade, a exemplo da alteração do Código Civil posterior a 2014, que tornou obrigatória a guarda compartilhada quando não houver acordo entre os pais separados, assegurando o direito à convivência e reduzindo o espaço de conflitos.

A doutrina jurídica brasileira tem vislumbrado aplicação do princípio da afetividade em variadas situações do direito das famílias, nas dimensões: a) da solidariedade e da cooperação; b) da concepção eudemonista (Fachin; Ruzyk, 2003, p. 306); c) da funcionalização da família para o desenvolvimento da personalidade de seus membros (Tepedino, 1997, p. 56); d) do redirecionamento dos papéis masculino e feminino e da relação entre legalidade e subjetividade (Pereira, 2003, p. 142); e) dos efeitos jurídicos da reprodução humana medicamente assistida (Welter, 2003, p. 205); f) da colisão de direitos fundamentais (Moraes, 2017, p. 224); g) da primazia do estado de filiação, independentemente da origem biológica ou não biológica (Lôbo, 2003, p. 133).

A concepção contemporânea da família como lugar de realização dos afetos, na sociedade laica, difere da que a tinha como instituição natural e de direito divino, portanto imutável e indissolúvel, na qual o afeto era secundário. A força da afetividade reside exatamente nessa aparente fragilidade, pois é o único elo que mantém pessoas unidas nas relações familiares.

6.9 Princípio da convivência familiar

A convivência familiar é a relação afetiva diuturna e duradoura entretecida pelas pessoas que compõem o grupo familiar, em virtude de laços de parentesco ou não, no ambiente comum. Supõe o espaço físico, a casa, o lar, a moradia, mas não necessariamente, pois as atuais condições de vida e o mundo do trabalho provocam separações dos membros da família no espaço físico, mas sem perda da referência ao ambiente comum, tido como pertença de todos. É o ninho no qual as pessoas se sentem recíproca e solidariamente acolhidas e protegidas, especialmente as crianças.

Esse princípio normativo hauriu seus elementos nos fatos da vida, em transeficácia, para assegurar direitos e deveres envolventes. A casa é o espaço privado que não pode ser submetido ao espaço público. Essa aura de intocabilidade é imprescindível para que a convivência familiar se construa de modo estável e, acima de tudo, com identidade coletiva própria, o que faz que nenhuma família se confunda com outra. O inciso XI do art. 5º da Constituição estabelece que "a casa é asilo inviolável do indivíduo, ninguém nela podendo penetrar sem consentimento do morador". Mas a referência constitucional explícita ao princípio será encontrada no art. 227.

Também no Código Civil, o princípio se expressa na alusão do art. 1.513 à não interferência "na comunhão de vida instituída pela família". A Convenção Internacional dos Direitos da Criança (com força supralegal no Brasil), no art. 9.3, estabelece que, no caso de pais separados, a criança tem direito de "manter regularmente relações pessoais e contato direto com ambos, a menos que isso seja contrário ao interesse maior da criança".

O direito à convivência familiar, tutelado pelo princípio e por regras jurídicas específicas, particularmente no que respeita à criança e ao adolescente, é dirigido à família e a cada membro dela, além do Estado e à sociedade como um todo. Por outro lado, a convivência familiar é o substrato da verdade real da família socioafetiva, como fato social facilmente aferível por vários meios de prova. A posse do estado de filiação, por exemplo, nela se consolida. Portanto, há direito à convivência familiar e direito que dela resulta.

O princípio da convivência familiar também perpassa o exercício da autoridade parental. Ainda quando os pais estejam separados, o filho menor tem direito à convivência familiar com cada um, não podendo o guardião, nas hipóteses excepcionais de guarda exclusiva, impedir o acesso ao outro, com restrições indevidas. Por seu turno, viola esse princípio constitucional a decisão judicial que estabelece limitações desarrazoadas ao direito de visita do pai não guardião do filho, pois este é titular de direito próprio à convivência familiar com ambos os pais, que não pode restar comprometido. O senso comum enxerga a visita do não guardião como um direito limitado dele, apenas, porque a convivência com o filho era tida como objeto da disputa dos pais, quando em verdade é direito recíproco dos pais em relação aos filhos e destes em relação àqueles.

O direito à convivência familiar não se esgota na chamada família nuclear, composta apenas pelos pais e filhos. O Poder Judiciário, em caso de conflito, deve levar em conta a abrangência da família considerada em cada comunidade, de acordo com seus valores e costumes. O direito à convivência familiar vai além da relação paterno-filial. A Constituição ampliou sua abrangência, para alcançar outros familiares, notadamente o jovem e a pessoa idosa. Na maioria das comunidades brasileiras, entende-se como natural a convivência com os avós (o que já está assegurado desde a Lei n. 12.398/2011, que deu nova redação ao art. 1.589 do Código Civil, estendendo aos avós o direito de visitas aos netos) e, em muitos locais, com os tios e outros parentes, todos integrando um grande ambiente familiar solidário. Portanto, o direito à convivência familiar é abrangente de pais, avós e de todas as pessoas com os quais a criança ou adolescente mantenha vínculo afetivo, observando-se, assim, os melhores interesses destes.

A Emenda Constitucional n. 65 alterou a redação do art. 227 da Constituição para incluir o jovem, para além da criança e do adolescente, como titular dos direitos fundamentais ali consagrados, dentre eles o direito à convivência familiar. O Estatuto da Juventude (Lei n. 12.852/2013) considera jovens as pessoas com idade entre 15 e 29 anos de idade, o que leva à convivência de duas ordens legais (ECA e Estatuto da Juventude) em relação aos jovens entre 15 e 18 anos. Dá-se o direito à convivência familiar do jovem entre 18 e 29 anos, ainda que os pais não mais detenham a autoridade parental em relação a eles.

A pessoa idosa, para os fins do Estatuto da Pessoa Idosa (Lei n. 10.741/2003), é a pessoa com mais de 60 anos, que também é titular de convivência familiar (art. 3º), o que não significa viver sob o mesmo teto, pois o fim social da lei é assegurar-lhe o direito ao contato com seus familiares.

6.10 Princípio do melhor interesse da criança

O princípio do melhor interesse significa que a criança – incluído o adolescente, segundo a Convenção Internacional dos Direitos da Criança – deve ter seus interesses tratados com prioridade, pelo Estado, pela sociedade e pela família, tanto na elaboração quanto na aplicação dos direitos que lhe digam respeito, notadamente nas relações familiares, como pessoa em desenvolvimento e dotada de dignidade.

No direito brasileiro, o princípio encontra fundamento essencial no art. 227, que estabelece ser dever da família, da sociedade e do Estado assegurar à criança e ao adolescente "com absoluta prioridade" os direitos que enuncia. A Convenção Internacional dos Direitos da Criança estabelece em seu art. 3.1 que todas as ações relativas aos menores devem considerar, primordialmente, "o interesse maior da criança".

Por determinação da Convenção, deve ser garantida uma ampla proteção ao menor, constituindo a conclusão de esforços, em escala mundial, no sentido de fortalecimento de sua situação jurídica, eliminando as diferenças entre filhos legítimos e ilegítimos (art. 18) e atribuindo aos pais, conjuntamente, a tarefa de cuidar da educação e do desenvolvimento. O princípio também está consagrado nos arts. 4º e 6º do ECA.

Ocorreu uma completa inversão de prioridades, nas relações entre pais e filhos, seja na convivência familiar, seja nos casos de situações de conflitos, como nas separações de casais. O pátrio poder existia em função do pai; já a autoridade parental existe prioritariamente em função e no interesse do filho. Nas separações dos pais, o interesse do filho era secundário ou irrelevante; hoje, qualquer decisão deve ser tomada considerando seu melhor interesse. O princípio parte de serem a criança e o adolescente concebidos como sujeitos de direitos, como pessoas em condição peculiar de desenvolvimento, e não como mero objeto de intervenção jurídica e social quando em situação irregular, como ocorria com a legislação anterior sobre os "menores". Nele se reconhece o valor intrínseco e prospectivo das futuras gerações, como exigência ética de realização de vida digna para todos.

Como esclarece Tânia da Silva Pereira (2005, p. 131), sua origem é encontrada no instituto inglês do *parens patriae* como prerrogativa do rei em proteger aqueles que não poderiam fazê-lo em causa própria. Foi recepcionado pela jurisprudência norte-americana em 1813, no caso *Commonwealth v. Addicks*, no qual a Corte da Pensilvânia afirmou a prioridade do interesse de uma criança em detrimento dos interesses dos pais. No caso, a guarda da criança foi atribuída à mãe, acusada de adultério, já que este era o resultado que contemplava o melhor interesse daquela criança, dadas as circunstâncias.

O princípio do melhor interesse ilumina a investigação das parentalidades e filiações socioafetivas. A criança é o protagonista principal, na atualidade. No passado recente, em havendo conflito, a aplicação do direito era mobilizada para os interesses dos pais, sendo a criança mero objeto da decisão. Ante o reconhecimento pelo STF da multiparentalidade, o juiz deve sempre assegurá-la quando contemplar o melhor interesse dos filhos, em cada caso, tendo em conta a pessoa em formação.

Valerio Pocar e Paola Ronfani (2001, p. 207) utilizam interessante figura de imagem para ilustrar a transformação do papel do filho na família: em lugar da construção piramidal e hierárquica, na qual o menor ocupava a escala mais baixa, tem-se a imagem de círculo, em cujo centro foi colocado o filho, e cuja circunferência é desenhada pelas recíprocas relações com seus genitores, que giram em torno daquele centro. Nos anos mais recentes, parece que uma outra configuração de família relacional está se delineando, em forma estelar, que tem ao centro o menor, sobre o qual convergem relações tanto de tipo biológico quanto de tipo social, com os seus dois genitores em conjunto ou separadamente, inclusive nas crises e separações conjugais.

O princípio é um reflexo do caráter integral da doutrina dos direitos da criança e da estreita relação com a doutrina dos direitos humanos em geral. Nesse sentido, diz Cillero Bruñol (1997, p. 8) que, sendo as crianças partes da humanidade, "seus direitos não se exerçam separada ou contrariamente ao de outras pessoas, o princípio não está formulado em termos absolutos, mas que o interesse superior da criança é tido como uma 'consideração primordial'. O princípio é de prioridade e não de exclusão de outros direitos ou interesses". De outro ângulo, além de servir de regra de interpretação e de resolução de conflitos entre direitos, deve-se ressaltar que "nem o interesse dos pais, nem o do Estado pode ser considerado o único interesse relevante para a satisfação dos direitos da criança".

O princípio do melhor interesse da criança trouxe-a ao centro da tutela jurídica, prevalecendo sobre os interesses dos pais em conflito. Na sistemática legal anterior, a proteção da criança resumia-se a quem ficaria com sua guarda, como aspecto secundário e derivado da separação. A concepção da criança como pessoa em formação e sua qualidade de sujeito de direitos redirecionaram a primazia para si, máxime por força do princípio constitucional da prioridade absoluta de sua dignidade, de seu respeito, de sua convivência familiar, que não podem ficar comprometidos com a separação de seus pais. O melhor interesse dos filhos conflita com o direito assegurado aos pais de viverem ou trabalharem onde desejarem. Esse direito, todavia, se impossibilitado o balanceamento, cede ante o prevalecimento do melhor interesse do filho, no que concerne à definição e à regulamentação da modalidade de convivência.

O princípio não é uma recomendação ética, mas norma determinante nas relações da criança e do adolescente com seus pais, com sua família, com a sociedade e com o Estado. A aplicação da lei deve sempre realizar o princípio, consagrado, segundo Luiz Edson Fachin (1996, p. 125), como "critério significativo na decisão e na aplicação da lei", tutelando-se os filhos como seres prioritários. O desafio é converter a criança em sujeito de direito, "deixar de ser tratada como objeto passivo, passando a ser, como os adultos, titular de direitos juridicamente protegidos" (Pereira, 2003, p. 36).

6.11 Caso exemplar da aplicação direta dos princípios nas relações familiares: o reconhecimento pelo STF da união homoafetiva

A união homoafetiva é entidade familiar quando preencher os requisitos de afetividade, estabilidade e ostensibilidade e tiver escopo de constituição de família. A norma de inclusão do art. 226 da Constituição apenas poderia ser excepcionada se houvesse outra norma de exclusão explícita de tutela dessas uniões. Entre as entidades familiares explícitas há a comunidade monoparental, que dispensa a existência de casal, de sexo diferente ou igual. A Constituição não veda o relacionamento entre pessoas do mesmo sexo, com finalidades familiares.

A denominação "união homoafetiva" terminou por prevalecer, no Brasil, em virtude de ressaltar a união afetiva estável entre pessoas do mesmo sexo, o que transcenderia o propósito meramente sexual. As legislações estrangeiras que têm regulado a união homoafetiva aludem a "união civil", como no Estado de Vermont, Estados Unidos (Wadlington; O'Brien, 2000), ou a "pacto civil de solidariedade", previsto no Código Civil da França, ou a "parceria civil", no Reino Unido, ou a "parceria registrada", na Alemanha, com tendência a considerá-la espécie do equivalente à união estável brasileira. Também se tem avançado na admissão do casamento de pessoas do mesmo sexo, com os mesmos efeitos do casamento de heterossexuais, como ocorreu com a lei de julho de 2005 do Canadá, em seguida à decisão da Suprema Corte que entendeu ser a limitação a sexos opostos violação da garantia constitucional da igualdade (Bailey, 2006, p. 132).

Antes do pronunciamento definitivo do STF sobre a matéria, lavrava na doutrina e na jurisprudência intensa controvérsia, com opiniões e decisões que entendiam que a união homoafetiva não era entidade familiar, não se lhe aplicando qualquer norma de direito de família; ou constituía apenas sociedade de fato, resolvendo-se o conflito segundo as regras do direito das obrigações e da antiga Súmula 380 do STF; ou era entidade familiar autônoma, com aplicação analógica do modelo legal da união estável.

O STF, na ADI 4.277, em 2011, tendo em vista a omissão do legislador ordinário na disciplina da matéria e as controvérsias reinantes na jurisprudência dos tribunais, decidiu, aplicando diretamente a Constituição, que a união homoafetiva é espécie do gênero união estável. Para o STF, a norma constante do Código Civil, que alude à união estável entre homem e mulher, não obsta que a união de pessoas do mesmo sexo possa ser reconhecida como entidade familiar apta a merecer proteção estatal. Assim, sua interpretação em conformidade com a Constituição exclui qualquer significado que impeça o reconhecimento da união contínua, pública e duradoura entre pessoas do mesmo sexo como entidade familiar, entendida esta como sinônimo perfeito de família. Esse reconhecimento deve ser feito segundo as mesmas regras e com idênticas consequências da união estável heterossexual. Essa decisão foi tomada com eficácia *erga omnes* e efeito vinculante.

Princípios constitucionais emergiram no julgamento do STF, para fundamentar o reconhecimento da união homoafetiva como entidade familiar, acompanhando a construção da doutrina jurídica especializada que se formou após a Constituição de l988, ressaltando-se: 1) Princípio contramajoritário, mediante o qual os direitos fundamentais das minorias não podem ser excluídos ou restringidos por força de valores da maioria; 2) Princípio da laicidade (ou pressuposto, como entendemos), que assegura a liberdade de crença e de não crença, não podendo diretrizes religiosas prevalecerem sobre o conjunto da sociedade; 3) Princípio da não discriminação, em razão do sexo; 4) Princípio da vedação do preconceito; 5) Princípio da igualdade de direitos das pessoas e das famílias que integrem; 6) Princípio da liberdade de escolha da entidade familiar, para realizar o projeto de comunhão de vida; 7) Princípio da busca da felicidade. Esses princípios comandam a diretriz de intervenção mínima do Estado na intimidade e na vida privada das pessoas, nos seus relacionamentos familiares, de acordo com o que prevê o inciso X do art. 5º da Constituição.

Evocando os mesmos princípios constitucionais utilizados pelo STF na ADI 4.277, o CNJ editou a Resolução n. 175, de 2013, determinando que os oficiais de registro de casamento recebam as habilitações para casamento entre pessoas do mesmo sexo, vedando às autoridades competentes a recusa da habilitação, celebração de casamento civil ou de conversão de união estável em casamento entre essas pessoas.

A consequência prática dessas decisões é que a união homoafetiva deixou de ser considerada entidade familiar autônoma, para a qual haveria a aplicação analógica das normas da união estável. Depois dessas decisões, no lugar da união homoafetiva, há casamento ou união estável, que podem ser utilizados tanto por casal heterossexual quanto por casal não heterossexual. Em outras palavras, não há casamento ou união estável com efeitos jurídicos distintos, em razão do sexo das pessoas. Todos os direitos e deveres jurídicos decorrentes do casamento ou da união estável são iguais para o casal heterossexual ou não heterossexual, assim na relação entre os cônjuges ou companheiros ou conviventes, como entre os pais e filhos. Nenhuma restrição ou limitação pode haver em razão do sexo igual ou distinto, notadamente quanto à natureza familiar dessas uniões, aos filhos, ao regime de bens, aos alimentos, à sucessão hereditária.

CAPÍTULO 7

PRINCÍPIOS DO DIREITO DAS OBRIGAÇÕES CIVIS

7.1 Princípios e deveres gerais de conduta nas obrigações

A unidade do direito das obrigações não está mais enraizada exclusivamente nos códigos civis, mas também no conjunto de princípios e outras normas jurídicas que se elevaram à Constituição e aos tratados internacionais, em torno dos quais gravitam os microssistemas jurídicos que tratam das matérias a ele vinculadas.

Pode-se afirmar que a constitucionalização do direito das obrigações é o processo de elevação ao plano constitucional dos princípios fundamentais desse ramo do direito civil, que condicionam e conformam a observância pelos cidadãos, e a aplicação pelos tribunais, da legislação infraconstitucional. As duas principais espécies de obrigações civis, o contrato e a responsabilidade por danos, têm firmados na Constituição de 1988 seus esteios fundamentais.

Extrai-se da Constituição brasileira de 1988, em razão dos valores incorporados em princípios, que, no plano geral do direito das obrigações convencionais, o paradigma anterior de prevalência do interesse do crédito e do antagonismo de interesses (crédito *versus* débito) foi substituído pelo do equilíbrio de direitos e deveres entre credor e devedor, não apenas na dimensão formal, da tradição dos juristas, mas, sobretudo, na dimensão da igualdade ou equivalência material. Nos fundamentos da Constituição, a justiça comutativa, tradicionalmente aplicada às obrigações civis, está entrelaçada com a justiça distributiva e com a justiça social, esta última explicitamente referida no art. 170.

Todos os princípios do direito civil em geral aplicam-se conjuntamente ao direito das obrigações, em todas as suas dimensões., máxime os princípios da dignidade da pessoa humana, da solidariedade social, da igualdade, da liberdade, da função social, da tutela da vulnerabilidade.

O princípio da solidariedade social (CF, art. 3º, I) atravessa intensamente o direito obrigacional. Se ele determina um digno relacionamento social, inclusive o jurídico, é imperioso que as partes de qualquer negócio jurídico obrigacional busquem, na proporção dos esforços que lhes cabem, em cooperação, o adimplemento da obrigação assumida (Nanni, 2011, p. 288).

De cada princípio jurídico aplicável ao direito das obrigações promanam deveres jurídicos gerais. Denominamo-nos deveres gerais de conduta obrigacional porque são aplicáveis a todos os sujeitos que estejam em posição jurídica similar. São gerais porque não se confundem com os deveres de prestação derivados da autonomia negocial, sendo a esta externos e hierarquicamente superiores. São gerais porque são dotados de cogência. São gerais porque se aplicam a todas as espécies de obrigações, sejam elas negociais ou extranegociais, perpassando-as e conformando-as. São gerais porque alcançam tanto o devedor quanto o credor. São gerais porque conformam, limitam e orientam o dever de prestação convencionada.

Quando envolvidas numa relação obrigacional, as partes, para além dos direitos e deveres inerentes à prestação principal e às prestações secundárias, resultantes do vínculo, ficam ainda adstritas a uma série de deveres que visam: acautelar materialmente o vínculo obrigacional; proteger as partes, nas suas pessoas e no seu patrimônio; proteger terceiros que, com a obrigação, tenham um especial contato. Tais deveres têm base legal e um regime próprio, claramente diferenciado dos deveres de prestar (Cordeiro, 2021, p. 49).

São múltiplas as denominações doutrinárias atribuídas a esses deveres, ditos deveres secundários, ou deveres complementares, ou deveres acessórios, ou deveres conexos, ou deveres anexos, ou deveres laterais. Entendemos que essas denominações restringem o alcance desses deveres gerais, pois tendem a referir ao dever de prestação, tida como dever principal, além de focar no devedor. Porém, tanto o dever particular ou negocial de prestação quanto o dever geral de conduta integram o todo da obrigação, com supremacia do segundo sobre o primeiro. Os deveres gerais de conduta não se restringem ao dever de prestação negocial, pois também alcançam as obrigações extranegociais.

A expressão "deveres acessórios", comum na civilística portuguesa, é de maior equivocidade, pois assim devem ser entendidas apenas as obrigações não autônomas, que existem em função da obrigação principal, como a fiança ou o dever de garantia de evicção.

Karl Larenz (1958, p. 22) denominou-os "deveres de conduta", que resultam do princípio da boa-fé, ou das circunstâncias, ou, finalmente, das exigências do tráfico, que podem afetar a conduta que de qualquer modo esteja em relação com a execução da obrigação. Para ele, todavia, esses deveres resultam naturalmente da relação jurídica obrigacional, mas se diferenciam por seu caráter secundário ou complementar do dever primário de adimplemento. Toda obrigação recebe seu caráter distintivo precisamente através do dever primário de adimplemento, mas seu conteúdo total compreende ademais deveres de conduta mais ou menos amplos.

Sem embargo da excelência dessa construção doutrinária, que dilatou os efeitos das obrigações, nos sentidos da solidariedade e da cooperação, com positiva influência na doutrina brasileira, atente-se para duas importantes restrições que delas resultam: a) os deveres de conduta seriam imputáveis apenas ao devedor; b) seriam derivados do dever primário da prestação de adimplemento, neste sentido qualificando-se como secundários.

Afirmamos, contudo, que a evolução do direito fez despontar deveres gerais de conduta decorrentes de princípios normativos, de caráter constitucional e infraconstitucional, que deixaram de ter "caráter secundário, complementar, do autêntico dever de adimplemento", referido por Larenz. Os deveres gerais de conduta, derivados dos princípios normativos, não são simplesmente anexos ao dever de prestar adimplemento. A evolução do direito fê-los deveres gerais de conduta, que se impõem tanto ao devedor quanto ao credor e, em determinadas circunstâncias, a terceiros. Esses deveres não derivam da relação jurídica obrigacional, e muito menos do dever de adimplemento; estão acima de ambos, tanto como limites externos ou negativos, quanto como limites internos ou positivos. Derivam diretamente dos princípios normativos e irradiam-se sobre a relação jurídica obrigacional e seus efeitos, conformando e determinando, de modo cogente, assim o débito como o crédito. Os deveres gerais de conduta exigem interpretação de seus efeitos e alcances diretamente conjugada aos dos princípios de onde promanam. A compreensão de uns implica a dos outros.

Os deveres gerais de conduta integram, independentemente das manifestações de vontade dos figurantes, quaisquer das espécies de negócios jurídicos unilaterais, bilaterais ou plurilaterais. O inadimplemento desses deveres gera a mesma consequência do inadimplemento do dever de prestação negocial, notadamente quanto à reparação por danos, ou à resolução. A teoria tradicional do inadimplemento cinge-se à violação do dever de prestação objeto do negócio jurídico, que o singulariza, derivado das manifestações de vontades concordes. Os deveres gerais de conduta independem destas, pois decorrem diretamente da lei. Quaisquer cláusulas ou condições incompatíveis com os deveres gerais de conduta são tidas como inválidas, especialmente no seu grau mais elevado que é a nulidade.

Os deveres gerais de conduta igualmente incidem sobre as obrigações extranegociais. Exemplo é o dever geral de não agravar o dano que é imputado ao credor em face do devedor da reparação (*duty to mitigate the loss*). Assim, uma pessoa que afirma ter sido ferida por um motorista deve procurar ajuda médica e não deixar que o problema se agrave.

Os deveres gerais de conduta, ainda que incidam diretamente nas relações obrigacionais, independentemente da manifestação de vontade dos participantes, necessitam de concreção de seu conteúdo, em cada relação, considerados o ambiente social e as dimensões do tempo e do espaço de sua observância ou aplicação. Essa é sua característica, razão por que são insuscetíveis ao processo tradicional de subsunção do fato à norma jurídica, porque esta determina a obrigatoriedade da incidência da norma de conduta (por exemplo, a boa-fé) sem dizer o que ela é ou sem defini-la. A situação concreta é que fornecerá ao intérprete os elementos de sua concretização. Não se confunde com sentimentos ou juízos de valor subjetivos do intérprete, porque o conteúdo concreto é determinável em sentido objetivo, até com uso de topos consolidados na doutrina e na jurisprudência, em situações semelhantes ou equivalentes. O lugar e o tempo são determinantes, pois o intérprete deve levar em conta os valores sociais dominantes na época e no espaço da concretização do conteúdo do dever de conduta. Não deve surpreender que o mesmo texto legal em que se insere o princípio tutelar do dever de conduta sofra variações de sentido ao longo do tempo.

Na lição de Clóvis do Couto e Silva (1997, p. 42), a extensão do conteúdo relacional já não se mede com base apenas na vontade, mas sim pelas circunstâncias e pelos fatos a ele referentes, permitindo-se construir objetivamente o regramento do negócio jurídico, com admissão de um dinamismo que escapa até mesmo ao controle das partes. Essa concepção objetiva da relação obrigacional assemelha-se, muito embora a diversidade conceitual, à interpretação objetiva da lei. A violação dos deveres gerais de conduta não se enquadra no conceito tradicional de responsabilidade negocial, ancorado no inadimplemento do dever de prestação primária, até porque estão justapostos a esta. A teoria corrente do inadimplemento cinge-se à violação do dever de prestação objeto do negócio jurídico, que o singulariza, derivado das manifestações de vontades concordes. Os deveres gerais de conduta, todavia, decorrem diretamente dos princípios jurídicos e outras normas gerais.

Consideram-se deveres gerais de conduta, nas obrigações civis, entre outros, decorrentes da incidência dos respectivos princípios jurídicos nos suportes fáticos neles previstos, quando se concretizarem: dever de boa-fé objetiva, dever de realizar a função social, dever de equivalência material das prestações, dever de equidade, dever de informar, dever de cooperação.

7.2 Princípio da boa-fé objetiva nas obrigações

No direito das obrigações, a boa-fé objetiva é dever de conduta dos indivíduos nas relações jurídicas obrigacionais. No adimplemento, ou cumprimento da prestação, devem tanto o credor quanto o devedor proceder de boa-fé; em nenhuma hipótese, a malícia, o dolo e a má-fé devem beneficiar quem assim agiu. O direito brasileiro procura sempre proteger os que agem de boa-fé, sob os efeitos da aparência; há regra expressa (Código Civil, art. 309) que estabelece ser eficaz o adimplemento feito de boa-fé a credor putativo, que depois se provou não o ser.

Cada figurante (devedor ou credor) assume o dever próprio e em relação ao outro de comportar-se com boa-fé, obrigatoriamente. Ao regular o abuso do direito, o art. 187 do Código Civil qualifica como ato ilícito, gerador de dever de indenizar, exercer o direito contrariamente à boa-fé.

A boa-fé objetiva, por dizer respeito à conduta obrigacional típica, é a dimensão externa da boa-fé em geral. Difere da boa-fé subjetiva, que importa demonstração da dimensão interna, pois resulta da crença real e concreta da pessoa na existência do direito pretendido ou na ignorância de obstáculo jurídico a este.

De acordo com a sistematização da jurisprudência alemã, difundida no meio luso-brasileiro, do princípio da boa-fé objetiva derivam três deveres específicos: a) os deveres de proteção, que determinam que as partes devem evitar qualquer atuação suscetível de causar danos à outra parte, sejam eles pessoais ou patrimoniais; b) os deveres de informação, em especial quanto às circunstâncias que possam ser relevantes para a formação do consenso da outra parte e com especial intensidade quando uma das partes se apresenta como mais fraca; c) deveres de lealdade, para evitar comportamentos que traduzam deslealdade para com a outra parte.

Cada relação obrigacional exige um juízo de valor extraído do ambiente social, considerados o momento e o lugar em que se realiza; mas esse juízo não é subjetivo, no sentido de irradiar-se das convicções morais do intérprete. No direito alemão há concentração da boa-fé nos valores de lealdade ou fidelidade e confiança, que resulta da expressão equivalente *Treu und Glauben* utilizada pelo §242 do Código Civil alemão.

A aplicação da boa-fé à situação concreta depende do grau de intensidade da autonomia privada efetiva dos figurantes do negócio jurídico, do que Judith Martins-Costa denominou horizontalidade ou verticalidade, simetria ou assimetria da relação jurídica. Quanto maior o peso da horizontalidade, maior o espaço da autonomia privada, e, consequentemente, menor a intensidade da aplicação da boa-fé. Ao contrário, quanto mais diminuto o espaço de autonomia, maior a intensidade da boa-fé. Os graus de intensidade, para ponderação do julgador, decorrem também do fato de a boa-fé não indicar a conduta devida (o que deve ser prestado), mas o seu "como", isto é, a maneira pela qual a conduta deve ser desenvolvida. Cita como exemplo de assimetria ou verticalidade a relação entre consumidor e fornecedor, que impõe mais intensidade da boa-fé (Martins-Costa, 2007, p. 247); acrescentamos: em todas as hipóteses de presunção legal de vulnerabilidade do contratante, a exemplo do contratante que está submetido às condições gerais do contrato de adesão.

Uma das mais interessantes derivações da boa-fé obrigacional é o dever de informar. Ainda que não seja absorvido inteiramente pelo dever de boa-fé em sentido estrito, o dever de informar resulta do mesmo princípio jurídico da boa-fé.

O dever de informar adquiriu autonomia própria, como dever geral de conduta, ante a tendência crescente do Estado Social de proteção ou tutela jurídica dos figurantes vulneráveis das relações jurídicas obrigacionais. Indo além da equivalência jurídica meramente formal, o direito presume a vulnerabilidade jurídica daqueles que a experiência indicou como mais frequentemente prejudicados pelo poder negocial dominante, tais como o trabalhador, o inquilino, o consumidor, o aderente. Nessas situações de vulnerabilidade, torna-se mais exigente o dever de informar daquele que se encontra em situação favorável no domínio das informações, de modo a compensar a deficiência do outro. O dever de informar é exigível antes, durante e após a relação jurídica obrigacional.

O ramo do direito que mais avançou nessa direção foi o direito do consumidor, cujo desenvolvimento aproveita a todo o direito privado. A concepção, a fabricação, a composição, o uso e a utilização dos produtos e serviços atingiu, em nossa era, elevados níveis de complexidade, especialidade e desenvolvimento científico e tecnológico cujo conhecimento é difícil ou impossível de domínio pelo consumidor típico, ao qual eles se destinam. A massificação do consumo, por outro lado, agravou o distanciamento da informação suficiente. Nesse quadro, é compreensível que o direito considere o dever de informar como um dos esteios eficazes do sistema de proteção.

O dever de informar impõe-se a todos os que participam do lançamento do produto ou serviço, desde sua origem, inclusive prepostos e representantes autônomos. É dever solidário, gerador de obrigação solidária. Essa solidariedade passiva é necessária, como instrumento indispensável de eficaz proteção ao contratante consumidor, para que ele não tenha de suportar o ônus desarrazoado de identificar o responsável pela informação, dentre todos os integrantes da respectiva cadeia econômica (produtor, fabricante, importador, distribuidor, comerciante, prestador do serviço). Cumpre-se o dever de informar quando a informação recebida pelo consumidor típico preencha os requisitos de adequação, suficiência e veracidade. Os requisitos devem estar interligados. A ausência de qualquer deles importa descumprimento do dever de informar.

A adequação diz com os meios de informação utilizados e com o respectivo conteúdo. Os meios devem ser compatíveis com o produto ou o serviço determinados e o consumidor destinatário típico. Os signos empregados (imagens, palavras, sons) devem ser claros e precisos, estimulantes do conhecimento e da compreensão. No caso de produtos, a informação deve referir à composição, aos riscos, à periculosidade. Maior cautela deve haver quando o dever de informar veicula-se por meio da informação publicitária, que é de natureza diversa. Tome-se o exemplo do medicamento. A informação da composição e dos riscos pode estar neutralizada pela informação publicitária contida na embalagem ou na bula impressa interna. Nessa hipótese, a informação não será adequada, cabendo ao fornecedor provar o contrário. A legislação de proteção do consumidor destina à linguagem empregada na informação especial cuidado. Em primeiro lugar, o idioma será o vernáculo. Em segundo lugar, os termos empregados hão de ser compatíveis com o consumidor típico destinatário. Em terceiro lugar, toda a informação necessária que envolva riscos ou ônus que devem ser suportados pelo consumidor será destacada, de modo a que "saltem aos olhos". Alguns termos em língua estrangeira podem ser empregados, sem risco de infração ao dever de informar, quando já tenham ingressado no uso corrente, desde que o consumidor típico com eles esteja familiarizado.

A suficiência relaciona-se com a completude e integralidade da informação. Antes do advento do direito do consumidor era comum a omissão, a precariedade, a lacuna, quase sempre intencionais, relativamente a dados ou referências não vantajosas ao produto ou serviço. A ausência de informação sobre prazo de validade de um produto alimentício, por exemplo, gera confiança no consumidor de que possa ainda ser consumido, enquanto que a informação suficiente permite-lhe escolher aquele que seja de fabricação mais recente. Situação amplamente divulgada pela imprensa mundial foi a das indústrias de tabaco que sonegaram informação, de seu domínio, acerca dos danos à saúde dos consumidores. Insuficiente é, também, a informação que reduz, de modo proposital, as consequências danosas pelo uso do produto, em virtude do estágio ainda incerto do conhecimento científico ou tecnológico.

A veracidade é o terceiro dos mais importantes requisitos do dever de informar. Considera-se veraz a informação correspondente às reais características do produto e do serviço, além dos dados corretos acerca de composição, conteúdo, preço, prazos, garantias e riscos. A publicidade não verdadeira, ou parcialmente verdadeira, é considerada enganosa e o direito do consumidor destina especial atenção a suas consequências.

Em determinadas obrigações, o dever de informar é particularizado para um dos figurantes ou participantes. No Código Civil, por exemplo, o comprador, se o contrato contiver cláusula de preferência para o vendedor, tem o dever de a este informar do preço e das vantagens oferecidos por terceiro para adquirir a coisa, sob pena de responder por perdas e danos (art. 518); o locatário tem o dever de informar ao locador as turbações de terceiros, que se pretendam fundadas em direito (art. 569); o empreiteiro que se responsabilizar apenas pela mão-de-obra tem o dever de informar o dono da obra sobre a má qualidade ou quantidade do material, sob pena de perder a remuneração se a coisa perecer antes de entregue (art. 613); o mandante tem o dever de informar terceiros da revogação do mandato, sob pena de esta não produzir efeitos em relação àqueles (art. 686); o segurado tem o dever de informar à seguradora, logo que saiba, todo incidente suscetível de agravar consideravelmente o risco coberto, sob pena de perder o direito à garantia, se provar que silenciou de má-fé (art. 769); o promitente na promessa de recompensa tem o dever de informar a revogação desta, utilizando a mesma publicidade, sob pena de cumprir o prometido (art. 856); o gestor de negócio tem o dever de informar o dono do negócio a gestão que assumiu, tanto que se possa fazê-lo, sob pena de responder até mesmo pelos casos fortuitos (art. 864). São todos deveres anexos à prestação, não se enquadrando no conceito de deveres gerais de conduta.

7.3 Princípio de cooperação nas obrigações negociais

O princípio de cooperação resulta da estrutura da obrigação, uma vez que, sem alterar a relação de crédito e débito, impõe prestações ao credor enquanto tal. Assim, há dever de cooperação tanto do credor quanto do devedor, para o fim comum. Há prestações positivas, no sentido de agirem os participantes de modo solidário para a consecução do fim obrigacional, e há prestações negativas, de abstenção de atos que dificultem ou impeçam esse fim. O princípio é aplicável tanto nas obrigações negociais quanto nas extranegociais.

O princípio de cooperação é espécie autônoma. Não é simples desdobramento do princípio da boa-fé objetiva, onde é comum ser situado.

A incidência do princípio constitucional da solidariedade social implica o adimplemento pelas partes dos deveres jurídicos gerais de cooperação entre as partes da relação negocial e o ambiente social no qual aquela repercute. Como afirma Maria Antonia Ciocia (2000, p. 17), está superada a interpretação apenas como obrigação de comportamento informado pelos princípios da confiança e da boa-fé no momento da formação e execução da relação jurídica obrigacional.

Tradicionalmente, a obrigação, em especial o contrato, foi considerada composição de interesses antagônicos, do credor de um lado, do devedor de outro. Por exemplo, o interesse do comprador seria antagônico ao do vendedor. Tal esquema é inapropriado à realização do princípio constitucional da solidariedade, sob o qual a obrigação é tomada como um todo dinâmico, processual, e não apenas como estrutura relacional de interesses individuais.

A relação jurídica obrigacional não é mais concebida como estrutura de subordinação ou de antagonismo, sublimada no ambiente histórico do individualismo liberal, mas de cooperação, em virtude do princípio constitucional da solidariedade, máxime quando duradoura. A Constituição não impõe apenas deveres negativos ou limites ao exercício do poder do credor, mas também deveres positivos de agir em colaboração com o devedor, tanto para o adimplemento quanto para os fins comuns e sociais que se irradiam de qualquer obrigação.

O antagonismo negocial foi substituído pela cooperação negocial, tido como dever de ambos os participantes e que se impõe aos terceiros. Revela-se a importância não apenas da abstenção de condutas impeditivas ou inibitórias, mas das condutas positivas que facilitem as prestações do devedor e do credor.

Pietro Perlingieri (1997, p. 212) ressalta que "a obrigação não se identifica no direito ou nos direitos do credor; ela configura-se cada vez mais como uma relação de cooperação". Isso implica mudança radical de perspectiva: a obrigação deixa de ser considerada estatuto do credor, pois "a cooperação, e um determinado modo de ser, substitui a subordinação e o credor se torna titular de obrigações genéricas ou específicas de cooperação ao adimplemento do devedor".

A viragem do antagonismo para a cooperação já tinha sido notada pela doutrina, ao longo do século XX. O civilista francês René Demogue, na década de 1930, disse que os contratantes formam uma sorte de microcosmo, "uma pequena sociedade" onde cada um deve trabalhar para um fim comum, substituindo a oposição entre si por uma "certa união", e que pesa sobre o credor uma obrigação de cooperar com a execução do contrato e de minimizar seu dano (Rémy, 2004, p. 9). O civilista italiano Emilio Betti (1969, p. 37) asseverava que, nas relações de direito obrigacional, resolve-se um problema de cooperação, como momento subjetivo da prestação, ao lado da utilidade, como momento objetivo. É certo que Betti atribuía a conduta de cooperação, como atitude devida, ao devedor, quando hoje é concebida como dever geral de conduta imputável a todos os participantes da relação obrigacional, inclusive o credor; mas, é merecido o registro de sua percepção dessa tendência, que não é mero exercício de especulação doutrinária, porquanto fruto das transformações econômicas e jurídicas.

Orlando Gomes (1998, p. 102), referindo-se a Von Tuhr, demonstra que em algumas obrigações "é indispensável a prática de atos preparatórios, sem os quais o devedor ficaria impedido de cumprir a obrigação", citando o exemplo clássico da escolha do credor nas obrigações alternativas. Se o credor se nega a praticar o ato preparatório, torna-se responsável pelo retardamento no cumprimento da obrigação. Outro exemplo é o do comércio internacional: quando A contrata com B a entrega de determinada mercadoria sujeita a licença de exportação, deverá providenciar, com todo o zelo, para obtê-la; o correto adimplemento dessa hipótese não há de consistir em apenas enviar a mercadoria, mas cumprir os deveres de cooperação, tais como obter a competente licença.

Ante os princípios da solidariedade social e da função social, adotados pelo direito brasileiro, é inadmissível que terceiro viole o direito de crédito sem lhe ser imputada responsabilidade. Quem deu causa à insuficiência ou à impossibilidade da prestação, ou contribuiu para tal fim, deve responder ao titular do crédito pela indenização correspondente aos danos que sua atitude ensejou. O dever de solidariedade social impõe conduta positiva de colaboração, para que os atos lícitos alcancem seus fins sociais, e conduta negativa de abster-se de violar direta ou indiretamente o direito de crédito e o direito-dever de adimplemento. O princípio da função social imprime uma dimensão ultra partes à relação jurídica obrigacional no sentido de também obrigar terceiros a respeitá-la, ao lado dos de- veres cometidos às partes de agirem em conformidade com os interesses sociais.

Pietro Perlingieri (1997, p. 142) cogita da ampliação das fronteiras da responsabilidade extracontratual, em relação ao princípio da solidariedade constitucional, se o comportamento do sujeito é lesivo de uma situação jurídica relevante, seja ela configurável como direito absoluto ou relativo. Cita o exemplo de terceiro que provoque a morte do devedor, impedindo que o credor satisfaça o próprio interesse; o dano de terceiro não configura inadimplemento, mas um fato jurídico relevante, suficiente para imputar-lhe responsabilidade em face do credor. Entrevê nesses casos a perda da justificação histórica entre direitos (situações subjetivas) absolutos e relativos.

7.4 Princípio do *favor debitoris*

A tendência para humanização das relações obrigacionais, com superação da ideia tradicional de submissão do devedor, também é substancialmente determinante da doutrina do *favor debitoris*, de origem romana, mas adaptada à realidade atual. Para José Carlos Moreira Alves (2004, p. 15 e 19), o *favor debitoris* é um princípio geral de direito nos ordenamentos jurídicos que consagram normas que inequivocamente revelam a inclinação para o favorecimento do devedor, sem negar o direito de crédito, para tornar menos gravosas as restrições à sua liberdade que a relação obrigacional lhe impõe. O direito romano desenvolveu interpretação contrária ao rigor excessivo do direito, como o *favor libertatis*, que estaria no fundamento em que se inscreve o *favor debitoris*. Cita o autor o jurista italiano Sabatini, para quem "a posição do sujeito que suporta uma limitação na própria esfera da liberdade jurídica é favorecida pelo direito, no sentido de que tal limitação seja sempre a menos gravosa possível no regulamento dos interesses opostos".

Nas Ordenações Filipinas havia dispositivo geral sobre local do pagamento da obrigação estabelecendo que seria o do domicílio do devedor (Liv. 2º, T. LII, § 3º), aplicando o princípio do *favor debitoris*. Essa regra se manteve no direito brasileiro, como se vê no caput do art. 327 do atual Código Civil, ainda que seu parágrafo único pareça contradizer o princípio, ao prever que se forem designados mais de um lugar para o pagamento a escolha caberá ao devedor.

Na contemporaneidade, a tendência ao favorecimento se consolidou. As condições gerais dos contratos, verdadeiros códigos normativos privados, são predispostos pela empresa a todos os adquirentes e utentes de bens e serviços, constituindo em muitas obrigações o modo quase exclusivo das relações negociais. A legislação contratual clássica é incapaz de enfrentar adequadamente estes problemas, o que tem levado os países a editarem legislações rígidas voltadas à proteção do devedor com poder negocial enfraquecido.

Como exemplos dessa tendência têm-se as normas relativas ao contrato de adesão, ao direito do consumidor, ao inquilino, à vedação ao anatocismo e à usura, à lesão, à onerosidade excessiva, à proibição da prisão por dívida. O princípio emerge de algumas regras existentes no Código Civil. O art. 244 estabelece que, nas obrigações de dar coisa incerta, a escolha pertence ao devedor, se o contrário não resultar do título da obrigação. De acordo com art. 252, nas obrigações alternativas a escolha cabe ao devedor, se outra coisa não se estipulou. O art. 317, relativo ao objeto do adimplemento, admite a revisão do valor da prestação devida, por decisão judicial, quando sobrevier desproporção manifesta entre aquela e o do momento de sua execução. O art. 423 estabelece que o contrato de adesão será interpretado de maneira mais favorável ao aderente. Este último repercute a milenar diretriz, de origem medieval, de *interpretatio contra stipulatorem*.

No Brasil, a correção monetária das prestações devidas levada a extremos entra em colisão com o princípio do *favor debitoris*. O art. 316 do Código Civil faculta às partes do negócio jurídico convencionar o aumento progressivo de prestações sucessivas. Se no início era tratada com muita reserva pela jurisprudência de nossos tribunais, e pela própria doutrina jurídica, a correção monetária por longo período cercou-se de uma auréola de inevitabilidade, passando a ser percebida como a expressão do justo contratual. Generalizou-se a afirmação de que a correção monetária não é um *plus*, mas simples atualização de valor. No entanto, vive-se uma verdadeira pletora de indexadores públicos e privados, que raramente convergem nos seus resultados, com metodologias e parâmetros distintos, sendo incerta sua finalidade de atualização monetária, como reconheceu o próprio STF (ADI 493-0). Não há medida exata da inflação, mas aproximações relativas. A inflação que existe em determinados setores não é a mesma de outros, e a correção em um é inadequada em outro. O índice geral (média de todos os preços), em si mesmo, não é justo e, aplicado a contratos em setores específicos, pode ser irreal e demasiado. A escolha de algum índice pelos legislador é sempre arbitrária ou pragmática, inclusive a variação do Índice Nacional de Preços ao Consumidor Amplo (IPCA) para o inadimplemento da obrigação, se outro não for convencionado, a partir da Lei n. 14.905/2024.

7.5 Princípio da equidade das prestações obrigacionais

A equidade, entendida como justiça do caso concreto, tem este como sua razão de ser, na contemplação das circunstâncias que o cercam; cada caso é singular. O envio à equidade é o reconhecimento pela própria lei de que a prestação pode ser injusta.

A consideração das circunstâncias do caso concreto e da igualdade material qualifica a equidade como procedimento, sem recurso a valores absolutos *a priori*. Reside nessa aparente redução de seu alcance a força que tem ostentado ao longo dos tempos.

Consequentemente, a equidade não tem fundamento no arbítrio do juiz, mas sim na consideração das circunstâncias (pessoais, temporais, espaciais, sociais, econômicas, culturais), na equivalência e nos princípios do ordenamento jurídico, que devem ser considerados parâmetros que concorrem para sua determinação. Além disso, como esclarece Pietro Perlingieri (2008, p. 225-229), o juízo de equidade deve fazer parte da legalidade constitucional e se caracterizar por uma adequada motivação.

Durante o predomínio do individualismo jurídico, a equidade quase desapareceu do direito civil, principalmente do direito das obrigações, em virtude da concepção dominante de insular as relações privadas em campo imune à interferência do Estado-juiz ou dos interesses sociais. Porém, a aplicação da equidade, milenarmente construída como valor constituinte da justiça, envolve necessariamente a intervenção do juiz, que é o agente do Estado.

Essa atitude de relativa resistência legislativa à equidade reflete-se no enunciado do Código de Processo Civil, art. 140, parágrafo único, pelo qual o juiz "só decidirá por equidade nos casos previstos em lei". Porém, lei deve ser entendida para os fins desse dispositivo como abrangente de qualquer norma jurídica, inclusive os princípios de matriz constitucional.

O juízo de equidade está limitado à decisão do conflito determinado, na busca do equilíbrio ou equivalência dos poderes privados. O aplicador do direito deve partir de critérios definidos referenciáveis em abstrato, socialmente típicos, conformando-os à situação concreta. Quem lança mão de juízos subjetivos de valor afasta-se do direito.

Segundo Westermann (1983, p. 45), uma objetivação da equidade, a serviço da segurança do direito, erige em critério normativo as ideias de justiça de círculos amplos, em dados casos, também as concepções peculiares de determinados grupos (por exemplo, de comerciantes ou de profissionais liberais), aos quais pertençam as respectivas partes contratuais.

O Código Civil determina explicitamente a formação do juízo de equidade, para solução de certas situações com potencialidade de conflito, o que obriga o juiz a buscar os elementos de decisão fora da simples e aparente subsunção do fato à norma. São exemplos dessa viragem ao princípio da equidade, aplicáveis ao direito das obrigações: a) se os juros de mora não cobrirem o prejuízo do credor, e não havendo pena convencional, pode o juiz conceder equitativamente indenização suplementar (art. 404); b) se a pena civil ou cláusula penal for manifestamente excessiva, deve ser equitativamente reduzida pelo juiz (art. 413); c) se a obrigação de o locatário pagar o aluguel pelo tempo que faltar, pelo fato de devolver a coisa antes do encerramento do contrato, for considerada excessiva, o juiz fixará a indenização "em bases razoáveis", ou seja, equitativamente (art. 572); d) se o aluguel arbitrado pelo locador, depois de notificado o locatário a restituir a coisa em razão do encerramento do prazo, for considerado manifestamente excessivo, poderá o juiz reduzi-lo (art. 575); e) se a prestação de serviços for feita por quem não possua título de habilitação, mas resultar benefício para a outra parte, o juiz atribuirá uma "compensação razoável", o que se faz mediante a equidade (art. 606); f) se ocorrer diminuição do material ou da mão de obra superior a dez por cento do preço convencionado, no contrato de empreitada, poderá ser este revisto equitativamente (art. 620); g) se houver excessiva desproporção entre a gravidade da culpa e o dano, poderá o juiz reduzir equitativamente a indenização (art. 944).

7.6 Princípios da conservação e da conversão do negócio jurídico

A conservação do negócio jurídico tem acolhida em nosso sistema jurídico. Separa-se a parte viciada do todo do negócio jurídico, com a finalidade de preservar as partes válidas. Ocorre quando a nulidade ou anulabilidade de parte – por exemplo, de cláusula ou cláusulas do contrato – não compromete ou contamina a totalidade do negócio, que pode sobreviver e atingir o escopo prático pretendido.

A regra da invalidade parcial tem origem na antiga máxima romana *utile per inutile non vitiatur* (o útil não deve ser viciado pelo inútil). Antes do Código Civil de 2002, a doutrina era assente em admitir o princípio da conservação, segundo o qual "deve-se aproveitar, ao máximo possível, o negócio, em atenção, principalmente, à intenção negocial manifestada pelas partes" (Schmiedel, 1981, p. 45).

O princípio está expresso no Código Civil, art. 184, ao determinar que a invalidade parcial não prejudique o negócio jurídico na parte válida, "se esta for separável". A invalidade de cláusula ou cláusulas não invalida o contrato, na parte que remanescer, salvo se forem atingidos os elementos essenciais. O princípio da conservação serve também para a invalidade parcial de alguma cláusula, quando for possível dar sentido útil à parte restante. No Código de Defesa do Consumidor há regra expressa nesse sentido (art. 51, §2º: "A nulidade de uma cláusula contratual abusiva não invalida o contrato, exceto quando de sua ausência, apesar dos esforços de integração, decorrer ônus excessivo a qualquer das partes").

Na conservação do negócio jurídico, ou invalidade parcial, é necessária a observância de dois pressupostos elementares: a) o da separabilidade da parte viciada do restante do negócio; b) o da subsistência do negócio como um todo dotado de sentido, após a retirada da parte inválida (Azevedo, 2005, p. 158).

A conservação só será possível se o negócio jurídico for passível de divisão em partes, como adverte Francisco Amaral (1998, p. 514), para que não possam, individualmente, desnaturar o ato, e que seja suscetível de subsistir independentemente da parte nula. Ou seja, negócio unitário e divisível, permanecendo os interesses das partes devidamente resguardados com a parte válida do ato.

Outra regra de conservação está expressa no Código Civil, art. 183, mediante o qual a invalidade do instrumento não induz a do negócio jurídico sempre que este puder provar-se por outro meio. A forma – o instrumento – é relativizada em favor do conteúdo do negócio jurídico. Por exemplo, o documento contratual da venda de um objeto foi declarado inválido porque se constatou sua falsidade; mas o negócio jurídico, apesar desse fato, foi realmente concluído pelas partes com a entrega da coisa e o recebimento do preço, o que pode ser provado por testemunhas e outros meios. Assim, nessa hipótese, inválido é o negócio jurídico formal, e válido, o negócio jurídico material.

Como regra geral, a prestação impossível originária leva à nulidade do negócio jurídico, porque o Código Civil considera nulo o ato quando for impossível seu objeto. Todavia, na obrigação alternativa, a nulidade é apenas relativa à prestação que resultar impossível, não sendo o negócio jurídico contaminado por ela, porque subsiste outra prestação exequível, pois prevalece o princípio da conservação do negócio jurídico no direito brasileiro. Pode, entretanto, o negócio jurídico prever cláusula definindo que a impossibilidade de qualquer das prestações, ainda que superveniente, seja suficiente para sua resolução, afastando as regras dispositivas do Código Civil.

Na cessão de crédito, por força do princípio da conservação dos direitos transmitidos, o crédito passa ao cessionário com todos os seus atributos, positivos e negativos. Os atributos positivos são as salvaguardas que garantem o crédito, as pretensões e ações de que o credor seja titular, salvo as exceções pessoais

Além da função meramente individual, pretendida pelas partes, o negócio jurídico expande as relações sociais e econômicas, como efeito reflexo, além de observar a promoção da paz social. Portanto, todo esforço deve ser feito para que a nulidade de parte do negócio jurídico não o contamine inteiramente. O limite da conservação é a congruência da parte não atingida pela nulidade com a realização viável dos fins do negócio, ainda que parcialmente.

Além da separação ou divisão entre a parte válida e a parte inválida, a doutrina também cogita da utilidade, segundo a máxima romana *utile per inutile non vitiatur*, que impõe a conservação da que seja útil e não contaminada pela invalidade, de modo a satisfazer a finalidade pretendida no negócio jurídico.

Próximo do princípio da conservação é o princípio da conversão do negócio jurídico. Neste, não é possível a interpretação do negócio originário, que foi declarado totalmente nulo, mas do novo no qual ele se converteu, quando for possível. Há previsão expressa no art. 170 do Código Civil, que estabelece a subsistência do negócio jurídico nulo se ele contiver os requisitos de outro, "quando o fim a que visavam as partes permitir supor que o teriam querido, se houvessem previsto a nulidade". Esta é hipótese de modificação qualitativa do negócio jurídico, que é convertido em negócio jurídico válido.

A nulidade da cláusula abusiva, em contratos de adesão, não invalida todo o contrato, permanecendo este na parte remanescente, quando for possível. O princípio da conservação serve também para a nulidade parcial da cláusula, quando for possível dar sentido útil à parte restante dela. Invalida-se a cláusula apenas na parte incompatível com o equilíbrio contratual. Contudo, a nulidade da cláusula abusiva não admite a conversão substancial, que apenas ocorre quando o negócio jurídico nulo contém os requisitos do outro, permitindo-se supor que as partes o teriam querido se tivessem previsto a nulidade. As razões são as mesmas: a vontade única foi do predisponente, quando redigiu ou adotou a cláusula, não havendo fim comum a ser salvo. Nula a cláusula, subsiste o contrato se ficar assegurado objetivamente o justo equilíbrio entre direitos e obrigações.

Os princípios da conservação e da conversão são também aplicáveis ao testamento. O princípio da conservação serve para a invalidade parcial de alguma cláusula do testamento, quando for possível dar sentido útil à parte restante. Até mesmo quando parte do testamento é ilícita, em virtude da simulação, não se contamina a totalidade do negócio jurídico, desde que a parte sã seja separável. A conversão preserva a observância da forma testamentária – uma por outra, dentre as permitidas em lei – e não sua dispensa, harmonizando-se assim o princípio da formalidade essencial com o princípio geral da conversão do negócio jurídico. Para o STF, em antiga decisão (RE 18.050), o erro, da designação de pessoa de herdeiro ou legatário não anula a disposição testamentária desde que, pelo contexto do testamento, por documentos ou por fatos inequívocos, se puder identificar a pessoa a que o testador quis se referir.

A nulidade ou a anulabilidade do negócio jurídico não é o bem jurídico maior, mas a preservação da regulamentação dos interesses naquilo em que possa ser validamente aproveitado, tanto pela conversão quanto pela conservação. A franca adoção desses critérios pelo direito civil contemporâneo está a demonstrar que a invalidade, especialmente a nulidade, deve ser aplicada de modo excepcional.

7.7 Princípio do nominalismo monetário e os novos meios de pagamento das obrigações

O cumprimento ou adimplemento das obrigações pecuniárias faz-se em moeda corrente, de curso legal e forçado, por seu valor nominal, salvo as exceções legais. O denominado princípio do nominalismo atribui primazia ao valor designado no dinheiro, mais que ao valor real da prestação no momento do adimplemento, o que desconsidera os constantes processos inflacionários e de instabilidade econômica.

O curso legal impõe a moeda nacional como meio de pagamento, não podendo ser recusada. O curso forçado impede a conversão da moeda nacional em outra, em ouro, ou outro valor de lastro, observando-se o valor nominal impresso na moeda. Quem deve soma de dinheiro deve prestar com o valor da moeda corrente. A adoção de qualquer outra moeda importa nulidade do negócio jurídico (Código Civil, art. 318), além de configurar fraude a lei imperativa, de acordo com o Código Civil, art. 166, VI.

Sabe-se que a moeda exerce duas funções básicas: a de pagamento (*money itself*) e a de medida geral de valor (ou de conta, *money of account*). A segunda função é realizada quando o valor econômico de qualquer bem é expresso em uma soma determinada de dinheiro, que serve de parâmetro para alienação e aquisição desse bem.

A função de medida de valor abala-se ante as vicissitudes da depreciação monetária e da inflação, em razão das quais o dinheiro fica sujeito a oscilações, levando o tráfico jurídico a procurar sua substituição por outros indicadores. É esse o papel desempenhado (ou que deveria ser desempenhado) por índices de correção monetária: relacionar o valor real da moeda com seu valor nominal. Por força da generalizada adoção da atualização monetária no Código Civil, não apenas para a determinação do adimplemento, mas para fixar as consequências do inadimplemento (art. 389), desponta a importância da distinção doutrinária entre valor nominal do dinheiro e valor de poder aquisitivo do dinheiro, sendo este último determinante. Valor de poder aquisitivo é a relação entre seu valor nominal e o preço dos bens avaliáveis em dinheiro.

Não se infringe o curso legal e o curso forçado ao se admitir a variabilidade da prestação, em razão da variabilidade dos elementos que a informaram, prestando-se a final em moeda corrente. O Código Civil procurou situar-se entre o nominalismo monetário, que permanece como regra, e a utilização da correção monetária, como se vê no art. 316.

A lei pode permitir que outros meios de pagamento possam ser utilizados, excepcionando o curso forçado da moeda nacional. Fê-lo a Lei n. 14.478/2022, ao regulamentar o uso de ativos virtuais (ou criptoativos), assim consideradas as representações digitais de valor, que podem ser negociadas ou transferidas por meios eletrônicos e utilizadas para realização de pagamentos, definidas pelo órgão regulador da administração pública federal. Não se incluem nesse conceito de ativos virtuais, além da moeda nacional e moedas estrangeiras, os pontos e recompensas de programas de fidelidade, os valores mobiliários e ativos financeiros negociados em bolsa ou regulados por autoridades monetárias. O Decreto federal n. 11.563/2023 atribuiu ao Banco Central a competência para regular, autorizar e supervisionar o mercado de ativos virtuais e as empresas prestadoras de tais serviços.

Há controvérsia se outros meios de pagamento poderiam substituir a moeda, ou teriam funções equivalentes. Por exemplo, os pontos de fidelização são moedas? Respondemos: os pontos de programas de fidelidade têm natureza de crédito temporário, de valor econômico, não consistindo em moeda virtual ou seu equivalente. Os pontos de fidelização são comumente entendidos como programa de incentivo contínuo oferecido por um varejista para recompensar clientes e encorajar repetição de negócios. Não são doações nem liberalidades. Resultam da composição coletiva dos preços cobrados pelos serviços ou bens. São créditos adquiridos onerosamente, que passam a integrar o patrimônio do usuário, inclusive para fins de transmissão *inter vivos* ou *causa mortis*. Ressalta a natureza de crédito quando o programa admite que o usuário, quando não detém o número de pontos equivalente ao preço do serviço ou produto, possa resgatá-los, completando com valor em dinheiro.

Excepcionando o princípio do nominalismo, a legislação especial pode definir situações em que o pagamento se faça em moeda estrangeira, ou a utilização de variação cambial para atualização dos valores devidos, como prevê a Lei n. 14.286/2021. São exemplos: obrigações decorrentes de importação e exportação de mercadorias; contratos de financiamento relativo a produtos de exportação; contratos de câmbio; obrigações com pessoas domiciliadas no exterior; situações previstas na regulamentação editada pelo Conselho Monetário Nacional, quando a estipulação em moeda estrangeira puder mitigar o risco cambial ou ampliar a eficiência do negócio.

Os processos de integração regional, que tendem a desenvolver comunidades de nações, tornarão cada vez mais relativo o princípio do nominalismo assentado no monopólio da moeda nacional. Nas comunidades de nações, ou se amplia a convivência da moeda nacional com as demais moedas nacionais, ou se encaminha para a moeda única da comunidade, que deixa de ter caráter nacional, como ocorreu com o euro na União Europeia.

7.8 Princípios obrigacionais no âmbito da responsabilidade civil

O princípio geral da responsabilidade civil, desde os romanos, é o de *neminem laedere*, a saber, a proibição de lesar ou ofender a pessoa ou o patrimônio do outro. Esse princípio, presente em todos os ordenamentos jurídicos, aponta para a necessidade de não se deixar qualquer ofensa ou dano sem ressarcimento.

Outro princípio, correlacionado ao primeiro e destacado pela doutrina, é o da equivalência, que impõe ao imputável pelo dano a prestação do equivalente. Dá-se a prestação do equivalente mediante a restituição ao estado anterior, ou a reparação específica, ou a reparação pecuniária, ou a compensação financeira, ou outro modo de satisfação do credor ou vítima.

Nos tempos atuais, a responsabilidade civil tem, principalmente, função reparatória, e não punitiva. Porém, há situações em que a função punitiva se impõe, sob novas características, inclusive para fins de dissuasão, como nos danos a direitos difusos e coletivos e a direitos da personalidade.

Para além da função restitutiva, na contemporaneidade, assumiu importância fundamental a função preventiva da responsabilidade civil. Assenta-se, igualmente, no princípio de *neminem laedere*, não mais para reparar a lesão, mas sim para evitá-la.

O direito contemporâneo da responsabilidade civil orienta-se a partir dos seguintes princípios específicos: 1) Primazia da vítima; 2) Reparação integral; 3) Solidariedade social; 4) Prevenção e precaução.

Ainda no âmbito da responsabilidade civil, estabelece o art. 942 do Código Civil que, se a ofensa tiver mais de um autor, todos responderão solidariamente pela reparação. Por outro lado, o art. 932 imputa a responsabilidade pela reparação civil aos pais pelos atos dos filhos menores, ao tutor pelo pupilo, ao empregador por seu empregado, aos hotéis por seus hóspedes. Preceitos desse jaez indicam a tendência para expandir a cooperação e a solidariedade na responsabilidade civil, afastando-se da tradição individualista da culpa, para a crescente viabilização da reparação civil, em benefício da vítima.

Na contemporaneidade, houve verdadeira implosão dos pressupostos e requisitos tradicionais da responsabilidade civil em geral, o que se reflete nos princípios aplicáveis. A culpa, a antijuridicidade, o dano efetivo, o nexo de causalidade e a reparação, qualificados como requisitos tradicionais da responsabilidade subjetiva, não constituem pressupostos abrangentes de todas as classes de responsabilidade civil. Surgiram, então, os pressupostos específicos de cada classe de responsabilidade civil: da responsabilidade por culpa ou subjetiva, da responsabilidade sem culpa ou objetiva, da responsabilidade transubjetiva (por fato de coisa, de animal ou de outra pessoa), da responsabilidade por fato ou atividade lícita, da responsabilidade preventiva, da responsabilidade sem danos efetivos, da responsabilidade por ilícito lucrativo.

A culpa esteve sempre no centro da construção doutrinária tradicional da responsabilidade civil, como projeção do princípio da autonomia da pessoa. Todavia, a tendência em todo o mundo é forte no sentido de prevalecer o princípio da plena reparação dos danos e a primazia da vítima, reduzindo-se proporcionalmente o espaço antes ocupado pela culpa e pela responsabilidade subjetiva.

Quando o art. 931 do Código Civil estabelece a responsabilidade das empresas pelos danos que o produto causou, dispensa o requisito da contrariedade a direito e concentra-se no dano em si, que deve ser reparado. A atividade empresarial é lícita, mas basta o fato de pôr em circulação os produtos – licitamente produzidos – para responsabilizar-se pelos danos decorrentes.

A imputabilidade, na evolução do direito, desligou-se da culpa e da causa da responsabilidade pelo ilícito civil. A imputabilidade contemporânea diz respeito à atribuição da responsabilidade pelo dano, independentemente de ter havido culpa ou até mesmo participação no evento (exemplo, empregador pelo fato danoso do empregado). É simplesmente imputação de responsabilidade patrimonial extranegocial. Deslocou-se da causa do dano para os efeitos do dano, máxime com o crescimento das hipóteses de responsabilidade que têm na origem atos e atividades lícitas.

A reparação compensatória adquiriu autonomia própria, com a tutela dos danos extrapatrimoniais. Ampliaram-se a função punitiva, a função precaucional e a função preventiva isoladas ou integradas (Rosenvald, 2017, p. 95). A própria função reparatória da responsabilidade civil não é mais suficiente para abranger todas as suas dimensões contemporâneas. Exemplo é a incorporação do ilícito lucrativo entre as espécies de responsabilidade civil.

A quase exclusividade da indenização ou reparação pecuniária cedeu também sua primazia para modalidades de sanção ou pena civil, nas obrigações de fazer e de não fazer: a legislação processual estabelece que a obrigação somente se converta em perdas e danos se for impossível a tutela específica ou a obtenção de resultado prático correspondente ao adimplemento, ou se interessar ao autor, e sem prejuízo da multa (CPC, art. 489).

No dano moral, a reparação pode consistir no simples reconhecimento judicial, como nas conhecidas ações de um dólar, nos Estados Unidos. Deve, contudo, ser proporcional à intensidade das repercussões na reputação do ofendido, máxime se for pessoa de conhecimento público ou de atividade profissional que dependa da confiança que inspire. Tem sido difícil a quantificação do valor, na jurisprudência dos tribunais e na doutrina, por seu inevitável componente de subjetividade, mas não deve servir de óbice à reparação devida, fundada em critérios de equidade e no princípio da razoabilidade, de modo que não seja tão grande que provoque enriquecimento sem causa, nem tão pequena que não seja compensadora. O princípio da razoabilidade deve considerar as condições econômicas do ofensor, mas não pode inserir o ofendido em classe social, para aumentar ou reduzir o valor da reparação, porque fere o princípio constitucional da tutela da dignidade humana.

A afirmação dos direitos fundamentais, notadamente no mundo ocidental, duramente conquistada contra os despotismos de todos os matizes, de certa forma obliterou a compreensão dos consequentes deveres fundamentais, onde se insere a noção alargada de responsabilidade de cada pessoa humana. O predomínio exclusivo dos direitos fundamentais oponíveis ao Estado ou das liberdades públicas, de caráter negativo, apenas faz sentido em uma visão de mundo individualista e antropocêntrica, na qual o Estado, a sociedade e a natureza são apenas tolerados quando favorecem a realização individual.

Os deveres fundamentais promanados dos princípios jurídicos, em paralelo aos direitos fundamentais, são necessariamente transindividuais, pois têm como destinatários a outra pessoa humana, a coletividade e os meios de vida digna das atuais e futuras gerações, implicando fins e futuridade. A reciprocidade é a tônica dos deveres fundamentais, pois cada pessoa humana é responsável pela outra, e ela é também responsabilidade das outras.

CAPÍTULO 8

PRINCÍPIOS DO DIREITO DOS CONTRATOS

8.1 Princípios contratuais e ordem econômica

A ordem econômica se realiza mediante contratos. A atividade econômica é um complexo de atos contratuais direcionados para fins de produção e distribuição dos bens e serviços que atendem às necessidades humanas e sociais.

Em uma economia de mercado, submetida a regulações jurídicas e sociais, como a brasileira, as diretrizes gerais do princípio da justiça social devem estar estreitamente alinhados aos princípios de proteção do meio ambiente, do consumidor, do patrimônio público e do patrimônio histórico e artístico nacional, de condições de trabalho equânimes e justas, como faz a Constituição de 1988; além da garantia da livre concorrência, esta não só no interesse dos agentes econômicos envolvidos, mas sobretudo no interesse da sociedade destinatária de suas atividades. De se ressaltar, igualmente, os valores, proclamados na Constituição, de igualdade, diversidade, inclusão social e acesso aos serviços de interesse econômico geral.

Os princípios gerais da ordem econômica, assim contidos nos arts. 170 e seguintes da Constituição brasileira de 1988, revelam que o paradigma de contrato neles contidos não é o mesmo do constitucionalismo liberal, o qual contemplava apenas o contrato entre indivíduos autônomos e formalmente iguais, realizando uma função meramente individual.

Referimos ao contrato estruturado no esquema clássico da oferta e da aceitação, do consentimento livre e da igualdade formal das partes. O contrato assim gerado passa a ser lei entre as partes, na conhecida dicção dos códigos civis francês e italiano, ou então sintetizado na fórmula *pacta sunt servanda*. O contrato encobre-se de inviolabilidade, inclusive em face do Estado ou da coletividade. Vincula-se o contratante ética e juridicamente; vínculo que tanto é mais legítimo quanto fruto de sua liberdade e autonomia. Esta visão ilusória da plena realização da justiça comutativa, que não admitia qualquer interferência do Estado-juiz ou legislador, pode ser retratada na expressiva petição de princípio da época liberal: quem diz contratual, diz justo.

A igualdade negocial formal passa a conviver com a igualdade contratual substancial, principalmente nos contratos massificados. Todo poder sem controle degenera em abuso, já advertira Montesquieu. Não apenas os poderes públicos necessitam de controle, mas também os poderes privados, principalmente os das megaempresas atuais e com a realidade dos contratantes juridicamente vulneráveis, assim considerados pelo direito.

Note-se que o mercado, sob o ponto de vista do direito contemporâneo, não é uma entidade natural de liberdade e espontaneidade, como pregavam os fisiocratas do século XVII e a ideologia liberal da mão invisível, mas um "estatuto normativo" (Perlingieri, 2002, p. 133), ou "uma unidade jurídica de relações de trocas" (Irti, 1995, p. 185), o que supõe sua regulação. Ricardo Luis Lorenzetti (2016, p. 249-252) alude à ordem pública de coordenação, que pretende articular o exercício dos direitos individuais com o conjunto social e econômico, mediante normas cogentes que controlam a licitude do pactuado pelas partes, principalmente sua adequação aos valores essenciais do ordenamento jurídico, além da regulação dos conflitos entre a pessoa e o mercado.

Uma das mais importantes realizações legislativas dos princípios constitucionais da ordem econômica é o Código de Defesa do Consumidor, que regulamenta a relação contratual de consumo. Seu âmbito de abrangência é enorme, pois alcança todas as relações havidas entre os destinatários finais dos produtos e serviços lançados no mercado de consumo por todos aqueles que a lei considera fornecedores, vale dizer, dos que desenvolvem atividade organizada e permanente de produção e distribuição desses bens.

Outro interessante campo de transformação da função dos contratos é o dos contratos, negociações ou convenções coletivas. À medida que a sociedade civil se organiza, o contrato coletivo se apresenta como um poderoso instrumento de solução e regulação normativa dos conflitos transindividuais. O Código de Defesa do Consumidor, por exemplo, prevê a convenção coletiva para regular os interesses dos consumidores e fornecedores, através de entidades representativas. Na perspectiva do pluralismo jurídico, acordos são firmados estabelecendo regras de convivência comunitária, desfrutando de uma legitimidade que desafia a da ordem estatal.

Emergem desse quadro normativo – constitucional ou legal – os seguintes princípios aplicáveis aos contratos:
    a) princípio da autonomia privada negocial;
    b) princípio da força obrigatória;
    c) princípio dos efeitos relativos do contrato;
    d) princípio da função social;
    e) princípio da boa-fé objetiva;
    f) princípio da equivalência material.

Os princípios contratuais são interdependentes, o que impõe ao intérprete a tarefa de sua harmonização, quando aparentarem conflito. De acordo com Antonio Junqueira de Azevedo (1998, p. 115), ante a hipercomplexidade atual da vida negocial, aos princípios clássicos (autonomia privada, força obrigatória e eficácia relativa) não se pode opor os novos princípios sociais (função social, boa-fé objetiva, equivalência material – que ele denomina "equilíbrio econômico do contrato"), porque haveria uma espécie de amálgama formado por tendências axiológicas distintas, mas que não se excluem reciprocamente.

Em relação aos contratos eletrônicos, que tendem a ultrapassar fronteiras e direitos nacionais, tornando-se exigente a formulação internacional de regras comuns, a Uncitral (*United Nations Commission on International Trade Law*), em sua lei-modelo aprovada pela Resolução n. 51/162 da Assembleia Geral da ONU, em 1996, recomenda cinco princípios básicos: a) princípio da equivalência funcional dos atos produzidos por meios eletrônicos com os atos jurídicos tradicionais; b) princípio da neutralidade tecnológica das disposições reguladoras do comércio eletrônico; c) princípio da inalterabilidade do direito existente sobre obrigações e contratos, com intuito de maior segurança jurídica desses negócios; d) princípio da boa-fé; e) princípio da autonomia privada. A recomendação é endereçada à legislação dos países, mas serve como orientação para interpretação desses contratos.

Nos contratos internacionais devem prevalecer os princípios gerais de direito internacional, em detrimento da normatização específica de cada país, o que justifica a análise da cláusula arbitral sob a ótica do Protocolo de Genebra de 1923.

8.2 Contrato e vicissitudes da economia

Na economia massificada e oligopolizada existente em nossas sociedades atuais, o contrato, em seu modelo tradicional, converte-se em instrumento de exercício de poder, que rivaliza com o monopólio legislativo do Estado.

A história ensina que a liberdade contratual se transformou nas mãos dos poderosos em instrumento iníquo de exploração dos juridicamente vulneráveis. Quem utiliza instrumentos contratuais para o exercício, ainda que legítimo, do poder negocial deve se submeter a controle social ou estatal. O exercício de poder implica submissão do outro. Seu controle tem como ponto de partida a identificação de quem a ele fica submetido, para que seja protegido dos abusos e excessos. Portanto, em relação ao poder negocial dominante, o controle preventivo ou corretivo se dá pelas intervenções legislativa e judicial, de modo a proteger o juridicamente vulnerável.

O principal giro de perspectiva que se observa na compreensão do contrato, no contexto atual, é a consideração do poder que cada participante exercita sobre o outro: do poder contratual dominante, que nunca deixou de haver, mas que o direito desconsiderava, porque partia do princípio da igualdade formal dos contratantes, sem contemplar os reais poderes negociais na relação contratual; ou do poder dominante de um e a vulnerabilidade jurídica de outro, que é pressuposta ou presumida pela lei, como nos exemplos do inquilino, do trabalhador, do consumidor, do aderente no contrato de adesão.

Parece que a regulação da atividade econômica, para conter ou controlar os abusos dos poderes privados, é uma conquista que as sociedades organizadas não pretendem abrir mão. Sobretudo quando se assiste ao crescimento da concentração empresarial e de capital e da vulnerabilidade estrutural ou circunstancial das pessoas que não detêm poder negocial, principalmente ante a utilização massiva de contratos de adesão a condições gerais unilateralmente predispostas.

Dispensa-se o controle quando, no contrato, os figurantes são presumivelmente iguais, seja porque os riscos econômicos são equivalentes, seja porque ambos detêm o domínio das informações, seja porque os poderes de barganha se encontram equilibrados. São iguais por presunção, pois não se pode exigir igualdade absoluta entre eles, dado que sempre haverá entre os contratantes desigualdades pessoais, sociais e econômicas, que não são utilizadas para exercício de poder ou de exploração de um contra o outro. Nesses casos, não faz sentido cogitar-se de presunção de vulnerabilidade jurídica. É o que se dá, na maioria dos casos, com os contratos interempresariais ou com os contratos entre pessoas que não exercem atividade econômica. Ainda assim há limitação da autonomia privada, no plano geral, em razão dos bons costumes e dos princípios jurídicos que estabelecem critérios objetivos, fora da lógica de mercado, como os da boa-fé e da função social.

Por consequência, o contrato não pode ser concluído, executado ou interpretado tendo em conta apenas os interesses individuais dos contratantes, mas também o interesse social. Afinal, qualquer contrato interfere no ambiente social e no tráfico jurídico, ainda quando não seja integrante de atividade econômica.

A partir do início dos anos 1980 do século XX, passou a vigorar o suposto consenso de que o Estado é o problema e o mercado, a solução, ou de que a atividade econômica desregulada é mais eficiente. O fim do Estado social foi proclamado pelos poderes econômicos hegemônicos e pela literatura política e social, que alardeiam a necessidade de "respeito aos contratos", pouco importando que tenham resultado do poder negocial dominante e da vulnerabilidade jurídica das outras partes, para que os investimentos fluam.

Apesar de viver o ordenamento jurídico brasileiro sob a conformação constitucional do Estado social, a concepção liberal do contrato ainda é muito enraizada nos hábitos e quefazeres dos juristas nacionais. Contribuiu para isso a onda aparentemente vencedora do mercado financeiro mundial livre de qualquer regulação e, na corrente ideológica do neoliberalismo, exigente do encolhimento das garantias legais dos direitos nacionais, inclusive a proteção dos contratantes vulneráveis, principalmente do trabalhador assalariado, do consumidor e do usuário dos serviços públicos privatizados.

O cenário enganador de ressurgimento das crenças nas virtudes econômicas do sistema de mercado livre levou alguns (Atiyah, 2000, p. 27) a propugnar pelo retorno dos princípios clássicos do contrato, com interesse crescente (especialmente nos países anglo-americanos) na relação entre eles e os princípios econômicos (eficiência, otimização da riqueza, custo e benefício), com alguma repercussão no Brasil, abdicando-se dos valores e princípios jurídicos fundamentais. As crises econômicas, financeiras e sanitárias mundiais puseram em xeque essas convicções que pareciam irreversíveis, retomando-se a necessidade de regulação pública da atividade negocial e, consequentemente, da proteção dos contratantes vulneráveis.

8.3 Valores sociais da livre iniciativa

A Constituição estabelece, no art. 1º, IV, e no art. 170, que são fundamentos do Estado Democrático de Direito "os valores sociais do trabalho e da livre iniciativa". Assim, são constitucionalmente fundamentais os valores sociais da livre iniciativa, não a livre iniciativa isoladamente. A livre iniciativa somente recebe a tutela constitucional se for desenvolvida em harmonia com os interesses sociais e não apenas em razão dos interesses individuais. Ou, como diz Eros Roberto Grau (2002a, p. 242), "a livre iniciativa não é tomada, enquanto fundamento da República Federativa do Brasil, como expressão individualista, mas sim no quanto expressa de socialmente valioso".

A livre iniciativa é a liberdade de criar e exercer empreendimento ou atividade econômica. É, em suma, a liberdade de atividade econômica. Marca a continuidade histórica do princípio de liberdade de comércio e de indústria, potencializado pela revolução liberal burguesa. Surgiu expressamente, pela primeira vez, com a lei francesa de 17 de março de 1792, para liberar a indústria e o comércio dos privilégios concedidos pelo soberano, no antigo regime aristocrático-feudal.

Consequentemente, nem todos os atos de autonomia privada negocial ou de liberdade contratual se enquadram no conceito de livre iniciativa. Os atos realizados entre pessoas particulares, inclusive contratos, sem relação com atividade econômica, ou os atos realizados no âmbito do direito das famílias ou das sucessões são de autonomia privada, mas não de livre iniciativa.

A Constituição brasileira faz referência a algumas hipóteses de autonomia privada negocial, que são estranhas à livre iniciativa: a) liberdade de associação (art. 5º, XVII); b) liberdade de testar (art. 5º, XXX); c) liberdade de constituição das famílias (art. 226). Há, pois, atos de autonomia privada ou de autodeterminação dentro e fora da livre iniciativa.

Ainda que a livre iniciativa tenha previsão legal, como pressuposto da atividade econômica, o mesmo não ocorre com a liberdade contratual, que não tem *status* constitucional. Nessa linha, decidiu o Conselho Constitucional francês (Decisão 94-348 DC) que "nenhuma norma de valor constitucional garante o princípio da liberdade contratual"; na

Decisão 89-254 DC, o Conselho Constitucional rejeitou a existência de um princípio fundamental, reconhecido pelas leis da República, que proíba a retroatividade da lei em matéria contratual, quando houver um interesse geral (Mathieu, 2005, p. 35). Nos Estados Unidos, a Corte Suprema constitucionalizou a autonomia privada durante o predomínio do liberalismo individualista, com o intuito de barrar as leis que intervinham nas relações privadas de caráter econômico, inclusive em matéria de direito do trabalho, até que em 1934 reformulou totalmente sua orientação para considerar constitucional a legislação intervencionista do *New Deal* e, consequentemente, desconstitucionalizando a liberdade contratual, que passou a ser tida apenas como princípio de direito privado, suscetível de limitação no interesse geral. Decidiu, ainda, a Corte que nem os direitos de propriedade nem os direitos contratuais são absolutos.

Esse tema foi enfrentado pelo STF, na ADI 319-4, logo após a Constituição de 1988, na qual a confederação nacional de instituições privadas de ensino arguiu a inconstitucionalidade de lei federal, que estabeleceu controles nos valores cobrados por essas instituições aos seus alunos. A decisão, que rejeitou o pedido, teve fundamento no princípio da justiça social, entendendo que "pode o Estado, por via legislativa, regular a política de preços de bens e de serviços", ainda que privados. O voto do relator, Ministro Moreira Alves, ressalta que é fundamento do Estado Democrático de Direito "não a livre iniciativa da economia liberal clássica, mas os valores sociais da livre iniciativa" e que, para se atender aos ditames da justiça social, "é mister que se admita que a intervenção indireta do Estado na ordem econômica não se faça apenas *a posteriori*, com o estabelecimento de sanções às transgressões já ocorridas, mas também *a priori*", até porque a eficácia da defesa do contratante consumidor ficaria sensivelmente reduzida se fosse apenas *a posteriori*, dificultando ou impossibilitando a recomposição do dano sofrido.

No RE 161.243, o STF decidiu que o princípio da igualdade deve prevalecer sobre a livre iniciativa, em caso de companhia aérea estrangeira, cujo estatuto de pessoal concedia vantagens aos empregados de sua nacionalidade, não a estendendo aos empregados brasileiros, ainda que todos estivessem trabalhando no Brasil.

Portanto, na Constituição brasileira, a livre iniciativa, em sentido estrito, não constitui princípio fundamental da ordem jurídica. Princípio fundamental é a conformação da livre iniciativa aos valores sociais que deve realizar e não ela própria, que deve ser concebida como pressuposto da atividade econômica, em virtude da opção constitucional pela economia de mercado regulado. Por essa razão, o art. 170 não se refere a ela expressamente como princípio nem como diretriz da ordem econômica. Se fosse princípio fundamental do Estado e da ordem jurídica, estariam interditados o Poder Legislativo e o Poder Judiciário (principalmente o STF) de exercerem o controle da atividade econômica, pois qualquer lei editada nessa direção colidiria com o princípio da livre-iniciativa, se assim fosse considerada.

A assim chamada "Lei de Liberdade Econômica" (Lei n. 13.874/2019) há de ser interpretada em conformidade com a Constituição, o que significa observância estrita, principalmente, aos ditames do art. 170, afastando-se a inspiração dos idealizadores dessa lei na lógica do mercado desregulado, incompatível com o modelo adotado na Constituição, de mercado regulado e de melhor equilíbrio dos poderes privados.

8.4 Pressupostos fundamentais do contrato na constituição

Além do fundamento dos valores sociais da livre iniciativa, na Constituição de 1988 podem ser sublinhados os seguintes pressupostos fundamentais para o direito contratual brasileiro:

a) Ordem econômica (art. 170), segundo o modelo de economia de mercado regulado e funcionalizado para realização equilibrada das atividades econômicas e da justiça social. Tem por fito estabelecer as diretrizes fundamentais do controle dos poderes privados econômicos, cujo principal instrumento para circulação das riquezas produzidas é o contrato. A ordem econômica é regida por princípios constitucionais que estabelecem garantias, como a da propriedade privada e a do favorecimento da pequena empresa, e um conjunto de limitações, como a defesa do consumidor, a defesa do meio ambiente, a função social da propriedade e a livre concorrência.

b) Liberdade de atividade econômica (art. 170, parágrafo único). Conquista histórica da burguesia liberal, a liberdade de atividade econômica, ou simplesmente liberdade econômica, significa organizar, produzir e, principalmente, fazer circular produtos e serviços, sem depender de favores do poder político. Seu instrumento mais dinâmico, no plano jurídico, é o contrato. A atividade é conjunto de atos jurídicos ordenados a um fim, sendo que este pode ser a comercialização de produtos variados, como um supermercado, ou a prestação contínua e variada de serviços de saúde, como uma clínica médica. Todavia, nem todos os contratos derivam de atividade econômica, muitos se realizando segundo o padrão clássico de oferta e aceitação, notadamente entre pessoas físicas, como atos jurídicos isolados, que esgotam sua finalidade em si mesmos.

c) Vedação do abuso do poder econômico (art. 173, §4º). Reconhecimento explícito de que todo poder privado, sem controle, especialmente o poder negocial, pode redundar em abuso. O princípio não se esgota nas hipóteses referidas nessa norma constitucional (dominação de mercados, eliminação da livre concorrência, aumento arbitrário dos lucros), voltada mais à atividade empresarial, mas também tem reflexos profundos no exercício dela, que se vale do instrumento contratual.

d) Intervenção normativa e regulação da atividade econômica (art. 174). Ao Estado legislador, administrador e juiz compete intervir mediante normas jurídicas e regular a atividade econômica, inclusive na aplicação do direito, de modo a que ela não contrarie os valores e princípios constitucionais. Essa regra autoriza o legislador a editar leis que regulem determinados contratos, principalmente para proteger os figurantes vulneráveis.

e) Controle de produção e comercialização de substâncias perigosas (art. 225, §1º, V). Essa norma assegura o controle da circulação de técnicas e substâncias reconhecidamente perigosas, ou seja, que comportem risco para a vida das pessoas que a adquirirem ou usarem, para a qualidade da vida coletiva e para o meio ambiente. Não pode a atividade econômica ser livre nesses casos, sem controle do Poder Público, pois os interesses sob risco são superiores. Não se trata de vedação, mas de exercício controlado.

f) Garantia do ato jurídico perfeito (art. 5º, XXXVI). A lei nova não alcança o contrato que tenha sido celebrado sob o império da lei antiga. Essa garantia é espécie do gênero direito adquirido e expande o princípio da força obrigatória do contrato. O direito brasileiro, todavia, não considera haver retroatividade para a aplicação da lei nova, a partir do início de sua vigência, em relação aos efeitos do contrato. A validade do contrato não é afetada pela lei nova, mas a eficácia dele é dividida entre os efeitos anteriores e os efeitos posteriores. Os anteriores, que geraram direitos ainda não exercidos quando do advento da lei nova, são inatingíveis. Os posteriores regem-se pela lei nova (Código Civil, art. 2.035).

8.5 Princípio da autonomia privada negocial

A autonomia privada negocial é o poder jurídico conferido pelo direito aos particulares para autorregulamentação de seus interesses, nos limites legalmente estabelecidos. O instrumento mediante o qual se concretiza é o negócio jurídico, especialmente o contrato.

Considerado por muitos civilistas um dos princípios fundamentais do direito privado, consiste na possibilidade, oferecida e assegurada pelo ordenamento jurídico, de os particulares regularem seus próprios interesses ou suas relações mútuas. Após o advento da revolução liberal burguesa, firmou-se como expressão jurídica da autodeterminação individual.

Emancipada da rigidez estamental da Idade Média, a propriedade privada dos bens econômicos ingressou em circulação contínua, mediante a instrumentalização do contrato. Autonomia da vontade, liberdade individual e propriedade privada transmigraram dos fundamentos teóricos e ideológicos do liberalismo individualista para os princípios de direito, com pretensão de universalidade e intemporalidade.

Para Immanuel Kant (1986, p. 94) a autonomia é o campo da liberdade, porque os seres humanos podem exercer suas escolhas e estabelecer regras para si mesmos, coletivamente ou interindividualmente. A heteronomia, por seu turno, é o campo da natureza cujas regras o homem não pode modificar e está sujeito a elas. Assim, o mundo ético, em que se encartaria o direito, seria o reino da liberdade dos indivíduos, enquanto tais, porque a eles se dirige o princípio estruturante do imperativo categórico kantiano. Na fundamentação filosófica kantiana, a autonomia envolve a criação e aplicação de todo o direito. Posteriormente, os juristas deram feição dogmática estrita ao princípio da autonomia, significando o espaço de autodeterminação dos interesses privados, de onde emerge o contrato.

A terminologia é controvertida. A expressão mais difundida e antiga é autonomia da vontade, tendo predominado no século XIX, especialmente nos sistemas que sofreram influência do direito francês, que expressa a importância atribuída à vontade individual, na sua dimensão psicológica. A opção por autonomia privada, notadamente nos direitos alemão e italiano (Ferri, 1959, p. 3), revela a preferência pela teoria da declaração, ou seja, pela vontade que se declarou ou se exteriorizou, contando com a preferência dos juristas ocidentais ao longo do século XX. Substituindo-se autonomia da vontade por autonomia privada negar-se-ia à vontade real ou psicológica a função de causa de efeitos jurídicos, ou de elemento nuclear do suporte fático suficiente do contrato, que atrairia a incidência da norma jurídica.

As duas denominações são resultantes de momentos históricos e de opções doutrinárias e ideológicas. A autonomia da vontade exprime o predomínio do individualismo e da soberania da vontade individual, principalmente no século XIX e início do século XX (teoria da vontade, ou subjetivista), enquanto a autonomia privada distancia-se da vontade interior e atribui primazia à sua exteriorização e à limitação posta pelo ordenamento jurídico (teoria da declaração, ou objetivista), por exigências de justiça social. São momentos datados: o ambiente da primeira é o do Estado liberal; o da segunda é o do Estado social.

O princípio da autonomia privada não é passível de justificar-se pela via objetiva e racional do conhecimento científico, advertiu Hans Kelsen (1979, p. 57), em obra especialmente dedicada ao contrato. Quando se pergunta se é justo que uma ordem jurídica faça uso, em qualquer medida, do princípio da autonomia, seria necessário remontar-se até os últimos juízos de valor, para se comprovar finalmente que o princípio político da autonomia descansa sobre uma concepção individualista ou liberal de vida. Para Kelsen, uma teoria do contrato, para ser científica, deveria valer também para as obrigações convencionais estipuladas fora dessa concepção, o que demonstraria que o princípio é político e não jurídico.

Pontes de Miranda condena ambas as expressões (autonomia da vontade e autonomia privada), preferindo autorregramento da vontade, porque autonomia indicaria poder de produção de norma que os particulares não deteriam, e porque o adjetivo "privada" afastaria o autorregramento da vontade em direito público. O princípio do autorregramento da vontade é o espaço que o direito destina às pessoas, dentro de limites prefixados, para tornar jurídicos atos humanos e, pois, configurar relações jurídicas e obter eficácia jurídica. O autor repele o autorregramento da vontade como espaço criador de normas, mediante os negócios jurídicos: quem usa da autonomia privada "fala sobre interesses próprios, sem obrigar aos outros, obrigando-se a si mesmo" (Pontes de Miranda, 1974b, p. 54). O fato jurídico (do qual o negócio jurídico é espécie) é o elemento propulsor da eficácia jurídica.

O poder de escolha, no espaço de autorregramento, resulta em efeitos queridos pelos figurantes do negócio, que são reconhecidos pelo sistema jurídico, quando o negócio ingressa no mundo do direito. Há, pois, poder de escolha de efeitos que se juridicizam e não poder de criar normas jurídicas, ainda que individuais.

A investigação de Pontes de Miranda desdobra-se em duas partes: no plano da teoria geral e no plano específico do sistema jurídico brasileiro, estabelecendo os fundamentos do princípio do autorregramento da vontade. Ao contrário de Kelsen, que sempre afirmou o caráter essencialmente político do princípio da autonomia da vontade, Pontes de Miranda investiga o autorregramento da vontade no âmbito exclusivamente jurídico, a partir do estudo dos limites do poder negocial. O tema é cuidado, especialmente, nos volumes 3 e 38 do *Tratado de Direito Privado*, nos quais a característica ressaltada (a limitação do espaço jurídico do poder de escolha) é dita claramente: "É o espaço deixado às vontades, sem se repelirem do jurídico tais vontades" (Pontes de Miranda, 1974b); "Não há autonomia absoluta ou ilimitada da vontade; a vontade tem sempre limites, e a alusão à autonomia é alusão ao que se pode querer dentro desses limites" (Pontes de Miranda, 1972a, p. 39). A alusão à vontade sofre a crítica dos objetivistas – com os quais Pontes de Miranda tem forte aproximação – para os quais constitui instante psicológico pré-jurídico. Daí a preferência daqueles à expressão autonomia privada. Pontes de Miranda a rebate, porque se elidiria desde a base qualquer autorregramento da vontade em direito público e *nomos* seria lei.

Pontes de Miranda inclui no espaço do autorregramento o negócio jurídico unilateral. Discorda da tendência majoritária da doutrina, que o encara como integrado a um *numerus clausus* de tipos, tendo todos seus efeitos previstos em lei e inalteráveis por vontade individual. Argumenta que o autorregramento da vontade tanto há de haver para negócios jurídicos bilaterais quanto para negócios jurídicos unilaterais. E mais: os tipos não têm caráter exclusivo e podem ser modificados, embora reconheça que a modificabilidade por autorregramento não é tão fácil, tão pertinente, tão permitida quanto a modificabilidade dos tipos legais dos negócios jurídicos bilaterais. A tese oposta, contraditada por Pontes de Miranda, é forte e tem repercussões nas legislações civis, a exemplo do artigo 1.987 do Código Civil italiano, que estabelece que a promessa unilateral de uma prestação não produz efeitos fora dos casos admitidos na lei. Idêntica disposição está contida no art. 457 do Código Civil português. O Código Civil brasileiro, de 2002, é silente a respeito.

Ponto obscuro no princípio do autorregramento (ou da autonomia) diz respeito à distinção deste com o princípio da liberdade contratual. Pontes de Miranda afirma que a liberdade contratual é aquela que se refere à liberdade de conclusão do contrato (poder assumir deveres e obrigações) enquanto que a autonomia é o poder de determinar o conteúdo do contrato. Essa distinção é imprecisa e sai ignorada na análise conjunta do autorregramento vontade, pois esta reúne a liberdade de contratar ou não e a liberdade de determinação do conteúdo, além de que abrange outras espécies de negócios jurídicos não contratuais (unilaterais, os demais negócios bilaterais e os plurilaterais). A ênfase em alguns sistemas jurídicos ao contrato como categoria quase única dos negócios jurídicos levou à confusão doutrinária entre liberdade contratual e autonomia privada, da qual não escapou o rigor perseguido por Pontes de Miranda.

O Código Civil não se refere explicitamente ao princípio, mas apenas à expressão liberdade contratual. Tampouco o faz a Constituição, não se podendo confundi-lo com o fundamento nos valores sociais da livre iniciativa (art. 170). A autonomia privada negocial não se contém nas relações contratuais, ou na liberdade contratual, referida no art. 421 do Código Civil, com a redação de 2019, ou na liberdade de contratar da redação original desse artigo. A liberdade contratual e a liberdade de contratar são aspectos da autonomia privada negocial, mas não a esgotam. O art. 421 trata apenas do contrato, mas não dos demais negócios jurídicos bilaterais e dos negócios jurídicos unilaterais e plurilaterais.

A autonomia privada negocial – como princípio implícito de nossa legislação – é mais que livre iniciativa ou atividade econômica, porque abrange outras atividades negociais não econômicas, ou outros atos jurídicos negociais que nelas não se inserem. É mais que liberdade contratual, porque abrange outros negócios jurídicos não contratuais (negócios jurídicos unilaterais, outros negócios jurídicos bilaterais e negócios jurídicos plurilaterais).

O conceito jurídico de autonomia privada negocial apenas é desenvolvido quando assume importância a identificação de seus limites. Para Pietro Perlingieri (2002, p. 131), a autonomia privada negocial é um princípio conformado pelo ordenamento jurídico e segundo seus limites. Paradoxalmente, o princípio deixa de ser explicado pelo poder de autonomia em si e assume importância a delimitação de seu espaço.

A autonomia privada negocial, em relação ao contrato, pressupõe o exercício de três modalidades de liberdades de escolha, interligadas: a) a liberdade de escolher o outro contratante; b) a liberdade de escolher o tipo contratual (um dos tipos legais, ou a coligação de mais de dois tipos, ou a criação livre de tipo); c) a liberdade de determinação do conteúdo. A plenitude da autonomia privada negocial é atingida com a criação dos contratos atípicos, que escapam dos modelos legais e ficam sujeitos aos princípios e normas gerais do direito contratual.

Sob a ótica da doutrina clássica e voluntarista do contrato, os limites admissíveis à autonomia privada negocial são os negativos ou externos. Imaginam-se os limites da autonomia privada como formando uma barreira; qualquer coisa de externo ou extrínseco. A regra de ouro pode ser assim enunciada: tudo é permitido nas relações contratuais, nos limites legais.

O sentido de limitação exclusivamente negativa prestava-se ao modelo do individualismo jurídico, enquanto foi hegemônico. Mas, durante a fase de trânsito do Estado liberal para o Estado social, difundiram-se progressivamente os modelos jurídicos de limitação positiva, alcançando cada um dos planos do mundo do direito, consistindo ora em sanção de inexistência da relação contratual, ora em sanção de invalidade, ora em sanção de ineficácia. O direito pode valer-se da limitação mais forte (inexistência), ou menos forte (ineficácia). Na ineficácia, admite que o contrato ou parte dele possa existir e valer, mas não produzir efeitos, a exemplo do contrato de consumo cujas cláusulas não foram de fato conhecidas previamente pelo contratante consumidor (CDC, art. 46).

As três modalidades gerais de liberdades contratuais são liberdades negativas, voltadas a impedir a intervenção do Estado legislador ou juiz. Porém, o Estado social desenvolveu técnicas de limitação positiva que propiciam a regulação legal e a revisão judicial dos contratos. Ao invés de negar, legitimam a intervenção. São, assim:

a) limitações da liberdade de conclusão ou de escolha do outro contratante, sobretudo nos setores de fornecimento de serviços públicos (água, luz, telefone, transporte etc.) ou monopolizados;

b) limitações da liberdade de escolha do tipo contratual, quando a lei estabelece os tipos contratuais exclusivos em determinados setores, a exemplo dos contratos de licença, concessão ou cessão no âmbito da lei de direitos autorais e dos contratos de parceria e arrendamento no âmbito do direito agrário;

c) limitações da liberdade de determinação do conteúdo do contrato, parcial ou totalmente, quando a lei define o que ele deve conter de forma cogente, como nos exemplos do contrato de locação urbana, do contrato imobiliário, do contrato de turismo, do contrato de seguro e do contrato de plano de saúde.

A limitação apenas negativa é incompatível com os fundamentos do Estado social, expressados no art. 170 da Constituição em relação à atividade econômica, na qual se inscreve o contrato como seu instrumento de circulação, notadamente quanto à observância da justiça social, ou da regra paradigmática do art. 421 do Código Civil: a liberdade contratual será exercida nos limites (positivos e negativos) da função social.

8.6 Princípio da força obrigatória do contrato

O contrato obriga as partes contratantes, como se fosse lei entre elas. Seu não cumprimento enseja ao prejudicado a execução forçada pelo Poder Judiciário, quando possível, ou o equivalente em perdas e danos. A força obrigatória é assegurada pelo Estado, ainda que as cláusulas e condições do contrato não sejam normas jurídicas por ele editadas. O princípio é consectário natural da autonomia privada negocial. Sua mais antiga formulação foi expressa no art. 1.134 do Código Civil francês de 1804: "As convenções legalmente formadas têm força de lei para os que as contraírem". Na contemporaneidade, a doutrina tem encontrado seu fundamento, não mais no reconhecimento legal da vontade – do querido pelas partes –, mas, sim, como propõe Fernando Noronha (1994, p. 82), na tutela da confiança, necessária para garantir segurança ao negócio celebrado, ou, segundo Jacques Ghestin (1994, p. 188), na utilidade social do contrato e na justiça contratual, fator de harmonia social, pois o útil e o justo seriam as finalidades objetivas do contrato; a confiança do credor seria um elemento importante da utilidade.

Radicam no princípio da força obrigatória os dois principais efeitos pretendidos pelas partes contratantes: a estabilidade e a previsibilidade. A estabilidade é assegurada, na medida em que o que foi pactuado será cumprido, sem depender do arbítrio de qualquer parte do contrato ou das mudanças externas, inclusive legislativas. A previsibilidade decorre do fato de o contrato projetar-se para o futuro – futuro antecipado –, devendo suas cláusulas e condições regular as condutas dos contratantes, na presunção de que permaneceriam previsíveis. Para alguns, em matéria contratual, basta a segurança jurídica, que já conteria a previsibilidade e a estabilidade.

O princípio da força obrigatória não apenas se dirige às partes do contrato, mas pretende ser oponível ao próprio legislador. Nesse segundo significado, investe-se de intangibilidade como ato jurídico perfeito, de modo a que a lei nova, entrada em vigor após sua celebração, não possa alcançar seus elementos de existência e seus requisitos de validade, que porventura ela tenha modificado. O contrato é espécie de negócio jurídico, que por sua vez é espécie de ato jurídico, o qual se diz perfeito quando foi concluído de acordo com as exigências da lei antiga, não podendo a lei nova ser a ele aplicada de modo retroativo. Todavia, em relação ao plano da eficácia, a lei nova, sem risco de retroatividade, alcança os efeitos do contrato, a partir do início da vigência daquela. Não alcança os efeitos já produzidos, ainda que não exercidos pelas partes do contrato, antes de sua vigência, salvo se contrariarem o princípio da função social do contrato. Portanto, a intangibilidade compreende integralmente os planos da existência e da validade e, parcialmente, o plano da eficácia. Essa correta solução, a nosso ver, foi adotada pelo art. 2.035 do Código Civil, que assim regulou os efeitos de sua entrada em vigor.

O princípio da força obrigatória sofreu profunda limitação com o advento do Estado social, principalmente pela expansão do papel do juiz na revisão dos contratos, o que, segundo seus críticos, poria em perigo a segurança e a previsibilidade. A revisão judicial, todavia, é decorrência do sistema jurídico atual, que privilegia modelos jurídicos abertos, dependentes da mediação do juiz.

A força obrigatória dos contratos tem sido mitigada pela crescente utilização do princípio da razoabilidade. O Código Civil da Holanda, por exemplo, estabelece em seu art. 248 que "uma obrigação que existe entre as partes contratantes será inaplicável tanto que, nas circunstâncias dadas, ela seria inaceitável do ponto de vista da razoabilidade e da equidade". Essa diretriz é perfeitamente aplicável ao direito brasileiro.

8.7 Princípio dos efeitos relativos do contrato

O princípio dos efeitos relativos do contrato significa que o contrato apenas obriga e vincula suas próprias partes, não podendo ser oponível a terceiros. Na organização clássica do direito privado, o princípio ancora na concepção de direitos pessoais, que são relativos aos figurantes determinados (oponibilidade às próprias partes), diferentemente dos direitos reais, cujo sujeito passivo é universal e indeterminado (oponibilidade a todos).

O princípio dos efeitos relativos do contrato teve consagração inicial no art. 1.165 do Código Civil francês de 1804, como expressão do ideário de autodeterminação individual, dispondo que as convenções produzem efeitos apenas entre as partes contratantes, não podendo alcançar terceiros. Todavia, a jurisprudência dos tribunais franceses passou a distinguir entre força obrigatória, apenas em relação às partes contratantes, e oponibilidade, que também se dirige a terceiros. Ainda que estes não sejam vinculados à relação contratual, devem respeitá-la. Igualmente, decidiu-se que terceiro não pode prevalecer-se de contrato, como no caso de arquiteto condenado solidariamente com empreiteiro a indenizar prejuízo decorrente de construção, que não pôde reclamar a aplicação de cláusula de contrato celebrado entre o empreiteiro e o dono da obra.

A função social do contrato criou profunda contenção ao princípio dos efeitos relativos do contrato, porque os terceiros integram necessariamente o âmbito social do contrato, que não apenas têm o dever de respeitá-lo, mas também de não serem por ele prejudicados. Nesse caso, emergem os deveres de proteção dos terceiros, oponíveis às partes contratantes. Quando o contrato puder produzir impactos em interesses difusos e coletivos, como os do meio ambiente, os do patrimônio histórico e os dos consumidores, então terceiros são "todos", segundo termo significativo utilizado pelo art. 225 da Constituição.

Sob a ótica do princípio da função social torna-se evidente que "os terceiros não podem se comportar como se o contrato não existisse", segundo Antônio Junqueira de Azevedo (1998, p. 116-120). Para o autor, é preciso saber harmonizar a liberdade individual e a solidariedade social, pois do contrário retornaríamos ao capitalismo selvagem, em que a vitória é dada ao menos escrupuloso.

Um dos fatores de mitigação do princípio dos efeitos relativos do contrato é a doutrina da tutela externa do crédito, que implica sua oponibilidade a todos, no sentido de não se admitir que terceiro impeça ou dificulte o direito do credor, no contrato. É espécie de dever de abstenção. A violação desse dever negativo leva à responsabilidade civil extracontratual do terceiro, mas em razão de dano a crédito contratual. Nesse sentido, o contrato atinge indiretamente a esfera jurídica de terceiro. Exemplo: determinado artista concluiu contrato para divulgação publicitária de produto de certa empresa, tendo sido seduzido pela empresa concorrente a desligar-se do vínculo originário e assumir a publicidade do produto da segunda. O fato do terceiro não configura inadimplemento contratual, mas este foi provocado por aquele. Assim, o inadimplemento contratual pelo devedor e a lesão do direito do credor pelo terceiro são dimensões do mesmo fato ilícito. Tal conduta qualifica-se como ato ilícito em geral, assim configurado no Código Civil.

Crescem na jurisprudência brasileira as hipóteses de extensão da oponibilidade dos efeitos do contrato a terceiro. A eficácia do contrato em relação a terceiro também alcança o que se tem denominado terceiro cúmplice ou terceiro ofensor, quando conduta externa deste dá causa à quebra parcial ou total do contrato. Assim, "o lesado tem ação contra o terceiro, nos casos especiais em que este tiver instigado o contratante ou determinado a este o descumprimento da avença" (Aguiar Júnior, 2004, p. 271).

Apenas se os terceiros conhecerem de fato o contrato e o respectivo crédito alheio é que o dever geral de abstenção e respeito se concretiza em sua esfera jurídica, devendo então abster-se de qualquer ato interferente, observando esse dever limitativo, como tal dever de sua liberdade de agir (Santos Júnior, 2003, p. 485). Mas há presunção de conhecimento, na hipótese de contratos com prática social constante e reiterada.

Por consequência, essa mitigação reduz a importância da dicotomia direito real e direito pessoal, no que concerne a seus efeitos. Pietro Perlingieri (1997, p. 142) tem propugnado pela unificação das situações reais e de crédito agrupadas indistintamente como situações jurídicas patrimoniais, porquanto o dever de solidariedade, de fundamento constitucional, impõe respeito às situações jurídicas regularmente estabelecidas, perdendo a dicotomia sua justificação histórica.

Outra limitação do princípio ocorre com a extensão imposta por lei aos efeitos do contrato, para alcançar e proteger terceiro próximo, mediante sub-rogação da posição de parte contratual. A legislação do inquilinato residencial protege não apenas o inquilino, parte real do contrato, mas os demais membros de sua família, quando ele morre ou abandona o imóvel locado. Estabelece a Lei n. 8.245/1991 que, morrendo o locatário, ficarão sub-rogados nos seus direitos e obrigações o cônjuge sobrevivente, ou o companheiro ou convivente, ou os herdeiros necessários, ou até mesmo as pessoas que viviam na dependência econômica dele. Determina o art. 576 do Código Civil que, se a coisa móvel ou imóvel locada for alienada, o adquirente, que é terceiro, terá de respeitar o contrato de locação se ele contiver cláusula de vigência em caso de alienação e tiver sido registrado no registro competente (de títulos e documentos ou de imóveis); se não contiver a cláusula, ainda assim o adquirente sofrerá efeitos parciais do contrato, pois terá de notificar o locatário e só após noventa dias da notificação poderá despedi-lo.

Outra espécie de mitigação dos efeitos relativos do contrato diz respeito ao denominado terceiro vítima, quando sofre dano em decorrência de execução de contrato do qual não é parte. No âmbito dos contratos de consumo, afirma-se que o direito do consumidor "destruiu" o princípio dos efeitos relativos dos contratos, ao levar a imputação por danos ao fabricante, ao distribuidor, ao atacadista, ao titular da marca, que não celebram contrato algum com o consumidor (Lorenzetti, 2008, p. 221), como ocorre no CDC. Nessa linha de limitação do princípio, a legislação brasileira concede ação não apenas ao consumidor, mas a terceiros que sejam vítimas de eventos de consumo, às associações de consumidores, ao Ministério Público, à Defensoria Pública, à OAB e às entidades públicas, que não têm qualquer vínculo direto com os contratos de consumo.

A complexidade contratual contemporânea, com o crescimento de condições gerais dos contratos, de contratos relacionais, de contratos coligados, de massificação contratual, leva à produção de "efeitos jurídicos existenciais e patrimoniais, não só entre titulares subjetivos da relação, como também perante terceiros. Contrato, hoje, é relação complexa solidária" (Nalin, 2001, p. 255).

8.8 Princípio da função social do contrato

O princípio da função social determina que os interesses individuais das partes do contrato sejam exercidos em conformidade com os interesses sociais, sempre que estes se apresentem. Não pode haver conflito entre eles, pois os interesses sociais são prevalecentes. Qualquer contrato repercute no ambiente social, ao promover peculiar e determinado ordenamento de conduta e ao ampliar o tráfico jurídico.

A Constituição apenas admite o contrato que realiza a função social, a ela condicionando os interesses individuais, e que considera a desigualdade material das partes. Com efeito, a ordem econômica tem por finalidade "assegurar a todos existência digna, conforme os ditames da justiça social" (art. 170). A justiça social importa "reduzir as desigualdades sociais e regionais" (art. 3º e inciso VII do art. 170). A função exclusivamente individual do contrato, no sentido de contemplar apenas os interesses das partes, é incompatível com a tutela explícita da ordem econômica e social, na Constituição.

Com exceção da justiça social, a Constituição brasileira não se refere explicitamente à função social do contrato. Fê-lo em relação à propriedade, em várias passagens, como no art. 170, em que condicionou o exercício da atividade econômica à observância do princípio da função social da propriedade. A propriedade é o segmento estático da atividade econômica, enquanto o contrato é seu segmento dinâmico. Assim, a função social da propriedade afeta necessariamente o contrato, como instrumento que a faz circular.

O art. 421 do Código Civil, que introduz a normativa geral dos contratos, estabelece que a liberdade de contratar seja exercida nos limites da função social do contrato. Não se trata aí apenas de limites negativos, mas, principalmente, de condicionamento positivo do conteúdo e finalidades do contrato; a essencialidade principiológica da norma é demonstrada pelo parágrafo único do art. 2.035, que prevê a nulidade de qualquer convenção das partes que contrarie a função social do contrato.

O princípio harmoniza-se com a modificação substancial relativa à regra básica de interpretação dos negócios jurídicos introduzida pelo art. 112 do Código Civil, que abandonou a investigação da intenção subjetiva dos figurantes em favor da declaração objetiva, socialmente aferível.

Os contratos não paritários, que são tutelados por normas cogentes específicas, devem ser interpretados com mais contemplação do interesse social, que inclui a proteção da parte vulnerável, ainda que não configure contrato de adesão.

O princípio da função social do contrato importa a especialização, no âmbito das relações negociais, do princípio constitucional da justiça social. O princípio da justiça social não se realiza sem a consideração das circunstâncias existentes, pois é justiça promocional, no sentido de promover as reduções das desigualdades materiais na sociedade. Toda atividade econômica, grande ou pequena, que se vale dos contratos para a consecução de suas finalidades, somente pode ser exercida "conforme os ditames da justiça social" (CF, art. 170). Conformidade não significa apenas limitação externa, mas orientação dos contratos a tais fins. Em outras palavras, a atividade econômica é livre, no Brasil, mas deve ser orientada para realização da justiça social. É neste quadro amplo que se insere o princípio da função social dos contratos.

Também no direito estrangeiro tem sido realçada a conexão da função social do contrato com a justiça social. Para Orozco Pardo (2006, p. 178), tendo em conta a União Europeia, a função social dos contratos tem por fito "assegurar uma redistribuição da riqueza e o acesso de todos os cidadãos aos bens e serviços de caráter essencial, em condições que assegurem o pleno desfrute dos mesmos".

Quando o contrato, especialmente se inserido em atividade econômica, ou parte dele, não puder ser interpretado em conformidade com o princípio constitucional da justiça social e o princípio decorrente da função social, pode ser considerado total ou parcialmente inválido.

A função social do contrato não se confunde com a função econômica do contrato, nem é plus desta, pois são categorias inteiramente distintas. A função econômica do contrato (quando há, pois há contrato sem ela, a exemplo dos contratos benéficos, ou para realização de fins altruísticos e não econômicos) vincula-se estreitamente aos interesses particulares das partes contratuais, enquanto a função social é algo exterior ao contrato que a ele se integra, independentemente da vontade das partes.

O princípio da função social do contrato, como os demais princípios jurídicos, não é de aplicação supletiva ou excepcional. Incide no contrato, integrando-o mediante a determinação de dever geral de conduta, independentemente do querer das partes.

O contrato, por mais insignificante que seja, ostenta a dupla função: individual e social, realizando a primeira a autorregulação dos interesses individuais e a segunda sua conformação aos interesses sociais. Para Miguel Reale, o contrato atualmente nasce dessa ambivalência, de uma correlação essencial entre o valor do indivíduo e o valor da coletividade. "O contrato é um elo que, de um lado, põe o valor do indivíduo como aquele que o cria, mas, de outro lado, estabelece a sociedade como o lugar onde o contrato vai ser executado e onde vai receber uma razão de equilíbrio e medida" (Reale, 1986, p. 10).

Há quem enxergue na função social o ressurgimento da causa do contrato, no direito brasileiro, que não dá guarida a negócios abstratos, ou negócios que estejam sujeitos apenas à vontade das partes. Assim, torna-se explícita a exigência de que os contratos sejam causais, cumpridores da função social. O art. 421 do Código Civil teria exteriorizado o princípio da causalidade negocial (Moraes, 2005, p. 119).

No Código Civil, a função social surge relacionada à liberdade contratual, como seu limite fundamental. São dois princípios distintos, porém interligados, que exigem aplicação harmônica. No Código, a função social não é simples limite externo ou negativo, mas também limite positivo e de conformação do conteúdo da liberdade contratual. Esse é o sentido que decorre dos termos "exercida nos limites da função social do contrato" (art. 421). "Daí a razão pela qual liberdade e função social se acham entretecidos, gerando uma nova ideia, a de autonomia (privada) solidária" (Martins-Costa, 2007, p. 71).

A concepção contemporânea de função se contrapõe à de finalidade. A função encontra-se na dimensão interna do direito, na sua conformação e determinação, enquanto a finalidade é o escopo a se atingir, sendo, portanto, exterior ao direito referido. Essa concepção distancia-se da que prevaleceu em sua origem, marcada pelo advento de outra concepção, consistente em limites ao poder absoluto (ilimitado) ou ao abuso do titular de direito privado.

Divergindo da longeva correlação da função social aos deveres com os outros, sustenta Carlos Eduardo Pianovski Ruzyk (2011, p. 167) que os institutos de direito civil têm entre suas funções a proteção da liberdade coexistencial, que difere da ideia abraçada por Léon Duguit de liberdade como cumprimento de dever social; daí concluir pela "responsabilidade recíproca entre os indivíduos pela liberdade dos outros" (Ruzyk, 2011, p. 199).

O princípio da função social prevalece sobre o "princípio da intervenção mínima" previsto no parágrafo único do art. 421 do Código Civil, introduzido pela Lei n. 13.874/2019 (Lei da Liberdade Econômica), até porque o parágrafo único do art. 170 da Constituição, em que ela se fundamenta, trata da atividade econômica, limitada e conformada aos princípios da ordem econômica, tendo em vista que esta contém aquela.

8.9 Princípio da equivalência material do contrato

Talvez uma das maiores características do contrato, na atualidade, seja o crescimento do princípio da equivalência material de suas prestações, que perpassa todos os fundamentos constitucionais a ele aplicáveis.

O princípio da equivalência material busca realizar e preservar o equilíbrio real de direitos e deveres no contrato, antes, durante e após sua execução, para rearmonização dos interesses. Esse princípio preserva a equação e o justo equilíbrio contratual, seja para manter a proporcionalidade inicial dos direitos e obrigações, seja para corrigir os desequilíbrios iniciais ou supervenientes, pouco importando que as mudanças de circunstâncias possam ser previsíveis.

O que interessa não é mais a exigência cega de cumprimento do contrato, da forma como foi assinado ou celebrado, mas se sua execução não acarreta vantagem excessiva para uma das partes e desvantagem excessiva para outra, aferível objetivamente, segundo as regras da experiência ordinária e do princípio da razoabilidade.

O princípio da equivalência material rompe a barreira de contenção da igualdade jurídica e formal, que caracterizou a concepção individualista do contrato. Ao juiz estava vedada a consideração da desigualdade real dos poderes contratuais ou o desequilíbrio de direitos e deveres, pois o contrato fazia lei entre as partes, formalmente iguais.

A equivalência material é objetivamente aferida quando o contrato, seja na sua constituição, seja na sua execução, realiza a equivalência das prestações, sem vantagens ou onerosidades excessivas originárias ou supervenientes para uma das partes. No direito brasileiro, a norma que melhor a expressa, na ordem positiva, é o inciso V do art. 6º do Código de Defesa do Consumidor, que prevê a modificação das cláusulas contratuais que estabeleçam prestações desproporcionais ou sua revisão em razão de fatos supervenientes que as tornem excessivamente onerosas.

A equivalência material do contrato também é aferida, segundo o princípio da razoabilidade, na justa proporção entre a finalidade do contrato e os meios que foram nele utilizados para atingi-la (Ravololomiarana, 2009, p. 222).

Como disse Franz Wieacker (1980, p. 599), "o positivismo, desprezando a antiga tradição – que vinha da ética social de Aristóteles, passando pela escolástica, até o jusnaturalismo –, tinha deixado de atribuir qualquer influência à equivalência material das prestações nos contratos bilaterais". Por essa razão, todos os institutos jurídicos que levavam à justiça contratual e, consequentemente, à limitação da liberdade dos poderes negociais foram afastados pela legislação liberal e individualista, a exemplo do Código Civil de 1916. Retomou-se o curso da história, recuperando e dando novas feições a esses institutos solidários, como a equivalência material, contribuindo para a humanização das relações civis e para maior pacificação social.

Como diz Michael J. Sandel (2012, p. 183), "o fato de o acordo ter sido voluntário não garante, em nenhuma hipótese, uma troca de benefícios equânimes e comparáveis". Parafraseando Pietro Barcellona (1998, p. 190), a equivalência material se apresenta como "o direito desigual da racionalidade material". Em escrito de 1895, sobre equidade nos contratos (*Equità nei contratti*), N. Coviello (*apud* Femia, 2013, p. 71) já concebia a equivalência (*eguaglianza contrattuale*) como princípio geral dos contratos, considerando que os interesses às prestações das partes contratantes deveriam conter reciprocidade, conveniência efetiva, proporção.

A equivalência material enraíza-se nas normas fundamentais da Constituição brasileira de 1988, que veiculam os princípios da solidariedade (art. 3º, I) e da justiça social (art. 170), voltados à promoção da redução das desigualdades reais dos figurantes.

O Código Civil o incluiu, de modo indireto, em preceitos dispersos, inclusive nos dois importantes artigos que disciplinam o contrato de adesão (arts. 423 e 424), ao estabelecer a interpretação mais favorável ao aderente (*interpretatio contra stipulatorem*) e ao declarar nula a cláusula que implique renúncia antecipada do contratante aderente a direito resultante da natureza do negócio. Observe-se, todavia, que o contrato de adesão disciplinado pelo Código Civil tutela qualquer aderente, seja consumidor ou não, pois não se limita a determinada relação jurídica, como a de consumo. O contrato de adesão nas relações de consumo já tinha sido regulado no Código de Defesa do Consumidor.

O Código Civil também aplica o princípio, implicitamente, em outras matérias, caracterizadamente abertas: a lesão, o estado de perigo, a correção do valor de prestação desproporcional, a concessão de indenização complementar quando não houver cláusula penal, a redução equitativa da cláusula penal, a revisão ou resolução por onerosidade excessiva, a redução da prestação em contrato de natureza individual.

O parágrafo único do art. 113 do Código Civil estende para os contratos paritários a regra de interpretação mais favorável ao contratante que não participou efetivamente da estipulação contratual, atribuindo-lhe o sentido que "for mais benéfico à parte que não redigiu o dispositivo, se identificável". Amplia-se, expressamente, a regra geral de *interpretatio contra stipulatorem*. Cabe à parte beneficiária dessa interpretação o ônus de provar que a cláusula foi predisposta pela outra.

Há quem prefira a denominação "equilíbrio contratual" (Schreiber, 2018, p. 52). Contudo, a equivalência material vai além do mero equilíbrio das prestações e da estrutura formal. Vai além da equivalência comutativa. É a qualificação do justo equilíbrio dos direitos e deveres, pretensões e obrigações, tendo em vista a natureza e a finalidade do contrato, o que reclama a intervenção prudente do legislador e do juiz, ou do árbitro na arbitragem. "Equilíbrio contratual" pode ter o sentido de simples equilíbrio formal das prestações. Note-se que a equivalência material também incide nos contratos unilaterais, por exemplo, fiança e doação, máxime quando esta é meritória, ou com encargo, ou de subvenções periódicas.

A boa aplicação do princípio pressupõe dois requisitos, um objetivo e outro subjetivo, no contrato celebrado pelas partes. Para o requisito subjetivo, é necessário que haja desigualdade de poderes negociais, ou seja, um poder negocial dominante e a contrapartida do poder negocial vulnerável, de modo estrutural ou circunstancial. A lei presume juridicamente vulneráveis o trabalhador, o inquilino, o consumidor, o aderente de contrato de adesão, entre outros. Essa presunção é absoluta, pois não pode ser afastada pela apreciação do caso concreto. O requisito objetivo diz respeito à existência de uma desproporção manifesta entre os direitos e deveres de cada parte. O requisito objetivo considera o real desequilíbrio de direitos e deveres contratuais, que pode estar presente na conclusão do contrato, ou na eventual mudança do equilíbrio em virtude de circunstâncias supervenientes que acarretem a onerosidade excessiva para uma das partes.

O poder negocial vulnerável é estrutural quando reconhecido em lei (ex.: inquilino, consumidor, aderente). O poder negocial vulnerável circunstancial resulta do próprio contrato, o que demanda comprovação caso a caso.

A partir dos primeiros decênios do século XX o direito brasileiro passou a presumir a vulnerabilidade de determinados contratantes, merecedores de proteção legal e de consequente restrição do âmbito de autonomia privada, quando esta é instrumento de exercício de poder do outro figurante (ou parte contratual). Assim, emergiram os protagonismos do mutuário, com vedação dos juros usurários (Decreto n. 22.626/1933), do inquilino comercial (Decreto n. 24.150/1934; atualmente Lei n. 8.245/1991) e do promitente comprador de imóveis loteados (Decreto-Lei n. 58/1937); do trabalhador assalariado (CLT de 1943); do inquilino residencial (Lei n. 4.494/1964; atualmente Lei n. 8.245/1991) e do contratante rural (Estatuto da Terra, de 1964); dos titulares de direitos autorais (Lei n. 5.988/1973; atualmente Lei n. 9.610/1998); do consumidor (CDC, de 1990); do aderente em contrato de adesão (Código Civil).

Esses direitos contratuais especiais têm em comum a intervenção legislativa e a consequente limitação da autonomia privada. Essa limitação, paradoxalmente, tem por fito a garantia da autonomia negocial real, pois a proteção do contratante vulnerável assegura-lhe condições efetivas de paridade de armas com o outro contratante. Assim, reafirma-se o equilíbrio e reciprocidade da autonomia negocial, para que não seja exercitada apenas por uma das partes.

O legislador define *a priori* qual a posição contratual que deve ser merecedora de proteção ou do grau desta proteção, o que afasta a verificação judicial caso a caso. Não pode o juiz decidir se o trabalhador, o consumidor, o aderente, por exemplo, são mais ou menos vulneráveis, em razão de maior ou menor condição econômica, para modular a proteção legal, ou mesmo excluí-la. A lei leva em conta o tipo médio de vulnerabilidade, com abstração da situação real em cada caso. E assim é para se evitar que as flutuações dos julgamentos, ante as variações individuais, ponham em risco o princípio da tutela do contratante vulnerável.

Até mesmo entre empresas pode ocorrer vulnerabilidade jurídica, quando uma delas esteja submetida a condições gerais dos contratos predispostas pela outra, qualificando-se como contratante aderente em contrato de adesão (Código Civil, art. 423). São situações comuns de vínculos contratuais permanentes interempresariais para fornecimento de produtos ou serviços a pessoas físicas ou a empresas, como as das concessionárias, as das fornecedoras de água, de luz, de telefonia, de seguros, de acesso à rede de computadores; de manutenção de programas etc.

É importante assinalar que o desequilíbrio pode não ser apenas jurídico, que é o campo próprio do princípio da equivalência material, mas também econômico, em sistemas como o brasileiro, que admite o instituto da lesão. Nesta, o desequilíbrio é fundamentalmente econômico, de cuja natureza é a vantagem obtida pela exploração do estado de necessidade ou de inexperiência da outra parte.

A falta de equivalência material conduz a dois tipos de consequências: de um lado, a sanção de invalidade de parte ou da totalidade do contrato, por violação de norma cogente (o princípio jurídico da equivalência material); de outro lado, a interpretação do contrato em conformidade com o princípio, quando for possível a conservação do contrato ou da parte dele, que sejam fontes da falta de equivalência.

8.10 Princípio da boa-fé objetiva no contrato

A boa-fé objetiva, como princípio geral do direito civil, que acima destacamos, especializa-se notadamente nas relações contratuais, como princípio próprio.

A história da relevância do princípio da boa-fé objetiva nos contratos relaciona-se com a da autonomia da vontade. Pode-se mencionar, como ressaltou Clóvis do Couto e Silva (1997, p. 34), que no século XIX o princípio da autonomia foi o mais importante, e o conceito de *pacta sunt servanda* o seu corolário, o que importou profunda restrição ao princípio da boa-fé, em virtude do predomínio do voluntarismo jurídico e da obediência ao direito estrito, além da doutrina da separação absoluta dos poderes, que restringia o poder criador da jurisprudência. Esse ambiente ideológico justifica a quase ausência da boa-fé contratual no Código Civil de 1916.

O Código Civil, art. 422, refere-se a ambos os contratantes, não podendo o princípio ser aplicado apenas ao devedor. Nas relações de consumo, todavia, ainda que o inciso III do art. 4º do CDC cuide de aplicá-lo a consumidores e fornecedores, é a estes que ele se impõe, principalmente em virtude da vulnerabilidade estrutural daqueles. Por exemplo, no que concerne à informação, o princípio da boa-fé volta-se em grande medida ao dever de informar do fornecedor.

Além dos tipos legais expressos de cláusulas abusivas, o Código de Defesa do Consumidor elegeu a boa-fé como princípio fundamental, que permite ao aplicador ou intérprete o teste de compatibilidade das cláusulas ou condições gerais dos contratos de consumo. No inciso IV do art. 51, a boa-fé, contudo, está associada ou alternada com a equidade ("com a boa-fé ou a equidade").

A melhor doutrina tem ressaltado que a boa-fé não apenas é aplicável à conduta dos contratantes na execução de suas obrigações, mas também aos comportamentos que devem ser adotados antes da celebração (*in contrahendo*) ou após a extinção do contrato (*post pactum finitum*). Assim, para fins do princípio da boa-fé objetiva, são alcançados os comportamentos do contratante antes, durante e após o contrato.

Podem os intervenientes, em razão das negociações preliminares e da expectativa legítima de virem a concluir o negócio, fazer despesas, deixar de aproveitar oportunidades de ganho com terceiros, revelar fragilidades econômicas, jurídicas ou técnicas, fiar-se em conselhos, recomendações ou informações dadas pelo parceiro, tudo porque confiam no bom andamento das negociações e esperam vir a concluir o negócio (Martins-Costa, 2014, p. 218).

Após o contrato, remanescem deveres como os de confidencialidade e abstenção de condutas. O Código de Defesa do Consumidor avançou mais decisivamente nessa direção, ao incluir na oferta toda informação ou publicidade suficientemente precisa (art. 30), ao impor o dever ao fornecedor de assegurar ao consumidor cognoscibilidade e compreensibilidade prévias do conteúdo do contrato (art. 46), ao tornar vinculantes os escritos particulares, recibos e pré-contratos (art. 48) e ao exigir a continuidade da oferta de componentes e peças de reposição, após o contrato de aquisição do produto (art. 32).

O Código Civil não foi tão claro em relação aos contratos comuns, mas, quando se refere amplamente à conclusão e à execução do contrato, admite a interpretação em conformidade com o atual estado da doutrina jurídica acerca do alcance do princípio da boa-fé aos comportamentos *in contrahendo* e *post pactum finitum*. A referência à conclusão deve ser entendida como abrangente da celebração e dos comportamentos que a antecedem, porque aquela decorre destes. A referência à execução deve ser também entendida como inclusiva de todos os comportamentos resultantes da natureza do contrato. Em suma, em se tratando de boa-fé, os comportamentos formadores ou resultantes de outros não podem ser cindidos.

Independentemente do alcance da norma codificada, o princípio geral da boa-fé obriga, aos que intervierem em negociações preliminares ou tratativas, o comportamento com diligência e consideração aos interesses da outra parte, respondendo pelo prejuízo que lhes causar. A relação jurídica pré-contratual submete-se à incidência dos deveres gerais de conduta. Construiu-se, no século XIX, remontando-se ao jurista alemão Ihering, a teoria da culpa *in contrahendo*, para imputar a quem deu causa à frustração contratual o dever de reparar, fundando-se na relação de confiança criada pela existência das negociações preliminares; nessa época de predomínio da culpa, procurou-se arrimo na responsabilidade civil extranegocial culposa, gerando pretensão de indenização. Larenz entende que não apenas procede a indenização do dano em favor da parte que tenha confiado na validade do contrato, mas todo dano que seja consequência da infração de um dever de diligência contratual, segundo o estado em que se acharia a outra parte se tivesse sido cumprido o dever de proteção, informação e diligência. Ou seja, na prática, a infração de dever de conduta pré-contratual deve ser regida pelos mesmos princípios da responsabilidade por infração dos deveres de conduta contratual.

Para António Manuel da Rocha e Menezes Cordeiro (1991, p. 168), o recurso à boa-fé para a solução dos casos de responsabilidade pós-contratual, que denomina "pós-eficácia das obrigações", deve estar fundado em ao menos um dos "elementos mediadores", que seriam os princípios da confiança, da lealdade e da proteção.

A consolidação dessa orientação resulta em verdadeira erosão do princípio do consenso, radicado na autonomia individual, em virtude do surgimento de deveres assemelhados aos contratuais, sem haver ainda contrato. Da mesma forma que este, se o devedor de deveres pré-contratuais não os cumpre, pode o credor exigir indenização por danos em lugar da prestação. A doutrina alemã os enquadra, atualmente, nos deveres de proteção, dirigidos à prevenção e à proteção dos bens jurídicos do credor.

O princípio da boa-fé é considerado como um dos fundamentos da arbitragem, na resolução dos conflitos contratuais a ela submetidos. Assim estabelece, por exemplo, o art. 4º do Acordo sobre a Arbitragem Comercial Internacional do Mercosul, de 1998, promulgado pelo Decreto n. 4.719/2003, com força de lei no Brasil.

8.11 Incidência dos princípios e revisão judicial do contrato

A incidência dos princípios jurídicos aos contratos, quando não há observância voluntária deles, acarreta a revisão judicial.

Vários são os instrumentos de intervenção judicial para a revisão dos contratos de que o direito contemporâneo lança mão: invalidade total, invalidade parcial, redução de encargos desproporcionais, conservação do contrato, conversão do contrato inválido, interpretação do contrato em conformidade com os princípios jurídicos. Esses mesmos instrumentos podem ser utilizados na arbitragem, quando a revisão contratual estiver contemplada em cláusula compromissória que preveja a aplicação do direito brasileiro pelo árbitro, nessa circunstância.

O Código Civil confere o poder do juiz para revisar o contrato, de modo que este não seja instrumento de iniquidade. Ao juiz é dada a moldura normativa, mas o conteúdo deve ser preenchido na decisão de cada caso concreto, motivadamente, inclusive se valendo dos princípios jurídicos e de conceitos indeterminados integrados ao sistema jurídico. Destaquem-se, nessa dimensão, os arts. 157 (lesão), 317 (correção do valor de prestação desproporcional), parágrafo único do art. 404 (concessão de indenização complementar, na ausência de cláusula penal), 413 (redução equitativa da cláusula penal), 421 (função social do contrato), 422 (boa-fé objetiva), 423 (interpretação favorável ao aderente), 478 (resolução por onerosidade excessiva), 480 (redução da prestação em contrato individual). A revisão judicial dos contratos também pode estar assentada na regra geral de vedação do enriquecimento sem causa (arts. 884 e s. do Código Civil).

Nos contratos comuns, não protegidos pela legislação do consumidor, pode ocorrer previsão expressa de revisão, como direito assegurado à parte, em razão de circunstâncias externas à relação contratual. Exemplo é o direito tanto do locador quanto do locatário, para a revisão do aluguel (art. 19 da Lei n. 8.425/1991), quando a locação tiver ultrapassado o prazo de três anos – ainda que tenha havido reajustamentos anuais regulares –, para que ele possa corresponder ao preço de mercado.

Os princípios jurídicos específicos do direito dos contratos, para fins da revisão judicial, contam com a incidência transversal dos princípios da razoabilidade e da proporcionalidade. A razoabilidade e a proporcionalidade servem também como limites da intervenção judicial, pois a revisão do contrato somente é admitida enquanto tenda à conservação do contrato e na medida necessária para restabelecer o equilíbrio.

O juiz de direito foi investido de juízo de equidade (ou poder de moderação) pelo Código Civil, em várias situações. Exemplifique-se com o art. 413, que prevê que a penalidade contratual ou cláusula penal deve ser reduzida equitativamente pelo juiz se a obrigação principal já tiver sido cumprida em parte pelo devedor, ou se o seu montante for manifestamente excessivo. Às vezes, o juízo de equidade é compartilhado pelo juiz com a parte, a exemplo do art. 479, que oferece à beneficiada pela onerosidade excessiva superveniente a oportunidade de requerer a revisão equitativa das condições do contrato, para evitar a resolução deste. A revisão autorizada ao juiz pelo art. 317, na hipótese de desproporção manifesta entre o valor ajustado da prestação e o do seu momento de execução, em virtude de fatos supervenientes, também se realiza mediante juízo de equidade, para se alcançar o valor real da prestação.

O dever de proteção dos contratantes vulneráveis, que é a tônica do direito contratual contemporâneo, projeta-se na revisão judicial dos contratos, para o que se impõe a necessidade de controlar o conteúdo dos contratos, sobretudo nos setores de contratação em massa, ou nos contratos regidos por condições gerais predispostas, principalmente quando estão referidos a bens e serviços essenciais para a comunidade e às necessidades existenciais das pessoas.

A revisão judicial dos contratos é da natureza do Estado social, regido pela Constituição brasileira, consistindo em uma das modalidades de intervenção pública nas relações privadas, especialmente na ordem econômica, para assegurar a plena aplicação dos princípios e normas constitucionais e legais. O descumprimento, por exemplo, dos princípios da função social do contrato, da boa-fé objetiva, da probidade e da proteção do contratante aderente apenas pode ser corrigido mediante a revisão judicial do contrato. Vários institutos do Código Civil, como a lesão e o estado de perigo, só se concretizam com a revisão judicial do contrato.

A Lei n. 13.874/2019 (Lei da Liberdade Econômica) estabeleceu no parágrafo único do art. 421 do Código Civil, a este acrescentado, "a excepcionalidade da revisão contratual". Porém, a revisão judicial do contrato sempre foi e deve ser excepcional, tendo em vista que apenas se impõe quando a autonomia privada negocial é desviada indevidamente de suas finalidades, em colisão com os princípios e as demais normas regentes da relação contratual. É, portanto, uma regra programática redundante; quando muito, mais um critério de interpretação.

A crescente utilização de contratos de execução duradoura para obtenção de fins comuns e a exigência decorrente de cooperação negocial, para além do modelo contratual antagonista, fizeram brotar o direito e o dever recíprocos de renegociação das prestações pactuadas, quando o desequilíbrio econômico e financeiro, em razão do tempo, comprometer a estabilidade e os fins do contrato.

O dever de renegociação assenta-se na crescente compreensão de que o contrato é um processo contínuo de cooperação entre as partes, para a realização comum dos fins propostos. Não é mais um esquema de antagonismo de interesses opostos. Assim, constitui abuso do direito ao adimplemento (Código Civil, art. 187) a parte que obsta os meios que viabilizem a renegociação contratual, quando as circunstâncias a indicarem.

Desenvolvido pela doutrina jurídica, o direito/dever de renegociação ou de renegociar tem sido acolhido expressamente na legislação estrangeira, com fundamentos aplicáveis também ao Brasil. O Código Civil francês, com a redação dada em 2016, ressalta a primazia atribuída ao direito/dever de renegociação, durante a qual o contrato deve continuar a ser executado, para que ele possa desenvolver suas funções sociais e econômicas. Se houver recusa ou falha na renegociação do contrato, as partes podem concordar em resolver o contrato, ou, de comum acordo, submeter ao juiz o pedido de adaptação. Na falta de acordo dentro de prazo razoável, o juiz pode, a pedido de uma das partes, revisar o contrato ou extingui-lo na data e condições que fixar.

No âmbito dos contratos internacionais, o dever de renegociação decorre das cláusulas de *hardship*, previstas nos princípios do UNIDROIT (Instituto Internacional pela Unificação do Direito Privado), do qual o Brasil é membro.

Entre outros subsídios legais para o dever de renegociação, o Código Civil, art. 157, §2º, dispensa a anulação do contrato, se a parte favorecida pela lesão concordar com a redução do proveito obtido ou oferecer suplemento suficiente. O CPC, art. 3º, igualmente, estabelece que a conciliação e a mediação devem ser estimuladas pelos operadores da justiça, inclusive no curso do processo judicial, o que inclui o dever de renegociar o contrato, objeto do litígio.

Para Anderson Schreiber (2018, p. 295), não há necessidade de norma específica estabelecendo, entre nós, o dever de renegociar em contratos desequilibrados, em virtude de ser expressão do valor constitucional da solidariedade social e ante a consagração do princípio da boa-fé objetiva.

Segundo Francesco Galgano (2010, p. 580), o dever de renegociação pode ter previsão expressa no contrato, na hipótese de ocorrerem determinados eventos ou quando se atingir determinado termo de tempo; ou quando não houver previsão no contrato mas, no curso da execução contratual, verificarem-se eventos que modificam sensivelmente as situações de fato, sob cujas bases os contratantes celebraram o contrato. Tais requisitos gozam do consenso doutrinário e, no direito brasileiro, aplicam-se tanto para os contratos paritários quanto para os contratos não paritários.

PRINCÍPIOS DO DIREITO DAS COISAS OU TITULARIDADES

9.1 Princípio da propriedade

A inviolabilidade da propriedade ingressou nas Constituições, como garantia individual, em sua evolução histórica, porém depurada dos excessos que marcaram seu início, quando foi confundida com a própria garantia da pessoa humana. Sua função inicial foi de defesa do proprietário contra os abusos dos governantes absolutistas, que expropriavam os bens arbitrariamente dos particulares, para fazer face às despesas oficiais e, principalmente, das guerras. No plano internacional, a Declaração Universal dos Direitos Humanos estabelece (art. 17) que "toda pessoa tem direito à propriedade, individual ou coletivamente" e "ninguém será privado arbitrariamente de sua propriedade".

No curso da Revolução Industrial e do desenvolvimento do capitalismo entre o século XVII e o século XVIII, o direito de propriedade foi reivindicado, em primeiro lugar e com maior intensidade, por parte da nascente burguesia industrial, contrapondo-se como principal bastião ao poder arbitrário do soberano. Para Danilo Zolo (2001, p. 87-89), a defesa da propriedade privada ilimitada foi um dos elementos cardeais da revolução burguesa, opondo-se igualmente à teologia patrística que a condenava como uma instituição que satisfazia o egoísmo dos ricos e sancionava a exclusão dos pobres.

Contra o absolutismo do Estado, antepôs-se o absolutismo do proprietário. Dois extremos que exigiram o advento da compreensão de que o princípio da inviolabilidade da propriedade não é absoluto, pois deve se conformar com o da função social, na harmonização permanente entre interesses individuais e interesses sociais e ambientais.

A concepção absolutista da propriedade levou à concepção absolutista dos direitos subjetivos, que se desenvolveu à sombra dela. Direitos subjetivos que não se tocavam ou interagiam, segundo a visão individualista, que sublimou o egoísmo humano. Na modernidade, desenvolveu-se a ideologia do individualismo possessivo, desembocando nas codificações que asseguraram, principalmente, o direito de dispor, tornado a modalidade essencial de nossa relação com as coisas; a propriedade-conservação dos antigos converteu-se em propriedade-circulação e propriedade-especulação.

Outro aspecto relevante, acentuado por Stefano Rodotà (2013, p. 91) é o progressivo afastamento da propriedade como direito natural, por uma visão "civil" de sua disciplina, na qual o momento individual é integrado pelo momento social.

O processo de constitucionalização da propriedade, que atrai a da posse e as de outras titularidades, iniciou-se com as Constituições do México de 1917 e com a da Alemanha, de 1919. O art. 27 da Constituição mexicana afirmava que a propriedade das terras era originalmente da nação, que podia transmitir o domínio delas aos particulares; estabeleceu, ainda, regras fundamentais para conservação do meio ambiente, fracionamento dos latifúndios, melhoramento das condições de vida da população rural e urbana. Mas é na Constituição alemã de 1919 (Weimar) que, pela primeira vez, a propriedade é concebida como complexo de direitos e deveres fundamentais. Assim dispôs seu conhecido art. 153: "A propriedade obriga. O seu uso deve ao mesmo tempo servir ao bem-estar geral". Essa norma foi repetida no art. 14.2. da Constituição alemã de 1949, que continua em vigor.

Na contemporaneidade, a garantia da inviolabilidade da propriedade é exercida em conformidade com as garantias, igualmente constitucionais, dos que são por ela afetados e pelos não proprietários. Estão compreendidas nessa dimensão leis especiais que regulam o exercício da propriedade, como as leis urbanísticas, os planos diretores das cidades, o zoneamento rural, as limitações de uso, a legislação ambiental, o patrimônio histórico, artístico, cultural, turístico, as modalidades de pertenças e titularidades dos povos originários ou tradicionais.

A propriedade é o grande foco de tensão entre as correntes individualistas e solidaristas. O direito de propriedade, no Estado democrático e social de direito, como o da Constituição de 1988, termina por refletir esse conflito. No art. 5º, dois incisos estabelecem regras que constituem uma antinomia, se lidos isoladamente: o XXII ("é garantido o direito de propriedade") é a clássica garantia da propriedade privada, do Estado liberal; o XXIII ("a propriedade atenderá a sua função social") é a dimensão solidária, própria do contemporâneo Estado social. A antinomia é reproduzida no art. 170, que trata da atividade econômica. Em um, dominante é o interesse individual; em outro, é o interesse social. Mais que uma solução de compromisso, houve uma acomodação do conflito.

O caminho indicado para a superação do conflito ou impasse é a incidência do princípio da proporcionalidade, largamente adotado pelos teóricos da interpretação constitucional e pelas cortes constitucionais, nomeadamente o do balanceamento de direitos e interesses em conflito (Canotilho, 1995, p. 83). Veda-se a interpretação isolada de cada regra, ou a hegemonia de uma sobre outra, devendo-se encontrar o sentido harmônico de ambas, pois têm igual dignidade constitucional.

No Brasil, a ebulição do ideário de solidariedade social e justiça social repercutiu nas constituições editadas desde 1934, abandonando-se o modelo individualista e absolutista de propriedade que predominou nas constituições de 1824 e 1891. Na Constituição de 1934, que introduziu o Estado social no Brasil, seu art. 113 assim determinava: "É garantido o direito de propriedade, que não poderá ser exercido contra o interesse social ou coletivo, na forma que a lei determinar". A propriedade saiu de seu casulo exclusivamente individual, segundo o modelo do Código Civil de 1916, e inseriu-se na dimensão social, como requisito para seu exercício, assim permanecendo antes e após o advento da Constituição de 1988.

De todas as matérias de direito civil elevadas ao plano constitucional, como direitos e deveres fundamentais, a propriedade foi a que recebeu o maior número de preceitos na Constituição de 1988. A Constituição não adota um único modelo de propriedade, mas de várias modalidades de titularidades sobre coisas e bens imateriais, de natureza econômica. Para a Constituição, portanto, a propriedade é plural.

Depreende-se da Constituição que a utilidade e a ocupação efetivas são determinantes, prevalecendo sobre o título de domínio, que transformava o proprietário em senhor soberano, dentro de seus limites, permitido como estava a usar, gozar e dispor de seus domínios como lhe aprouvesse, segundo conhecida formulação da legislação civil tradicional. O direito à habitação ou à moradia ingressou na

Constituição como direito social autônomo (art. 6º), competindo com o direito de propriedade.

Além da garantia do direito "de" propriedade, a Constituição garante o direito "à" propriedade (art. 5º, *caput*), sendo este antecedente daquele. A Constituição assegura a toda pessoa o direito a ter bens, ou o direito a ter direito. Esse direito pode ser inclusive mediante legitimação de posse atribuída legalmente a moradores de áreas ocupadas de domínio público ou privado, que tenham sido objeto de demarcação urbanística. Essa posse é objeto de legitimação por ato do poder público e de registro público, que era apenas assegurado ao direito de propriedade. É um título de posse e não de propriedade.

O modelo constitucional de direito de propriedade e de direito de acesso à propriedade inserem-se no sistema de economia de mercado. Essa associação entre propriedade e mercado cada vez mais é objeto de análise da doutrina civilista. Assim, para que a propriedade seja exercida segundo o estalão dos deveres fundamentais que a conformam é necessária sua interação com a regulação social e pública do mercado.

Há uma certa ambivalência do próprio termo propriedade, como é utilizado na Constituição e nas leis, que ora significa direito do titular ora significa a própria coisa. Essa ambivalência é comum nos sistemas jurídicos, como sublinha Anne-Françoise Zattara (2001, p. 178) em relação ao direito francês, confundindo-se os sentidos subjetivos e objetivos. No direito internacional correspondem ao sentido unívoco de "bens" corpóreos e incorpóreos.

No cenário de humanismo socialmente comprometido é que se tem desenvolvido a doutrina do patrimônio mínimo. Para Luiz Edson Fachin (2001, p. 3), não se pode confundir propriedade com patrimônio, nem identificar propriedade tão só com propriedade privada. "A noção de patrimônio personalíssimo, assumidamente paradoxal, está agregada à verificação concreta de uma real esfera patrimonial mínima, mensurada pela dignidade humana à luz do atendimento de necessidades básicas e essenciais". Nesse sentido, a titularidade das coisas não pode ser um fim em si mesmo, e, considerando a inexistência de definição prévia, o patrimônio mínimo assenta no princípio da subsistência digna, podendo ser formado por um ou mais bens (Fachin, 2001, p. 309), não apenas coisas ou direitos sobre estas.

9.2 Força dos fatos: a tutela da posse

A Constituição não trata diretamente da posse, mas sua tutela deriva dos princípios e regras voltadas à concretização da função social da propriedade. A Constituição, que estabelece enfaticamente ser "garantido o direito de propriedade", não tem dispositivo semelhante em relação à posse. Mas, de acordo com Teori Zavascki (2002, p. 847-849), é possível detectar no ordenamento constitucional diversas maneiras de tratamento do tema: tutela da posse que importa limitação ao uso da propriedade, tutela da posse paralelamente ao direito de propriedade e, finalmente, tutela da posse como modo de aquisição do direito de propriedade. Cita como exemplos o meio ambiente, tido como bem de uso comum, cujos usuários dos recursos naturais não são apenas os proprietários, mas também os possuidores, além da usucapião especial de terrenos urbanos e rurais.

A razão desse inconcluso conflito entre a realidade da posse e sua concepção jurídica radica no triunfo da ideia do direito de propriedade individual, após o advento da modernidade liberal, na virada do século XVIII para o século XIX, com as características ainda hoje predominantes. A concepção tradicional do direito de propriedade individual parece ser hostil à posse, que apenas é admitida como exercício daquele.

A posse perdeu sua importância histórica como legitimação de pertencimento de coisa, fundado na utilidade real, em prol de uma titulação abstrata (ato jurídico com força de transmissão – modelo de alguns sistemas jurídicos – ou ato jurídico mais registro público ou tradição – modelo brasileiro) favorecedora da livre circulação. Contudo, a força dos fatos (a realidade da posse) é maior que a idealização da propriedade, como demonstram as vicissitudes por que passa a legislação brasileira, inclusive o Código Civil de 2002, que destina à posse regulamentação própria, introduzindo o direito das coisas.

Nos primeiros séculos da existência do Brasil, após o descobrimento pelos portugueses, a posse/utilidade era o título por excelência de pertencimento das coisas. As terras foram concedidas, durante o longo período do sistema de sesmarias, com a condição suspensiva de sua utilização efetiva, sob pena de devolução ao Estado (daí a denominação de terras devolutas). Ou seja, sem posse efetiva, a concessão se extinguia ou deveria se extinguir.

As sesmarias foram os instrumentos legais mais utilizados pela metrópole portuguesa, mediante as quais eram concedidas ou legitimadas posses ou direitos de uso sobre vastas extensões de terras, com intuito de povoamento da colônia, desde que fossem efetivamente exploradas dentro do prazo de cinco anos (Ordenações Filipinas, L. 4, T. 43, 3), mas sem transmissão do domínio, que permanecia sob a titularidade do Reino. Não era a terra que o Reino dava, mas a posse ou usufruto dela.

A Lei de Terras de 1850 teve o propósito – ao contrário do que se disse – de acabar com as posses que proliferaram à margem das sesmarias, como se fosse possível acabar com essa força da natureza, que é a posse. E ela continuou insurgente até hoje, impondo-se, às vezes, à titularidade proprietária. A posse, portanto, é protagonista constante da evolução do direito das coisas no Brasil, ao lado da propriedade.

9.3 Titularidades antigas e novas

Na contemporaneidade, com reflexo nas constituições dos países ocidentais, em vez de um direito de propriedade têm-se direitos de propriedades de conteúdos e finalidades diversas, ou, como disse Salvatore Pugliatti (1964, p. 149), estatutos diversos de apropriação de bens, irredutíveis a um único, ou de direito de vários conteúdos, relativos a interesses que apresentam somente analogia genérica, não se enquadrando em um esquema único (Pugliatti, 1964, p. 251). Impõe-se, assim, no dizer de Stefano Rodotà (2013, p. 68), o abandono da noção unitária e formal da propriedade e uma recomposição do nexo entre expectativas econômicas e tutela proprietária.

A concepção de titularidade, que se desprende da Constituição, é mais ampla que o tradicional domínio sobre coisas corpóreas, principalmente imóveis, que os códigos civis ainda alimentam. Envolve a própria atividade econômica, abrangendo o controle empresarial, o domínio sobre ativos mobiliários, a titularidade de marcas, patentes, franquias, biotecnologias e outras titularidades sobre bens incorpóreos ou intelectuais. As titularidades sobre coisas materiais e sobre bens imateriais pouco têm em comum, por exemplo. Ou entre propriedade e poder de controle de empresa. Cogita-se da distinção entre propriedade estática e propriedade dinâmica (atividade).

As titularidades particulares ou coletivas sobre as coisas, incluindo a propriedade, a posse, os direitos reais, bens imateriais e intelectuais, tem fundamento constitucional, assegurando sua inviolabilidade.

As riquezas são transferidas em rápidas transações de bolsas de valores, transitando de país a país, em investimentos voláteis. Todas essas dimensões de titularidades sobre bens econômicos estão sujeitas ao mandamento constitucional da função social.

Há modalidades de titularidades previstas na Constituição que rompem o modelo moderno de propriedade: as terras das comunidades indígenas (art. 231, regulamentado pelo Estatuto do Índio – Lei n. 6.001/1973); a propriedade coletiva em favor das comunidades quilombolas (art. 68 do ADCT, regulamentado pelo Decreto n. 4.887/2003); o direito de uso coletivo, em favor das populações extrativistas tradicionais (art. 225, §1º, III, regulamentado pela Lei n. 9.985/2000).

As comunidades quilombolas são formadas por afrodescendentes dos que foram vítimas da escravidão. Diferentemente das terras indígenas, que têm titularidades compartilhadas entre a União (nua-proprietária) e a comunidade (usufrutuária), a Constituição assegura às comunidades quilombolas o direito de propriedade definitiva e coletiva sobre as terras que estejam ocupando, cabendo ao Estado emitir o título respectivo. Garantiu-se o direito à propriedade coletiva a essas comunidades, definidas por culturas imemoriais. A propriedade deve ser exercida pela comunidade, de acordo com os seus costumes e tradições, não podendo ser desmembrada entre seus integrantes. O título de domínio contém cláusulas de indivisibilidade, inalienabilidade, imprescritibilidade e impenhorabilidade.

O que de comum há nessas titularidades coletivas é o reconhecimento da posse comunal e coletiva e o direito real de uso e fruição, sem possibilidade de apropriação individual. Ante suas características singulares e próprias, as titularidades comunitárias não estão sujeitas ao regime comum do direito de propriedade individual e exclusiva, não podendo ser objeto de transação, ocupação, usucapião e posse individuais, inclusive dos próprios membros dessas comunidades.

Nas titularidades comunitárias não é só o pertencimento da coisa que interessa. São igualmente merecedores da tutela jurídica a cultura, os costumes, a integração com os demais seres vivos que integram a cosmovisão dessas comunidades.

As novas titularidades, especialmente sobre bens digitais ou virtuais, afastam-se da concepção clássica de propriedade, como apropriação e pertencimento de coisa ao titular individual. Há uma tendência para sua substituição pelo uso compartilhado de bens corpóreos ou incorpóreos sem apropriação ou pertencimentos individuais, notadamente em razão das novas tecnologias.

A titularidade do uso compartilhado é predominante na multipropriedade, no modelo de locação temporária de imóveis ou móveis, no acesso a músicas, vídeos, filmes (*streamings*). O direito de uso ou de acesso a esses bens não se faz em relação com os titulares ou produtores desses bens, mas sim com empresas intermediárias. Na economia compartilhada, essas titularidades de mero uso são voláteis, pois a plataforma de *streaming* pode subtraí-las ou cancelá-las de acordo com seus interesses de mercado.

No que concerne à multipropriedade, sua classificação jurídica sempre foi tormentosa, flutuando entre obrigação ou titularidade real, optando o direito brasileiro por enquadrá-la como espécie de condomínio (Código Civil, art. 1.358). Seus múltiplos titulares, no entanto, não são condôminos no sentido que o direito atribui tanto ao condomínio comum quanto ao condomínio edilício ou de casas. Não podem extinguir o condomínio e não são titulares de unidades específicas. São titulares de partes ideais indivisíveis cuja utilidade se dá por tempos de uso (meses, semanas, dias) entre eles acordados e quase sempre sob gestão de terceiro. A multipropriedade, em razão de sua finalidade, incide não apenas sobre a unidade imobiliária, mas também sobre todas as instalações, mobiliário, equipamentos e pertenças nela existentes e destinadas ao uso e gozo dos titulares.

Os fundos de investimentos são também titularidades voláteis, nos quais os investidores aplicam recursos financeiros sob controle de gestores que detêm o poder de escolha das atividades econômicas destinatárias, que podem ser modificados de acordo com critérios que são estranhos aos investidores. Esses fundos não detêm personalidade jurídica, mas passaram a controlar a maior parte das atividades econômicas no curso do século XXI. Assim, têm-se, da parte dos investidores, titularidades de quotas financeiras flutuantes do fundo de investimento, sem qualquer reflexo ou poder de controle sobre as titularidades das atividades econômicas deles destinatárias, com graus maiores ou menores de risco, segundo as opções dos gestores. Os fundos de investimento terminaram por ser enquadrados pelo Código Civil (arts. 1.368-C a 1.368-F) como condomínio "de natureza especial", forçadamente, ante a dificuldade de sua classificação. Ou seja, é condomínio de capitais móveis e de entidade não personificada. Diferentemente dos demais tipos de condomínio, suas partes ideais não são fixas e nem recaem sobre coisas ou sobre o patrimônio da empresa destinatária dos recursos aplicados pelo gestor, mas sim sobre valores flutuantes, que podem ser aumentados e reduzidos por atos de cada investidor, de acordo com o regulamento, sem afetar o suposto condomínio nem os demais investidores ("condôminos"). Cada investidor não é sócio da entidade administradora ou prestadora de serviços, incumbida de realizar as aplicações financeiras.

9.4 Princípio da tipicidade

O princípio da tipicidade remete ao tipo e diz respeito ao conteúdo de cada direito real, permitindo distinguir um de outro, independentemente da denominação que se utilize. A tipicidade, minuciosamente determinada em lei (tipicidade fechada), não pode ser alterada livremente por seus titulares, salvo nos pontos em que a própria lei admite. As normas jurídicas regentes dos tipos de direitos reais são, em sua maior parte, de natureza cogente, deixando pouco espaço para normas dispositivas.

A função da autonomia privada, no direito das coisas, é fortemente limitada, podendo escolher o tipo de direito real, mas não o criar, nem determinar livremente seu conteúdo, ao contrário do que ocorre com o direito das obrigações negociais. Com essa restrição da autonomia privada, diz Jan Schapp (2010, p. 24), que não é pronunciada expressamente pela lei, mas que resulta de todo contexto da regulamentação do direito das coisas, o legislador leva em conta a ideia de proteção das relações jurídicas.

No antigo direito vigorava, ao contrário, o princípio do *numerus apertus*, que incluía a superposição de direitos sobre a mesma coisa e o que hoje chamaríamos obrigações positivas *propter rem* (Ascensão, 1968, p. 73). Os historiadores apontam sua origem na reação das grandes codificações modernas ao modelo medieval aberto e pluralista dos direitos sobre as coisas e na necessidade de evitar que retornassem, pondo em risco a concepção de propriedade individual e exclusiva.

Na contemporaneidade, discute-se a oportunidade e conveniência da manutenção do princípio da tipicidade fechada dos direitos reais e o questionamento de suas razões históricas. Em prol do modelo fechado, emergem a segurança jurídica e a ordem pública, pois os encargos que poderiam onerá-los são apenas os que a lei reconhece. O principal argumento contrário é a falta de razoabilidade na desconsideração da autodeterminação das pessoas, ou da autonomia privada. Nos contratos paritários, onde não se identifica contratante vulnerável, as partes deveriam ter a liberdade de criar direitos reais ou encargos de natureza real e não apenas obrigacional. A lei deveria fixar apenas os pressupostos e requisitos gerais para a constituição de direito real. Um segundo argumento é a crescente aproximação dos direitos reais e obrigacionais, não fazendo mais sentido a rígida dicotomia tradicional entre direitos pessoais e direitos reais, quando são ambos de natureza econômica ou patrimonial. Um terceiro argumento é o crescimento, às margens da enumeração fechada e da tipicidade real, das obrigações com efeitos reais e *propter rem*, vinculadas à coisa, independentemente de quem seja seu titular.

Alude-se à crescente contratualização do direito de propriedade e dos direitos reais, em escala mundial, argumentando alguns que todos os resultados importantes, no âmbito patrimonial, podem ser alcançados com o direito dos contratos; e outros com o crescimento dos efeitos dos contratos em relação a terceiros e do uso criativo do contrato para fragmentação da propriedade (Akkermans; Ramaekers, 2012, p. 4).

Será que o direito real é apenas o que a escolha arbitrária ou pragmática do legislador define? Entendemos que há características e requisitos que são comuns a todas as espécies, independentemente do legislador: poder jurídico sobre a coisa, direito de sequela e oponibilidade às demais pessoas; acrescente-se que o objeto da relação jurídica é uma coisa e não uma prestação. Alguns civilistas acrescentam como características a ambulatoriedade, a publicidade, a especialidade e a preferência, as quais, para nós, não estão presentes em todas as espécies de direito real.

9.5 Princípio da função social da propriedade e da posse

A função social importa limitação interna, positiva, condicionando o exercício e o próprio direito, além da limitação externa que é estabelecida pela legislação. Lícito é o interesse individual quando realiza, igualmente, o interesse social. O exercício do direito individual da propriedade deve ser feito no sentido da utilidade, não somente para si, mas para todos. Daí ser incompatível com a inércia, com a inutilidade, com a especulação. Neste sentido é o art. 1.228 do Código Civil, ao estabelecer que a propriedade deve ser exercida "em consonância com suas finalidades econômicas e sociais", com preservação do meio ambiente, havendo a perda da propriedade quando for ocupada por mais de cinco anos por considerável número de pessoas que tenham nela realizado obras de interesse social, inclusive moradias.

A Constituição de 1988 elevou a função social da propriedade à categoria de direito fundamental. Os institutos jurídicos da propriedade e da função social estão visceralmente imbricados, devendo ser interpretados conjuntamente. Não há propriedade sem função social.

Na Constituição (art. 170), a função social da propriedade é ordenada para a realização da justiça social. Assim, quando a propriedade integra a atividade econômica, compondo-a ou sendo objeto de circulação, deve seu exercício realizar "os ditames da justiça social". O princípio normativo da função social da propriedade (inciso III do art. 170) é, consequentemente, modo de realização da justiça social, que, por sua vez, tem por fito "assegurar a todos existência digna", para o que é necessário "reduzir as desigualdades sociais" (CF, arts. 3º, III, e 170, VII). Desse modo, a existência digna de todos que sejam afetados pelo exercício da posse e da propriedade é a finalidade última da função social destas, e o meio para alcançá-la é a redução das desigualdades sociais.

A função social da propriedade ou da posse não é meta a ser alcançada. É princípio jurídico do qual emergem deveres jurídicos conformados pelo megaprincípio da justiça social. Sem a prossecução da justiça social, a função social da propriedade e da posse descola-se indevidamente de sua fundamentação constitucional e abre-se em especulações vazias de sentido.

Todas as dimensões de propriedade ou posse estão sujeitas ao mandamento constitucional da função social. Como acentua Gustavo Tepedino (2011, p. 444), os fundamentos da posse precisam ter em conta a promoção dos valores sociais constitucionalmente estabelecidos e sua relação com os direitos fundamentais.

A ideia de função social da propriedade – e, por correlação, da posse – deriva da integração de deveres à propriedade. Ou seja, a propriedade é direito, mas também é dever. O século XIX foi o triunfo do direito soberano e irrestrito da propriedade, da soberania individual sobre a coisa. A propriedade foi o direito subjetivo por excelência, concebido como paradigma para todos os outros. No século XX ocorre progressivamente a viragem no sentido de se ter a propriedade, igualmente, como fonte de deveres, no direito positivo.

Os deveres que configuram a função social são deveres em relação à sociedade, aos interesses sociais ou coletivos. Não são apenas deveres correlativos ao direito subjetivo, isto é, os que se atribuem a todos os outros para que respeitem aquele, para que não o violem. São deveres atribuídos ao próprio titular, ao proprietário (ou possuidor), no sentido de exercer o poder de fato ou de direito não apenas para atender seus interesses individuais legítimos, mas também e necessariamente os interesses da sociedade ou da comunidade onde está inserido o objeto de pertencimento.

Segundo Joseph William Singer (2000, p. 6-8), na atualidade, direito de propriedade e regulação não são inimigos mortais, na sociedade democrática, pois "o reconhecimento e o exercício do direito de propriedade afetam os interesses dos outros, incluindo outros proprietários e não proprietários". O exercício do direito de propriedade repercute inevitavelmente no ambiente social, para o bem ou para o mal.

Na contemporaneidade, a função social distanciou-se da concepção de limites externos, passando a integrar os próprios conteúdos da propriedade e da posse. Esta é a orientação que se adotou na Constituição de 1988. Integra como conjunto de deveres que devem ser cumpridos pelo titular sempre que exerça seus poderes de fato ou de direito. Não é apenas algo externo, mas também interno a essas titularidades, determinando suas próprias naturezas e seus exercícios. Veja-se que a Constituição utiliza enunciados que remetem a deveres e não a limites, a exemplo do art. 182, §2º ("A propriedade urbana cumpre sua função social quando atende às exigências [...]"). Cumpre-se o que se deve. Aí não está dito que a propriedade está limitada à função social, mas sim que esta é dever jurídico que deve ser cumprido. Assim também no art. 186 ("A função social é cumprida quando a propriedade rural atende [...]"). Neste último, a função social é desdobrada em alguns deveres jurídicos, de cumprimento permanente, como aproveitamento racional e adequado da terra, preservação do meio ambiente, observância da legislação trabalhista, favorecimento do bem-estar dos proprietários e trabalhadores. No caso da propriedade urbana, outros mecanismos de intervenção estatal estão previstos: o parcelamento ou a edificação compulsórios e o imposto progressivo no tempo. O conflito entre a concepção individualista da propriedade e a concepção social emerge na reação que se nota nos tribunais à implementação, pelos municípios, do imposto progressivo sobre terrenos urbanos desocupados, apenas utilizados para fins especulativos.

Deveres jurídicos permanentes que se impõem e condicionam o exercício da posse e da propriedade não podem ser considerados limites externos. Compare-se, por exemplo, com as limitações administrativas de não construção de edificações em determinados zoneamentos urbanos, ou de fixação de recuos para construções às margens de rodovias, ou de sujeição à passagem de redes de transmissão de energia elétrica. Esses são exemplos de limitações externas e não de deveres impostos ao exercício do direito de propriedade ou ao exercício da posse.

A função social da propriedade como limite externo "parece superado na doutrina contemporânea" (Ruzyk, 2011, p. 252), pois a compreensão da propriedade como um direito que contém, em sua estrutura e no seu interior, uma função social, afastaria entendimentos advindos de suas primeiras concepções no século XIX. Nesse sentido, também, Gustavo Tepedino (2013, p. 266): "a função social da propriedade, como expressão da primazia constitucional dos valores de solidariedade, igualdade e dignidade humana, torna-se elemento interno do domínio", não mais podendo ser vista como a atribuição de poder tendencialmente pleno, cujos confins são definidos externamente, ou com caráter predominantemente negativo. Igualmente, Eros Grau (2002a, p. 255), para quem o que mais releva enfatizar é o fato de que o princípio da função social da propriedade impõe ao proprietário o dever de exercê-lo em benefício de outrem e não, apenas, de não o exercer em prejuízo de outrem.

A posse, assim como a propriedade, deve exercer uma função social e não apenas individual, segundo o estalão constitucional (arts. 5º, XXIII; 170, III, da Constituição). Não basta o uso econômico da coisa, que se revela por sinais exteriores, pois é necessário que realize a função social, segundo os critérios legais, para que a proteção seja assegurada à posse.

O direito à posse recebeu especial influxo da ideia de função social da propriedade. A posse, para continuar merecedora da proteção jurídica e ser instrumento mais democrático de acesso das pessoas às coisas, há de realizar sua função social, ao lado da função individual. Toda a rica produção intelectual que se tem em torno da função social da propriedade, em nosso meio, aplica-se, com mais razão, à posse, pois é esta que a realiza, na dimensão positiva da utilização real da coisa. Porque, como diz Luiz Edson Fachin (1988, p. 13), a posse não é somente conteúdo do direito de propriedade, mas sim sua causa, entendida com sua força geradora, e sua necessidade, pois exige sua manutenção sob pena de recair sobre a coisa a força aquisitiva, mediante usucapião; por isso, a função social é mais evidente na posse do que na propriedade (Fachin, 1988, p. 19), por sua natureza de uso e utilização.

A doutrina tem distinguido a função social da posse em duas situações: 1) quando a posse está integrada à propriedade; 2) quando a posse é autônoma. Na primeira situação, a função social da posse coincide com a da propriedade, pelo exercício desta. Quando a posse é autônoma, entende Gustavo Tepedino (2011, p. 57) que sua função social mostrase essencialmente dúctil e define-se *a posteriori*, dependendo do direcionamento do exercício possessório a valores protegidos pelo ordenamento (dignidade da pessoa humana, solidariedade social, igualdade, moradia, trabalho), que a legitimem e justifiquem sua proteção legal, inclusive contra o proprietário.

Nem sempre a posse está em conformidade com a função social, não havendo presunção de que seu exercício esteja orientado a uma finalidade social relevante, máxime nas situações de posses equivalentes a latifúndios ou que promovam devastação ambiental.

A função social ressalta a utilização da coisa, razão por que está mais próxima da posse do que da propriedade. A posse, por ser poder de fato, é concreta e real, enquanto o direito de propriedade é abstração, desenvolvida no mundo idealizado ou dos pensamentos. Quando se diz função social da propriedade pressupõe-se a da posse que a integra. Mas a circunstância de a função social da propriedade estar inserta nas garantias constitucionais não lhe confere qualquer primazia em relação à função social da posse.

As titularidades sobre as coisas devem ser compatíveis com a tutela do meio ambiente, que foi elevado a macrolimite constitucional (artigo 225 da Constituição), no sentido da consecução da sustentabilidade ambiental.

O conceito de sustentabilidade é recente. Foi somente em 1987, no relatório Nosso Futuro Comum, da comissão Brundtland da ONU, que passou a ser utilizado pela comunidade internacional. De lá para cá, o conceito de que precisamos "atender às necessidades do presente sem comprometer as oportunidades das gerações futuras" se consolidou.

9.6 Princípio da sustentabilidade ambiental

Considera-se meio ambiente "a interação do conjunto de elementos naturais, artificiais e culturais que propiciam o desenvolvimento equilibrado da vida humana" (Silva, 1981, p. 435).

Essa compatibilização não é tarefa fácil, o que importa ressignificar a ideia moderna de propriedade como domínio individual exclusivo sobre os bens, para que se ajuste à ideia de bem comum que é ínsita ao meio ambiente.

A interlocução do meio ambiente com a pessoa humana e a propriedade foi objeto das discussões travadas no STF em torno da constitucionalidade de diversos dispositivos do Código Florestal (Lei n. 12.651/2012), quando do julgamento das ADIs 4.901, 4.902, 4.903 e 4.937, em 2018. O colegiado pleno do Tribunal entendeu que o meio ambiente assume função dúplice no microssistema jurídico, na medida em que se consubstancia simultaneamente em direito e em dever dos cidadãos, os quais se posicionam, paralelamente, também de forma simultânea, como credores e como devedores da obrigação de proteção respectiva. Outrossim, o homem é parte indissociável do meio ambiente.

O meio ambiente é bem comum de todos e prevalece sobre qualquer direito individual de propriedade, não podendo ser afastado até mesmo quando se deparar com exigências de desenvolvimento econômico (salvo quando ecologicamente sustentável). É oponível a todos e exigível por todos. A preservação de espaços territoriais protegidos veda qualquer utilização, inclusive para fins de reforma agrária, salvo mediante lei.

Superada está a fase em que o meio ambiente era tido como limite negativo ou externo do direito de propriedade, como marco além do qual este não poderia ir. Qualquer titular de propriedade, ou de direito real, ou de posse deve exercer seu poder de fato ou poder de direito sobre a coisa em conformidade com o meio ambiente, no sentido constitucional de deveres de precaução, defesa e preservação. Esses deveres são positivos e não de omissão. Cada titular foi investido, em razão do art. 225 da Constituição, desses deveres no benefício das atuais e futuras gerações. Essa singularidade do meio ambiente, de defesa, precaução e preservação, desafia a tessitura tradicional do direito de propriedade, conduzindo a sanções positivas.

Dir-se-á que, se por um lado permanece o proprietário plenamente autorizado a fazer uso dos frutos de sua propriedade, que são recursos renováveis, deverá, por outro lado, respeitar a regulamentação e os princípios que estabelecem os deveres de preservação dos recursos raros e frágeis, como as plantas e animais selvagens que se encontrem no seu imóvel. Considerando-se o meio ambiente como patrimônio comum da humanidade, o proprietário é obrigado a agir como mandatário ou gestor responsável, como diz François Ost (1997, p. 372).

Questão inconclusa é se o proprietário deve suportar inteiramente a restrição ou limitação ao uso da propriedade, em virtude dos deveres de defesa e preservação, ou se faz jus à indenização por tais contenções. A indenização, como regra, é incabível quando o Estado cumpre o dever, imposto constitucionalmente, de preservação do meio ambiente. No Brasil, tem sido entendido que a restrição é indenizável, se for de molde a impedir qualquer uso da propriedade ou de parte dela, com efeitos de expropriação. Apenas há desapropriação indireta, indenizável, se a Administração Pública, ao interferir no direito de propriedade: a) aniquilar inteiramente o poder de uso e fruição; b) eliminar, inteiramente, o poder de disposição; c) inviabilizar inteiramente a atividade econômica do proprietário (Benjamin, 1996, p. 230). Não cabe indenização se a intervenção não ultrapassar esses marcos, como sucede com a instituição de reservas legais.

O meio ambiente não existe para o ser humano determinado, mas sim para todos os seres viventes e os ainda não viventes (futuras gerações). A ideia antropocêntrica de que os seres humanos são o centro do mundo e a natureza existe para exploração infinita deles, desenvolvida pelos pais fundadores da modernidade (notadamente Francis Bacon e Descartes), não mais se sustenta na contemporaneidade, especialmente após a conceituação universal de meio ambiente, do qual depende a vida e a sobrevivência da espécie humana.

Segundo Hans Jonas, essa racionalidade estaria na base do descompromisso com o futuro, com as futuras gerações, agravado pela acumulação imensa de poder tecnológico de destruição. O homem não apenas se serve da natureza, mas pode destrui-la e, consequentemente, destruir a si próprio, comprometendo os que virão. "Nenhuma ética anterior vira-se obrigada a considerar a condição global da vida humana e o futuro distante, inclusive a existência da espécie" (Jonas, 2006, p. 33).

9.7 Princípio de acesso aos bens comuns

A doutrina tem chamado a atenção para a distinção existente, na contemporaneidade, entre acesso a bens e propriedade, como titularidades que não se confundem, que se apresentam como categorias autônomas e que estão, em diversas situações, em conflito atual ou potencial (Rodotà, 2012, p. 108).

Pode-se aceder a bens comuns e usufruir de sua utilidade, sem adquirir-lhe a propriedade. O direito de acesso pode ser entendido como instrumento que consiste em satisfazer o interesse de uso dos bens comuns.

Bens comuns são todos aqueles que se destinam ao compartilhamento de todas as pessoas humanas, para suas sobrevivências, ou os que são historicamente compartilhados por comunidades identificadas. Esses bens não podem ser objeto de titularidade exclusiva de quem deles se aproprie. Deles derivam titularidades difusas, ou seja, de todos e de nenhum exclusivamente. A Constituição brasileira qualifica o meio ambiente como "bem de uso comum do povo", permitindo enquadrá-lo como espécie de bens comuns, na sua acepção atual.

O direito de acesso tem sido considerado direito fundamental em relação aos bens comuns, ou que devam ser de uso comum, como a água, o ar, a informação, ante a crescente comercialização desses bens. Assim os direitos à conexão eletrônica livre, aos fármacos, aos alimentos, à Internet. O direito de acesso à água, por exemplo, deve ser garantido a qualquer pessoa humana, ainda que atividades econômicas autorizadas possam dela se utilizar como matéria-prima (v.g., para engarrafamento).

A Lei n. 11.346/2006 estabelece que a segurança alimentar e nutricional consiste na realização do direito de todos ao acesso regular e permanente à alimentação adequada, abrangendo o acesso à água, a conservação da biodiversidade, a promoção da saúde, da nutrição, a produção do conhecimento e o acesso à informação. A Assembleia Geral da ONU aprovou Resolução em 28/7/2010 que reconhece o acesso à água potável e ao saneamento como direito fundamental. Vários países – como o Brasil – têm desafiado a propriedade industrial de fármacos indispensáveis à cura de milhões de pessoas acometidas de doenças letais, por entenderem que a titularidade tem de ser relativizada quando há risco coletivo ao direito à vida.

Para Gunther Teubner (2020, p. 264), por meio das garantias de direitos fundamentais, o acesso do conjunto da população à instituição social da Internet deve ser indisponível. A Assembleia Geral da ONU, em 2014, votou por unanimidade Resolução, segundo a qual o acesso e a privacidade na Internet é direito fundamental. A resolução, além de afirmar o direito de acesso, tem o objetivo de proteger pessoas públicas ou privadas que tenham privacidade online invadida por medidas de vigilância ilegais ou arbitrárias, praticadas por governos ou particulares. O texto da resolução adverte também que metadados revelam informações pessoais e permitem uma "visão sobre o comportamento, as relações sociais, as preferências pessoais e a identidade" das pessoas. O avanço na tecnologia digital teve muitos efeitos sociais positivos. Mas esse movimento inexorável rumo à digitalização da informação também fez com que os governos tivessem maior capacidade para monitorar cidadãos, censurar discursos, bloquear ou filtrar o acesso a informações e acompanhar as comunicações, segundo a *Human Rights Watch*.

A Lei n. 12.965/2014 (Marco Civil da Internet) determina que a disciplina do uso da internet no Brasil tem por objetivo a promoção do direito de acesso a todos, considerado bem de uso comum, incluindo determinadas inviolabilidades, como o não fornecimento a terceiros dos dados pessoais do usuário, salvo mediante consentimento livre, expresso e informado ou nas hipóteses previstas em lei.

A taxinomia dos bens comuns exprime o oposto do "individualismo proprietário", afastando-se da propriedade exclusiva para a propriedade inclusiva, "ou à não propriedade", com o reconhecimento da legitimidade de que se investem sujeitos e interesses diversos em relação a um mesmo bem (Tepedino, 2018, p. 496).

CAPÍTULO 10

PRINCÍPIOS DO DIREITO DAS SUCESSÕES

10.1 Fundamentos do direito à sucessão hereditária

Poucos direitos subjetivos têm sido objeto de tão intensos questionamentos sobre seus fundamentos e pertinência quanto o das sucessões hereditárias.

Alguns pensadores chegaram mesmo a pugnar por sua abolição. Montesquieu, em sua obra *O espírito das leis* (Liv. XXVII), entendia que a lei natural ordenava aos pais que alimentassem seus filhos, mas não os obrigava a fazê-los herdeiros.

Outros enxergaram, nas leis de sucessões, inestimável material de compreensão da evolução dos povos. Alexis de Tocqueville (1997, *passim*) em sua viagem à nascente nação norte-americana, na primeira metade do século XIX, disse que se surpreendia que os publicistas antigos e modernos não tivessem atribuído às leis de sucessões uma grande influência no estado social dos povos, cujas leis políticas não seriam mais que sua expressão. As leis de sucessões operariam sobre a sociedade, apoderando-se em certo modo das gerações antes de seu nascimento. Quando elas ordenaram a partilha por igual dos bens do pai entre todos seus filhos provocaram uma revolução na propriedade, pois os bens mudaram de dono e de natureza, fracionando-se sem cessar em partes cada vez menores, destruindo grandes fortunas e propriedades territoriais, diferentemente do que ocorria com o direito de primogenitura, que garantia sua passagem de geração a geração sem dividir-se, assegurando que o espírito de família se materializasse de certo modo na terra mesma, perpetuando sua origem, sua glória e seu poder.

No antigo direito romano, a sucessão hereditária era distinta da que se desenvolveu na modernidade, porque a propriedade não era da pessoa, mas sim da família, que devia preservar o culto do lar, independentemente da morte da pessoa que a integrava, inclusive do *pater familias*. Como a pessoa não podia ter dois cultos domésticos, a mulher casada e o filho adotivo não herdavam de sua família de origem. Como esclarece Fustel de Coulanges (2011, p. 101) o direito de testar, isto é, o direito de dispor dos bens para outra pessoa que não integrasse a família estava em oposição a essas crenças religiosas. O testamento não era desconhecido, mas, na prática, era muito difícil realizar as formalidades exigidas.

Na Idade Média e no início da Idade Moderna, o direito das sucessões era a parte mais importante do direito, segundo Dirk Heirbaut (2009, p. 77), porque não havia grandes mudanças econômicas nas sociedades antigas e muitas pessoas viviam do que herdavam e transferiam para os herdeiros. O direito das sucessões foi arma poderosa dos revolucionários franceses para a ruptura com o velho regime. O velho direito das sucessões foi abolido em 1789, pois consolidava as ordens estamentais e os poderes estabelecidos: o rei, a igreja e a nobreza. A primogenitura e outros privilégios foram abolidos e substituídos pelo princípio da igualdade entre os herdeiros. No início, os testamentos foram proibidos, pelo receio de que servissem para restauração dos antigos privilégios; mais tarde foram permitidos, mas limitados a um sexto da herança. O objetivo do novo direito das sucessões foi o da mais ampla distribuição da herança. No século XX, os sistemas de direito socialista relegaram a sucessão hereditária aos bens de uso, excluindo os bens de produção.

No passado, o direito das sucessões tinha outras duas funções práticas: manutenção vital e previdência (para as pessoas simples) e concentração de capital (para os mais ricos). A primeira função perdeu consistência na contemporaneidade, em virtude da seguridade social e da elevação da longevidade das pessoas, o que não permite contar com herança na fase inicial da vida adulta. Em relação à concentração de capital para os mais ricos, as empresas e outros mecanismos financeiros tomaram o lugar da sucessão, inclusive com uso do denominado planejamento sucessório.

Alguns questionamentos ético-filosóficos permanecem em torno do direito das sucessões: a) se há fundamentos morais para o direito à herança; b) se há razão moral para as obrigações *post mortem* dos herdeiros, ainda que limitadas às forças da herança; c) se os sucessores devem ser tratados igualmente ou se há razões para desigualdades; d) se as condições e restrições de direitos impostas pelo testador à herança devem ser consideradas válidas.

O direito à sucessão hereditária, no Brasil, acompanhou as vicissitudes das ideias acerca da propriedade e das concepções sociais e jurídicas da família, ao longo da existência deste país desde o início da colonização portuguesa. O direito das sucessões de Portugal, compilado nas Ordenações do Reino, que vigoraram no Brasil até o Código Civil de 1916, era uma confusa agregação de diretrizes tradicionais de direito romano, de usos e costumes centenários dos povos que habitaram a península Ibérica, de direito canônico e de normas e leis editadas pelo Estado.

O direito das sucessões brasileiro não conheceu o direito de primogenitura (preferência para o filho homem mais velho), que era comum em povos europeus. As propriedades rural e urbana obedeciam ao sistema geral do direito das sucessões, com a divisão entre os herdeiros, não tendo o direito de primogenitura grande importância na sucessão legítima no sistema das Ordenações (Couto e Silva, 1997, p. 23).

Durante os três séculos do período colonial e de parte do Império do Brasil, houve superposição do direito do Reino de Portugal e do direito eclesiástico, especialmente em relação à sucessão testamentária. As Constituições Primeiras do Arcebispado da Bahia, nos Títulos XXXVII a XLIV, estabeleceram a prevenção do juízo eclesiástico para execução dos testamentos, de acordo com a concordata do Papa Gregório XV, de pessoas falecidas nos meses de janeiro, março, maio, julho, setembro e novembro e, nos demais meses, o juízo do Reino, além de exortarem os testadores a "se mostrarem agradecidos a suas Igrejas, deixando-lhes partes de seus bens", mediante legados pios.

Não se pode dizer que aos povos indígenas originários se aplicasse qualquer direito das sucessões, pela quase ausência de propriedade privada, suplantada pela vida familiar e grupal e pelo sentimento de lealdade étnica. A Constituição de 1988, art. 231, respeitou e garantiu esses costumes imemoriais, assegurando-lhes o direito de usufruto e a posse "sobre as terras que tradicionalmente ocupam", figurando a União como titular do domínio; essas terras são, quanto ao domínio, insuscetíveis de sucessão hereditária.

Segundo Pontes de Miranda (1972b, p. 173), é no direito romano que estão, na maior parte, as fontes do regime das sucessões dos nossos tempos, inclusive o brasileiro. Cedo lhe acabaram as formas de comunhão familiar. "O materialismo romano, o apetite pugnaz dos bens imediatos e individuais, rapidamente arrebentou os laços do clã romano, da família comunista. Em nenhum povo foi tão violenta e mais rica de consequências a vontade individual de poder", pois o homem não somente queria enriquecer, mas afirmar-se depois da morte, com atribuição do patrimônio a quem continuasse suas tradições sociais e religiosas, o que reflete o sentimento ilusório da imortalidade.

Entendemos, todavia, que o proclamado individualismo dos romanos, inclusive no que concerne à sucessão individual, apenas pode ser aplicado ao *pater familias*. A sucessão hereditária, durante maior parte da história romana, dava-se de *pater familias* a *pater familias* (seu sucessor), que se incumbia de manter o grupo familiar, com suas funções religiosas, econômicas e políticas. A propriedade privada significava que o indivíduo possuía seu lugar em determinada parte do mundo e, portanto, pertencia ao corpo político, isto é, chefiava uma das famílias que, no conjunto, constituíam a esfera pública. Os germanos, que invadiram a península Ibérica e contribuíram para a formação do reino de Portugal, acentuaram a característica familial da propriedade e da sucessão hereditária, que eram marcantes em seus costumes.

O modelo de propriedade das Ordenações do Reino de Portugal, principalmente as Filipinas, era o da propriedade familiar em contexto semifeudal. Assim, havia titularidades em camadas sobre o mesmo bem, que era típico do modo de vida feudal, com grande concentração de propriedade na pessoa do patriarca familiar, cuja morte não poderia alterá-la. Nessa mesma linha, a família girava em torno do patriarca, ao qual ficavam subordinados a mulher, os filhos, a parentela, os agregados e os escravos. A organização da família patriarcal deveria ser mantida quando o patriarca morresse, o que condicionava, em vida, a distribuição desigual de direitos e deveres nos regimes matrimoniais de bens, a legitimidade ou ilegitimidade de filhos, tudo a refletir na sucessão hereditária. No patriarcado, ainda que não houvesse claramente o direito de progenitura, a administração dos bens familiais era tarefa do primogênito sobrevivente, para que se mantivesse a unidade patrimonial, que servia de substrato para as funções política, econômica, religiosa, que a família desempenhava.

Com o advento da República no Brasil, o art. 83 da Constituição de 1891 estabeleceu que continuassem em vigor, enquanto não revogadas, as leis do antigo regime, inclusive as Ordenações Filipinas, que não contrariassem os princípios nela consagrados, revogando-se, consequentemente a morte civil e a diferença entre filhos de nobres e filhos de peões quanto ao direito das sucessões.

O direito sucessório evoluiu de acordo com o regime legal supletivo de bens matrimoniais, preferido pela legislação. Ao longo da história do Brasil, como Colônia e como Estado independente, prevaleceu o regime de comunhão universal de bens, que foi adotado pelas Ordenações do Reino de Portugal e depois pela legislação brasileira, como o Código Civil de 1916. Os romanos praticaram o regime dotal, ou de separação de bens. Foram as Ordenações Afonsinas que introduziram no mundo luso-brasileiro o regime de comunhão universal, de origem germânica. Esse regime praticamente desapareceu das legislações modernas, que tendem para a separação total ou para a comunhão parcial. Somente com o advento da Lei do Divórcio, de 1977, o regime matrimonial de bens mudou para o de comunhão parcial de bens, que foi mantido pelo Código Civil de 2002.

A importância do regime familiar de bens para a evolução do direito das sucessões radica no fato de que os bens que entram na comunhão são divididos pela metade, denominada meação de cada cônjuge ou companheiro ou convivente. Quando um deles morre, apenas sua meação é objeto de sucessão, pois a outra meação pertence, como sempre pertenceu desde a aquisição ou a celebração do casamento ou constituição de união estável, ao outro cônjuge ou companheiro. No Brasil, a predominância quase total é pela incidência do regime de bens legal supletivo, pois são poucos os nubentes que tomam a iniciativa de promoverem, antes ou depois do casamento, a escritura pública para escolha de outro regime de bens. Apenas o regime de separação total de bens é que propicia a sucessão da totalidade dos bens adquiridos pela pessoa que morreu.

O regime legal da comunhão parcial, em vigor desde 1977, exclui da comunhão e, consequentemente, da sucessão os bens que cada cônjuge ou companheiro adquiriu antes do casamento ou da constituição da união estável e os que adquiriu depois deste em razão de herança ou doação, ou seja, os que não contaram com concurso presumido do outro cônjuge ou companheiro para sua aquisição. No regime de comunhão parcial o patrimônio dos cônjuges ou companheiros é repartido entre três massas de bens: as duas dos bens particulares de cada cônjuge ou companheiro e a única dos bens comuns. Cada uma delas compreende um ativo e um passivo.

A sucessão a causa da morte, no direito brasileiro, é preferencialmente a legítima necessária, segundo o modelo e a ordem hereditária estabelecidos em lei, ou, secundariamente, testamentária, quando o falecido deixar testamento (disposição de última vontade), desde que limitado à parte disponível. Em uma modalidade ou outra, pode ser sucessão universal, quando todo o patrimônio é transmitido aos herdeiros, que passam a ser titulares de partes ideais da herança, ou sucessão singular, em relação aos bens que são destinados a determinadas pessoas, principalmente os legatários. A sucessão contratual, quando legalmente prevista, é limitada a determinadas situações (entre cônjuges, ou sobre a parte disponível).

10.2 Princípio do direito à herança

O princípio fundamental do direito à herança apenas foi previsto expressamente na Constituição de 1988. Não se encontra referência semelhante nas Constituições anteriores. Quando uma Constituição introduz um princípio que tutela uma garantia tem por finalidade proteger uma categoria de pessoas, o que redunda em contenção do legislador infraconstitucional e na imposição de sua observância e aplicação por parte de todos. As pessoas protegidas pela Constituição de 1988 foram os herdeiros dos nacionais e os herdeiros nacionais de estrangeiros.

Qual o significado do enunciado constitucional de ser "garantido o direito à herança"?

Direito à herança não se confunde com direito a suceder alguém, porque antes da morte não há qualquer direito a suceder. Nessa erronia incorreu a doutrina tradicional, a exemplo de Carlos Maximiliano. Antes da morte, há mera expectativa de direito, mas não direito constituído ou direito expectativo, porque a sucessão não ocorreu, sendo apenas eventual. Se a lei, antes da abertura da sucessão, restringir a ordem de vocação hereditária, ou se um provável herdeiro morrer antes do *de cujus*, quem poderia ser herdeiro deixa de o ser.

A Constituição não refere à sucessão em geral, mas apenas à herança. Ou seja, foi elevado à garantia constitucional o direito daqueles que se qualificam como herdeiros de quem morreu (autor da herança), mas não qualquer sucessor. A Constituição não define quem seja herdeiro, o que remete ao legislador infraconstitucional. Mas este está limitado ao fim social da norma constitucional, que é a proteção das pessoas físicas que tenham com o autor da herança relações estreitas de família ou de parentesco. Todos os demais sucessores têm tutela restritamente infraconstitucional e desde que não afetem a preferência atribuída pela Constituição aos qualificados como herdeiros. Os legatários, sejam eles pessoas físicas ou jurídicas, entes ou entidades não personificadas, são sucessores, mas não são herdeiros.

Vê-se, então, que houve giro copernicano ou notável mutação paradigmática. O direito das sucessões brasileiro foi desenvolvido pelos juristas tradicionais a partir do modelo do direito romano e da codificação moderna liberal de preferência à sucessão testamentária. A sucessão legal ou legítima, ou seja, a que a lei define em prol dos herdeiros necessários ou legítimos do autor da herança, era considerada em nosso direito como supletiva, incidindo apenas quando não se deixava testamento.

A preferência à sucessão testamentária estava nas Ordenações Filipinas, na Consolidação das Leis Civis e no Código Civil de 1916. Este último estabelecia que "morrendo a pessoa sem testamento, transmite-se a herança a seus herdeiros legítimos". A doutrina, tradicionalmente, dedicou o melhor de suas reflexões à sucessão testamentária. O papel desempenhado pelo testamento no direito romano, durante o período imperial, refletia as peculiaridades das mudanças havidas nos interesses da aristocracia romana, como instrumento de poder, ao lado dos arranjos matrimoniais. Seu renascimento durante a modernidade liberal prestou-se à valorização da autonomia da vontade e do individualismo, necessários à afirmação dos valores ascendentes da burguesia e da nascente industrialização, em conflito com a aristocracia rural, que assentava seu poder na propriedade fundiária.

Porém, o *law in books* foi ignorado pelo *law in action*. O modelo individualista do predomínio da sucessão testamentária, ao menos no plano legal e doutrinário, foi desafiado pela realidade social brasileira de desconsideração massiva do testamento e da incidência quase total da sucessão legítima em todas as classes sociais, além da ascensão dos valores e princípios sociais, que marcaram a trajetória do direito privado, principalmente a partir do início da segunda metade do século XX, com especial destaque à função social da propriedade, que se converteu em princípio fundamental na Constituição de 1988.

A sucessão testamentária, que recebia destinação preferencial da lei, passou a ser secundária, tal como ocorre na realidade brasileira. A preferência à sucessão testamentária, que foi marcante na doutrina especializada brasileira, homenageia excessivamente a autonomia individual, em prejuízo dos valores sociais e de solidariedade familiar, que são mais bem contemplados na sucessão legítima.

A garantia do direito à herança inverte a primazia. Ao invés do autor da herança, principalmente quando testador, e do respeito à sua vontade, que era tida como norte de interpretação, a primazia passou para o herdeiro. O direito do herdeiro é o assegurado pela lei e não pela vontade do testador. O autor da herança não é mais o senhor do destino do herdeiro.

O Código Civil de 2002 procurou inserir-se nessa contemporânea mutação paradigmática de conformação do direito sucessório aos valores e princípios sociais, inflectindo tendencialmente para a sucessão legítima, que, por ser o modelo escolhido pelo legislador, tem a presunção de conciliar os interesses individuais com os interesses sociais do grupo familiar e com a solidariedade social. As alterações ocorridas no texto de 1916, que serviu de base, apontam nessa direção, como a ampliação do rol de herdeiros necessários. Repete, contudo, a regra da supletividade da sucessão legítima em seu art. 1.788 e mantém os numerosos dispositivos destinados ao testamento, vindos de 1916, incluindo institutos que caíram em desuso. De tudo resultou um diploma legal incoerente, em que se atribui mais importância, no que respeita à quantidade das normas, ao que há menos interesse social.

A doutrina tem salientado a emersão de valores existenciais no direito das sucessões constitucionalizado, revelando o primado da pessoa humana, destacando na atual legislação civil o direito real de habitação em favor do cônjuge e companheiro ou convivente, a igualdade sucessória dos filhos, a designação testamentária de filho eventual de determinada pessoa, a necessidade de justa causa para as cláusulas restritivas da herança necessária.

As normas do Código Civil hão de ser interpretadas em conformidade com os princípios e regras constitucionais. Estes e estas prevalecem sobre aquelas. Na dúvida, o intérprete deve encontrar o sentido que melhor contemple o direito do herdeiro e não a vontade presumida do autor da herança. Assim, a afirmação corrente de ser a vontade do testador o critério fundamental de interpretação do testamento perdeu consistência. A vontade do testador é levada em conta até o ponto que não comprometa a garantia do direito dos herdeiros e deve estar em conformidade com esse e os demais princípios constitucionais, notadamente o da função social do testamento. Essa deve ser a orientação que se deva imprimir ao art. 1.899 do Código, por exemplo.

Porém, há o limite extremo que não pode ser ultrapassado no esforço de interpretação conforme das normas do Código, isto é, quando elas sejam totalmente incompatíveis com as normas da Constituição, o que conduz à sua inconstitucionalidade.

10.3 Princípio da saisine ou da transmissão automática da herança

Adquire-se a herança, automaticamente, com a abertura da sucessão. O direito brasileiro difere de outros sistemas jurídicos porque admite a transmissão automática, sem necessidade de consentimento ou aceitação dos herdeiros beneficiados ou decisão de qualquer natureza. Ainda que o herdeiro não tenha conhecimento da abertura da sucessão, a transmissão dá-se a seu favor, desde o preciso momento da morte do autor da herança. A transmissão é por força de lei. O que uma pessoa herdou e ainda não sabe, ou não aceitou, já ingressou em seu patrimônio, conquanto não definitivamente.

A norma jurídica que enuncia o modelo brasileiro de sucessão a causa da morte é o art. 1.784 do Código Civil, ao estabelecer que aberta a sucessão, a herança transmite-se, "desde logo", aos herdeiros legítimos e testamentários. Não apenas aos herdeiros, mas aos demais sucessores, inclusive os legatários e, na falta de todos esses, à Fazenda Pública. Quanto aos legatários (Código Civil, art. 1.923), a eles pertencem as coisas certas, existentes no acervo, "desde a abertura da sucessão". O Código Civil de 2002 suprimiu as expressões "o domínio e a posse", existentes no Código anterior, resultando simplesmente na transmissão automática da herança – conjugando direitos reais, posses, dívidas e obrigações, créditos e outros direitos – ao herdeiro legítimo (incluindo o ente estatal) ou legatário.

A essência da norma brasileira é que a morte da pessoa não gera um vazio de titularidade sobre a herança que deixou. Os direitos subjetivos sobre a herança são de um sucessor, ou diversos sucessores, sejam eles determinado pela lei ou pelo próprio autor da herança, mediante testamento que antes fez. Não se admite que tais direitos restem sem sujeitos, porque a aceitação tácita ou expressa não é constitutiva da transmissão da herança.

Sua origem radica no modelo engendrado pelos povos germânicos, retratado na expressão do direito francês do princípio de *droit de saisine* – a partir da máxima *le mort saisit le vif, sans ministère de justice*.

Esse modelo é diverso do que o direito romano legou, mediante o qual a sucessão hereditária inicia com a aceitação do sucessor, permanecendo jacente até que essa se dê. Para o direito romano, portanto, jacente era a herança cujos sucessores não manifestaram aceitação, ou até quando esta se dava. No direito romano havia lapso de tempo entre o que denominava delação e a aquisição da herança. A delação era o prazo ou espaço de tempo concedido ao sucessível, ou seja, ao que poderia ser sucessor, para que nele dissesse se aceitava ou não a herança. O sucessível ficava na posição jurídica de pessoa a quem se deferia a herança, cuja transmissão dependia de exercício de verdadeiro direito potestativo.

Diferentemente da tradição do direito romano, o princípio da saisine opera por força de lei, relativizando o efeito da aceitação posterior. Com a delação, nos sistemas que a preveem, o chamado não é ainda herdeiro, mas titular de um direito potestativo de aceitar a herança. Portanto, não faz sentido referir à delação da herança – concebida como devolução sucessória, ou oferecimento da herança, que depende de manifestação do herdeiro – e de adição, entendida como aquisição da herança pela aceitação, como se lê em obras de doutrinadores (por exemplo, Itabaiana de Oliveira e Orlando Gomes), pois o modelo da saisine brasileira não as contempla, uma vez que a transmissão da titularidade opera imediatamente com a abertura da sucessão. Como esclarece Pontes de Miranda, a herança não jaz sem dono, de jeito que o conceito de herança jacente mudou. Quando, no tempo em que se espera o nascimento do herdeiro concebido, ou de alguma decisão sobre a legitimação ativa de alguém à herança, ou em que se aguarda a personificação de sociedade ou fundação, criada pelo *de cujus*, a herança já é de alguém: apenas não se sabe se é o beneficiado pela lei, ou pelo testamento, ou se algum dos herdeiros legítimos, ou de outrem, ou da fazenda pública. Não se pode aludir, pois, à suspensão da sucessão; a sucessão já se deu.

Consequentemente, no Brasil estão conjugadas e subsumidas no princípio da saisine a abertura da sucessão, a vocação, a devolução, a delação, a aquisição que, em outros países, constituem fases distintas. Nenhuma herança fica sem titular ou titulares. Não se exige qualquer ato de autoridade ou de herdeiro para que se opere a transferência da herança.

Na evolução do direito brasileiro, o princípio da saisine plena teve consagração com o Alvará de 9 de novembro de 1754 – integrando o conjunto de reformas do Marquês de Pombal, contrárias à tradição do direito romano e aos costumes medievais –, que introduziu no direito luso-brasileiro a transmissão automática dos direitos, que compõem o patrimônio da herança, aos sucessores, legais ou testamentários, com toda a propriedade, a posse, os direitos reais e os pessoais. O Alvará de 1754 modificou o sistema das Ordenações Filipinas, por razões não só de tradição, mas também de ordem prática, com intuito de tornar claro quem era o herdeiro, de evitar que a vacância propiciasse conflitos de posse com aqueles que se aproveitassem desse momento de falta de certeza de quem era herdeiro e de proteção dos credores do falecido. Os Códigos Civis de 1916 e 2002 deram continuidade a essa tradição bem sucedida da experiência brasileira.

Curiosamente, o direito português tomou rumo diferente, pois o Código Civil lusitano de 1966 retoma parcialmente o modelo romano, ao fazer o início da transmissão a causa da morte dependente da aceitação dos herdeiros beneficiários. O ponto de partida para a transmissão não é a morte, mas o "chamamento" das pessoas à titularidade das relações jurídicas patrimoniais da pessoa falecida (a delação do direito romano) e a "devolução" dos bens que ela deixou. Se os primeiros sucessíveis chamados não quiserem aceitar, serão chamados os seguintes, que, se aceitarem, terão a "devolução" a seu favor, com efeitos retroativos à abertura da sucessão (morte).

Parte da doutrina brasileira, ainda sob efeito da tradição romana, e sem a devida atenção às peculiaridades do princípio da saisine ampla que nosso direito adotou, reproduz o modelo restrito de outros direitos, como o português aludido. Erronia maior é a afirmação corrente de que entre a abertura da sucessão e a aceitação haveria espaço de tempo, dentro do qual inevitavelmente a herança ficaria sem titular. Mas, no direito brasileiro, o princípio da saisine opera automaticamente sem chamamento, delação da herança e devolução, pois a transmissão não depende da vontade do sucessível: morto o autor da herança, esta se transmite imediatamente ao herdeiro ou sucessor, tornando-o titular das relações jurídicas transmitidas, antes mesmo que diga se aceita ou renuncia. Não se pode cogitar de devolução, pois esta suporia a existência de tempo em que a herança não fosse ainda transmitida aos sucessores, "devolvendo-se" a estes quando aceitassem, o que retrocederia nosso direito ao sistema anterior a 1754.

A saisine é o mecanismo jurídico de investidura automática e legal na titularidade da herança, dos que o ordenamento considera sucessores, na ordem estabelecida. No direito brasileiro é conferida a quaisquer herdeiros necessários, legítimos ou testamentários e a todos que estejam legitimados a receber a herança, sejam parentes, legatários ou Fazenda Pública. O direito real – inclusive a propriedade – é imediatamente transmitido ao sucessor, segundo a ordem de vocação hereditária, seja ele qual for (herdeiro legítimo, herdeiro testamentário, legatário). A saisine, contudo, não opera automaticamente com relação à posse dos bens deixados aos legatários, pois estes, conquanto já investidos nas titularidades dos respectivos direitos reais, têm que reclamá-la aos herdeiros legítimos, se houver.

Consequentemente, no direito brasileiro, a transmissão dos direitos reais, a causa de morte, é legal e automático, não dependente de vontade ou decisão de quem quer que seja. A transmissão da posse imediata e direta apenas não opera automaticamente em relação aos legatários.

A saisine que se adotou na França, de onde se irradiou para diversos ordenamentos jurídicos, é restrita e parcial; portanto, diferente da brasileira. Com efeito, no Código Civil francês, art. 724, apenas os herdeiros legítimos adquirem por força de lei (*sont saisis de plein droit de biens, droits et actions du défunt*); os demais sucessores dependem de cumprimento de outros requisitos, inclusive aceitação ou imissão na posse. Os ordenamentos jurídicos que não admitem a saisine condicionam a aquisição da herança inteiramente à aceitação, ainda que os efeitos desta retroajam à data da abertura da sucessão, como estabelece o art. 459 do Código Civil italiano.

Vê-se que a transmissão a causa de morte no direito brasileiro é distinta dos modelos conhecidos. É distinta do direito romano, porque não depende da aceitação para que se dê. É distinta do direito francês porque não se restringe a alguns tipos de herdeiros ou sucessores. Todos os sucessores, inclusive o ente estatal, são beneficiados pela saisine.

O Código Civil, art. 1.227, estabelece que os direitos reais sobre imóveis, constituídos por atos entre vivos, só se adquirem com o registro do título de aquisição (compra e venda, permuta, dação em pagamento, doação, por exemplo) no registro de imóveis respectivo. Expressa o modelo binário que o direito brasileiro adotou, distinguindo os efeitos do título de aquisição (meramente obrigacional) e os do modo de aquisição (transmissão da propriedade ou outro direito real, com o registro), que a praxe divulgou na expressão "só é dono quem registra". Para a transmissão dos direitos reais sobre móveis, o modo de aquisição é a tradição (entrega real da coisa). Diferentemente, na transmissão da herança de bens móveis ou imóveis a causa da morte, o título e o modo de aquisição se confundem na abertura da sucessão: não são, portanto, dois momentos distintos, o que significa dizer que não se fazem necessários nem o registro público nem a tradição da coisa, cujas eficácias são meramente declarativas, ao contrário da eficácia constitutiva da transmissão entre vivos.

O desconhecimento da existência de herdeiro, ou o desconhecimento do paradeiro do único parente sucessível não implicam ficar a herança sem transmissão. Só há herança se alguém herda, porque isso resulta do princípio da saisine. Se o herdeiro ausente não se apresenta, ou se o que se imaginava existente não existe, ou renuncia, herda a Fazenda Pública ou ente estatal (dependendo do local do bem, o Município, ou o Distrito Federal, ou a União, esta para os Territórios Federais).

É corrente na literatura jurídica brasileira a afirmação de que a Fazenda Pública não é beneficiária da saisine, porque seria sucessor supletivo, na falta de herdeiro legítimo ou testamentário, ou de legatário. Esse entendimento ficou fortalecido com a redação dada pelo art. 1.829 do Código Civil de 2002, que suprimiu a referência à Fazenda Pública, prevista no Código Civil de 1916, em relação à ordem de vocação hereditária dos sucessores legítimos. Todavia, o art. 1.844 prevê que, não sobrevivendo cônjuge, companheiro ou convivente, ou parente sucessível, a herança é transmitida à Fazenda Pública, desde a abertura da sucessão, não o fazendo depender de cumprimento de qualquer requisito ou de eficácia retroativa da decisão judicial. Assim, se não há parente sucessível ou, se este não a tiver renunciado, a aquisição da herança pela Fazenda Pública dá-se do mesmo modo que a prevista para os demais sucessores, ou seja, por força de lei e de modo automático na data da abertura da sucessão, com uma nota adicional: a Fazenda Pública não pode renunciar à herança. Também para a Fazenda Pública vale o princípio de que os bens não restam sem titular.

Diferentemente de outros sistemas jurídicos, a saisine brasileira importa imediata transmissão da posse ao herdeiro, desde a abertura da sucessão, e não apenas as titularidades dos direitos reais. Consequentemente, o herdeiro não pede imissão de posse, porque a posse ele já tem, por força de lei, desde a abertura da sucessão. Pode exercer ação de esbulho, ou de turbação, ou qualquer ação possessória. Se o herdeiro falece mesmo antes de aceitar a herança, seus sucessores prosseguem nas mesmas titularidades de posse e de direitos reais. Às vezes, a posse é apenas a mediata, pois a posse imediata pode estar com terceiro (por exemplo, o bem deixado pode estar alugado, o que faz com que a posse imediata esteja com o locatário). Pode ser objeto da transmissão apenas a posse imediata sobre a coisa deixada, quando o *de cujus* era apenas possuidor, sem título de propriedade, ou seja, não apenas se transmite a causa de morte títulos de domínio, mas igualmente situação fática da posse sobre bens. A posse pode ser apenas imediata, sem titularidade da posse mediata, como na hipótese de o *de cujus* ter morrido na qualidade de locatário do imóvel ou arrendatário rural; esta é a posse que se transfere, sem titularidade de direito real. Seja como for, mediata ou imediata, a posse que passa ao herdeiro é posse própria, definitiva, a mesma em que se encontrava investido o *de cujus*; não é posse imprópria ou provisória.

Até a partilha dos bens, a posse imediata concentra-se no cônjuge, ou companheiro ou convivente, ou administrador da herança ou inventariante judicial. Mas a posse mediata já foi transmitida aos herdeiros desde a abertura da sucessão, que a têm em partes ideais, pois enquanto não se proceder à partilha dos bens (judicial ou extrajudicial), a herança é tida como um todo, em condomínio.

Ante as controvérsias doutrinárias sobre a natureza da herança ou da comunhão hereditária, o Código Civil de 2002 (arts. 80 e 1.791) tomou posição expressa pelo condomínio. A indivisibilidade e a universalidade da herança regulam-se pelas normas relativas ao condomínio, até a partilha. Os herdeiros legais e testamentários são titulares de partes ideais. A composse é exclusiva dos herdeiros, não incluindo o legatário, cuja titularidade se equipara à nua-propriedade até a partilha, ou antes desta se lhe for deferido o pedido de legado.

Dado o caráter de transmissão automática do patrimônio, pela saisine, antiga decisão do Supremo Tribunal Federal, de relatoria do Min. Nelson Hungria, já esclarecia que os herdeiros o recebem *pro indiviso*, nenhum deles podendo exercer atos possessórios que excluam a posse dos outros (AgIn 15.181, de 1951). É também do STF (RE 7.586) o entendimento de ser possível a pretensão reivindicatória do herdeiro, antes do inventário, em virtude da saisine, pois esta já lhe transmitiu automaticamente a posse e o domínio. Após o Código Civil de 2002, prosseguiu o STJ na mesma direção, pois, tal como ocorre em relação a um condômino, ao coerdeiro é dada a legitimidade *ad causam* para reivindicar, independentemente da formação de litisconsórcio com os demais coerdeiros, a coisa comum que esteja indevidamente em poder de terceiro (REsp 1.192.027). Do mesmo Tribunal é a decisão de que os direitos hereditários, ainda que em partes ideais da herança, integram o patrimônio do herdeiro e são, por isso, disponíveis e penhoráveis; arrematados os direitos hereditários, o herdeiro respectivo é sucedido no inventário, pelos arrematantes (REsp 999.348).

10.4 Princípio da igualdade de direitos sucessórios

As grandes mudanças ocorridas, principalmente após a Constituição de 1988, dizem respeito à igualdade de direitos sucessórios dos filhos de qualquer origem, à preferência ao cônjuge sobrevivente, à inclusão do companheiro ou convivente de união estável, à limitação dos parentes colaterais. Percebe-se, contemporaneamente e não apenas no Brasil, uma viragem em prol dos que integram o núcleo familiar, em detrimento dos laços de parentesco mais extensos, é dizer, das relações de família no lugar das relações de parentesco, que constituíam o modelo do direito tradicional das sucessões. Para fins de sucessão, não pode haver distinção ou discriminação entre filhos legítimos e ilegítimos, matrimoniais e extramatrimoniais, biológicos e não biológicos. Ou é filho ou não é filho. Se é filho, independentemente de sua origem, adquire a herança em igualdade de condições com os demais filhos do *de cujus*.

O enunciado do art. 1.596 do Código Civil, segundo o qual os filhos de origem biológica e não biológica têm os mesmos direitos e qualificações, proibidas quaisquer discriminações, que reproduz norma equivalente da Constituição, é, ao lado da igualdade de direitos e obrigações dos cônjuges ou companheiros e da liberdade de constituição de entidade familiar, uma das mais importantes e radicais modificações havidas no direito das famílias brasileiro, após 1988. É o ponto culminante da longa e penosa evolução por que passou a filiação, ao longo do século XX, na progressiva redução de odiosas desigualdades e discriminações, ou do *quantum* despótico na família, para utilizarmos uma categoria expressiva de Pontes de Miranda.

Extinguiram-se as distinções entre os descendentes, notadamente entre os filhos, ficando proibidas as designações discriminatórias. Todos são iguais em direitos e deveres, inclusive sucessórios, independentemente da origem biológica ou socioafetiva. O filho será herdeiro necessário tanto do pai socioafetivo ou da mãe socioafetiva quanto do pai biológico ou da mãe biológica, em igualdade de direitos em relação aos demais herdeiros necessários de cada um. Após a edição da tese do Tema 622/STF (multiparentalidade), o STJ teve oportunidade de afirmar em ambas as turmas de direito privado (REsp 1.618.230 e REsp 1.487.596) que, comprovando-se multiparentalidade, deve ser reconhecida a equivalência de tratamento e efeitos jurídicos sucessórios entre as paternidades biológica e socioafetivas.

É sem relevância que concorram irmãos denominados bilaterais e unilaterais. As normas infraconstitucionais que admitem tal discriminação são incompatíveis com o princípio constitucional da igualdade dos filhos de qualquer origem, o que atrai idêntica vedação em relação aos irmãos, por efeito reflexo (são irmãos porque filhos de alguém). Todos os irmãos têm direito à igualdade das quotas hereditárias, o que repercute no direito de representação dos respectivos filhos.

A igualdade de direito sucessório dos filhos matrimoniais e extramatrimoniais foi decorrência natural da compreensão, por parte do legislador brasileiro, de que as famílias merecem a proteção do Estado, não apenas a matrimonial. Igualmente, que os filhos não podem ser excluídos, punidos e estigmatizados por fato a que não deram causa, ou seja, sua própria concepção. Também resultou da evolução dos valores sociais que se projetaram como valores e princípios jurídicos, tais como o da igualdade, o da solidariedade, o da dignidade da pessoa humana. Quanto a este último, sua essência na contemporaneidade radica exatamente na igualdade de direitos que devem ser reconhecidos a todos os que integram o gênero humano.

A Constituição (art. 226) adota o princípio da igualdade de direitos entre as famílias, sem hierarquia entre elas, e a liberdade de escolha pelas pessoas que as constituam e integrem. As pessoas são livres para constituírem as famílias que desejarem, dentre as explicitamente referidas na Constituição e as que são por ela implicitamente garantidas. Diferença não significa desigualdade de direitos. No Estado Democrático de Direito, as pessoas são diferentes entre si, por sexo, etnia, cultura, crença, higidez ou deficiência física ou mental, mas são iguais em direito. Assim também as famílias que essas pessoas integram. O tratamento legal diferenciado entre as famílias, a partir de suas diferenças, repercute diretamente na desigualdade de atribuição de direitos às pessoas que a formam, como ocorria com os direitos sucessórios dos companheiros atribuídos pelo art. 1.790, em comparação com os direitos sucessórios dos cônjuges, atribuídos pelos arts. 1.829 a 1.832 do Código Civil.

A desigualdade de direitos sucessórios entre cônjuge sobrevivente e companheiro ou convivente sobrevivente converter-se-ia em sanção pela não conversão da união estável em casamento, ferindo de morte a liberdade constitucional de escolha da entidade familiar.

O STF, em 10 de maio de 2017, no RE 878.694, apreciando o tema 809 de repercussão geral, reconheceu a inconstitucionalidade do art. 1.790 do CC/2002 e fixou a tese nos seguintes termos: "É inconstitucional a distinção de regimes sucessórios entre cônjuges e companheiros prevista no art. 1.790 do CC/2002, devendo ser aplicado, tanto nas hipóteses de casamento quanto nas de união estável, o regime do art. 1.829 do CC/2002". O STF modulou seus efeitos "aos processos judiciais em que ainda não tenha havido trânsito em julgado da sentença de partilha, assim como às partilhas extrajudiciais em que ainda não tenha sido lavrada escritura pública".

As diferenças entre casamento e união estável, enquanto entidades familiares, permanecem, pois os efeitos do julgamento do STF não as alcançam. A decisão é limitada, pela própria natureza da declaração de inconstitucionalidade, a:

1) declarar a inconstitucionalidade do art. 1.790 do Código Civil;

2) declarar que os direitos sucessórios dos cônjuges e companheiros ou conviventes são iguais, aplicando-se explicitamente o Código Civil, art. 1.829 e, implicitamente, os demais artigos correlacionados para a consecução desse fim.

Assim, são iguais os direitos dos cônjuges e companheiros relativamente à ordem de vocação hereditária (art. 1.829, III), ao direito real de habitação (art. 1.831), à qualificação como herdeiro necessário (art. 1.845). Permanecem os efeitos sucessórios distintos, decorrentes dos regimes matrimoniais de bens, para o casamento, e os regimes de bens adotados pelos companheiros na união estável.

10.5 Princípio da coexistência

O princípio da coexistência (do herdeiro e do *de cujus* no tempo da abertura da sucessão) é um dos pilares de nosso direito sucessório: o herdeiro deve estar vivo, ou concebido no momento da morte do *de cujus*. Assim, não é herdeiro o filho que faleceu antes do *de cujus* nem o que foi concebido após a morte dele, com utilização de técnicas de reprodução assistida, salvo se tiver deixado testamento com disposição expressa nesse sentido, em virtude do reconhecimento do princípio da autonomia privada do testador. O jurista português José de Oliveira Ascensão (2000, p. 128) respondeu negativamente a se as novas fronteiras da biologia modificariam a lógica da sucessão legítima, que está arquitetada tendo em vista um desenlace da situação em curto prazo; se se admitisse a relevância sucessória destas situações nunca seria praticamente possível a fixação do mapa dos herdeiros e o esclarecimento das situações sucessórias.

Diverge Maria Berenice Dias (2008, p. 117), que sustenta direito sucessório de filho decorrente de fertilização *post mortem*, tanto na hipótese de inseminação artificial homóloga quanto de heteróloga, em qualquer tempo que ocorra o nascimento, ainda que muitos anos após o falecimento do *de cujus*, principalmente em razão da igualdade entre filhos.

Entendemos que há resposta adequada no sistema jurídico brasileiro, aplicando-se analogicamente a regra dos filhos não concebidos (filiação eventual), inclusive quanto ao tempo de dois anos, após a abertura da sucessão, para que a concepção no ventre materno se realize; entre as "pessoas indicadas pelo testador" pode estar sua própria mulher ou companheira. A regra do §4º do art. 1.800 do Código Civil preencheu lacuna do direito brasileiro ao fixar o prazo máximo de dois anos para que os bens fiquem reservados até à confirmação ou não da concepção, evitando-se a indefinição da titularidade da herança; findo esse prazo, os bens caberão aos sucessores legítimos do *de cujus*. A impossibilidade da sucessão legítima resolve-se com o recurso à sucessão testamentária. Não há qualquer afronta ao princípio da igualdade dos filhos, respeitado que foi quando da incidência da norma legal da *saisine*, que tem por suporte fático precisamente o momento da abertura da sucessão, do qual brotam as titularidades sucessórias.

Não podemos concordar com os que entendem que o sentido de concebido, previsto no art. 1.798 do Código Civil, deve ser estendido aos concebidos *post mortem*, mediante técnicas de reprodução assistida, com posterior uso de petição de herança, segundo o Enunciado 267 da III Jornada de Direito Civil/CEJ, porque elege modelo inexistente em nosso direito, embaralhando os conceitos. Se a petição de herança é prescritível, de acordo com a Súmula 149/STF, se fosse possível ser manejada (e não é, porque não se trata de herdeiro), incorrer-se-ia na mesma subordinação de tempo, que é uma das objeções à solução legal que acima alvitramos.

O princípio da coexistência do herdeiro e do *de cujus*, no momento da morte deste, é o que melhor contempla a segurança jurídica, que estaria comprometida se os efeitos da partilha dos bens deixados ficassem em suspenso, a depender de futura e incerta concepção mediante técnicas de reprodução assistida, com evidente prejuízo para os herdeiros, os credores destes e terceiros adquirentes. Impõe-se a regra de simetria com o herdeiro pré-morto, que também não herda, pois inexistente no momento da abertura da sucessão; nas hipóteses de direito de representação, herda-se por direito próprio e não como substituto do pré-morto.

A lei brasileira (Código Civil, art. 1.798) prevê que estão legitimados a suceder os já concebidos no momento da abertura da sucessão e ainda não nascidos. A concepção de que trata a lei é que se dá no ventre materno, com implantação exitosa, ainda que tenha origem em inseminação artificial ou *in vitro*. Para fins de sucessão, não se considera a fecundação *in vitro*, cujo embrião não tenha sido implantado no útero materno, pois não se qualifica como nascituro. O Código Civil (art. 1.597) admite como presunções decorrentes de manipulação genética a fecundação artificial homóloga (com elementos genéticos de ambos os pais), a fecundação artificial de embriões excedentários (espécie da anterior) e a inseminação artificial heteróloga (com utilização de sêmen de outro homem, desde que tenha havido prévia autorização do marido). Para que possa suceder, em qualquer dessas hipóteses, é necessário que já se tenha originado o nascituro, no ventre materno; nesse sentido, concebido.

O Código Civil faz distinção entre concepção e fecundação ou inseminação, daí se concluindo que há concepção a partir da nidação (fixação do óvulo fecundado à parede do útero), não da fecundação, ou da inseminação, ou da técnica de reprodução assistida. Enquanto não ocorre a nidação, o embrião que foi fecundado *in vitro* (fora do organismo feminino) não é considerado legalmente concebido, para fins de sucessão legítima. Assim é porque embriões que o Código Civil considera excedentários, ainda que tenham sido fecundados *in vitro* antes da morte do *de cujus*, podem jamais ser transferidos para o útero da mulher, ou ser transferidos sem haver gravidez, ou ser considerados inviáveis, ou haver divergência quanto a sua utilização devido a separação ou divórcio do casal.

O princípio da coexistência apenas se aplica, no direito brasileiro atual, à sucessão legítima. Para a sucessão testamentária, quem ainda não foi concebido na data da abertura da sucessão pode ser legitimado a suceder, desde que seja concebido ou nasça até dois anos após essa data.

10.6 Princípio da liberdade de testar

O testador exerce sua autonomia ou liberdade de testar de modo limitado quando há herdeiros que a lei considera necessários. Nesta hipótese, que é a mais frequente, sua autonomia fica confinada à parte disponível, não podendo reduzir a legítima desses herdeiros. Sua autonomia é mais ampla quando não há qualquer herdeiro necessário, podendo contemplar de modo desigual os demais herdeiros ou excluí-los totalmente da herança, quando destinar a herança a terceiros. Por ser instrumento de atribuição desigual da herança e até de exclusão desta é que a lei impõe à sucessão testamentária requisitos e formalidades substanciais.

A sucessão testamentária, no Brasil, teve sempre utilidade secundária e residual, não penetrando nos hábitos da população, como se vê na imensa predominância da sucessão legítima nos inventários abertos. São fatores desse pouco uso as exigências formais que a lei impõe aos testamentos, o custo destes e a aceitação social das regras legais da sucessão legítima. É imenso o fosso entre a preferência da doutrina jurídica especializada pela sucessão testamentária e a realidade social brasileira. Em seu *Tratado de Direito Privado*, Pontes de Miranda dedica um dos tomos à sucessão legítima e quatro à sucessão testamentária. Porém, em correspondência ao sentimento coletivo de apreço à sucessão legítima, fundada no princípio da igualdade entre os herdeiros, a Constituição (art. 5º, XXX) elevou o direito à herança ao *status* de direito fundamental. São dois os fins sociais principais da norma constitucional: o de impedir que o legislador infraconstitucional suprima totalmente esse direito e o de garantia de sua aquisição pelos herdeiros.

Nos sistemas jurídicos, como o brasileiro, que asseguram a intocabilidade da parte legítima ou indisponível, reservando ao testador apenas a parte disponível, a primazia é da sucessão legítima, conferindo-se papel secundário à sucessão testamentária.

A prevalência da sucessão legítima tem longa história, em nosso direito, com início no ano de 1769, pela lei de 9 setembro, que integrou a Reforma Josefina, impulsionada pelo Marquês de Pombal, que substituiu o direito romano pelas regras de boa razão das nações civilizadas. A sucessão testamentária era prioritária no direito romano imperial e nas Ordenações Filipinas (Liv. 4, Tit. 86), que o seguiu. Como registrou Coelho da Rocha, o sistema testamentário romano assentava sobre dois princípios fundamentais e conexos: primeiro, a instituição obrigatória no testamento de um ou mais herdeiros universais; segundo, ninguém podia morrer "parte testado e parte intestado". Ou seja, à sucessão da mesma pessoa não podiam concorrer os herdeiros legítimos e os herdeiros testamentários. Com a Reforma Josefina, os herdeiros legítimos necessários passaram à frente, concorrendo com os testamentários, desde que estes fossem contemplados nos limites da parte disponível.

A sucessão legítima preferencial inverte a primazia que se atribuía ao testador. Ao invés do autor da herança, principalmente quando testador, e do respeito à sua vontade, que era tida como norte de interpretação, a primazia passou para o herdeiro. O direito do herdeiro é o assegurado pela lei e não pela vontade do testador, que não pode restringi-lo, salvo nos limites admitidos pela lei.

A afirmação corrente de ser a vontade do testador o critério fundamental de interpretação do testamento perdeu consistência. A vontade do testador é levada em conta até o ponto que não comprometa a garantia constitucional do direito dos herdeiros (legítimos ou testamentários) e deve estar em conformidade com esse e os demais princípios constitucionais, notadamente o da função social do testamento e o da dignidade da pessoa humana. Essa deve ser a orientação que se deva imprimir ao art. 1.899 do Código Civil de 2002, em harmonia com o sentido da alteração havida em outros dispositivos, como o art. 1.848, que restringiram o poder quase ilimitado antes conferido ao testador.

No que concerne ao patrimônio, o testador está restrito à parte disponível, se houver herdeiros necessários. Decorre do sistema jurídico brasileiro atual, ante a garantia constitucional do direito à herança (CF, art. 5º, XXX) e a nítida opção do Código Civil de proteção dos herdeiros necessários, que as únicas cláusulas restritivas da legítima são as de inalienabilidade, impenhorabilidade e incomunicabilidade (art. 1.848). Não pode o testador estipular outras, sob pena de incidirem em nulidade. Essa mudança de orientação legal responde adequadamente à preocupação da doutrina, quanto ao risco de tais cláusulas fraudarem ou diminuírem a legítima dos herdeiros necessários. Melhor andaria o legislador se excluísse de vez a possibilidade, ainda que limitada, de qualquer restrição à legítima, retomando-se a tradição do direito brasileiro anterior a 1907, que não as admitia.

A doutrina de Clóvis Bevilaqua da preferência da sucessão legítima sobre a sucessão testamentária, em seus comentários ao Código Civil, terminou prevalecendo na Constituição de 1988, que estabelece o direito à herança e não, genericamente, à sucessão. Ainda que o testador possa designar herdeiros testamentários, a finalidade da norma constitucional é a proteção dos herdeiros legítimos, necessários ou não. No art. 1.906 do Código Civil de 2002, o que não é objeto de destinação do testador, em relação à parte disponível, permanece com os herdeiros legítimos, que o adquiriram por força da saisine. A porção da parte disponível, não destinada pelo testador, continua sob suas titularidades.

Apesar da forte crítica de Pontes de Miranda à vedação ao testador de estipular tempo para começar ou cessar o direito do herdeiro, que qualifica como exótica e supérflua, o Código Civil de 2002 manteve a mesma regra do art. 1.665 do Código anterior. Fê-lo justificadamente, ante sua opção de tratamento preferencial ao herdeiro – inclusive o testamentário, de que se cuida – e consequente limitação ao testador, adequada à garantia constitucional (art. 5º, XXX) do direito à herança. A vedação legal não se estende ao legatário, que pode suportar termo inicial ou final para aquisição ou exercício do direito transferido.

Quanto às cláusulas restritivas, não há mais a discricionariedade que o direito anterior assegurava ao testador, o que reduziu a importância social dessas cláusulas. A profunda limitação ao testador tem por fito a mais ampla garantia de inviolabilidade do direito à herança, assegurada na Constituição, ou da legítima dos herdeiros necessários. Portanto, apenas em caráter excepcional, pode cláusula desse jaez restringir a legítima, desde que a justificativa convença o juiz de que foi imposta no interesse do herdeiro necessário e nunca para satisfazer valores ou idiossincrasias do testador. Ainda assim, continua atual a repulsa de Orlando Gomes a tais cláusulas, por ele consideradas insustentáveis quando recaem nos bens da legítima, porque esta pertence de pleno direito aos herdeiros necessários, que devem ser transmitidos tais como se achavam no patrimônio do *de cujus*. Perfilhamos a conclusão do autor de serem atentatórias da legítima expectativa convertida em direito adquirido, quando da abertura da sucessão. A proteção visada pelo testador transforma-se, frequentemente, em estorvo, antes prejudicando que beneficiando o herdeiro. Essas advertências fortalecem a necessidade de interpretação exigente e restrita da justa causa, imposta pela lei atual. Sob a dimensão constitucional, essas cláusulas limitativas constituem restrição a direitos fundamentais garantidos na Constituição, como o direito de propriedade (art. 5º, XXII), informado pela função social (art. 5º, XXIII), o direito de herança (art. 5º, XXX) e a dignidade da pessoa humana (art. 1º, III).

10.7 Princípio da função social da sucessão hereditária

A estreita relação entre propriedade privada e herança conforma esta às mesmas características fundamentais daquela. A Constituição garante ambas, mas condiciona seu exercício a sua função social, que é explícita em uma e implícita na outra. Na contemporaneidade não se admite que o direito seja exercido de modo ilimitado, consultando apenas os interesses individuais do titular. A herança é apenas um modo de transmissão do patrimônio deixado pelo *de cujus*. A mudança de titularidade (do *de cujus* para o herdeiro ou legatário) não altera a essência ou as características do patrimônio ou do direito de propriedade. A referência expressa à função social do direito das sucessões, tanto na Constituição quanto no Código Civil, não é necessária para que ela se imponha, pois o modo de transmissão não pode alterar ou ser indiferente ao conteúdo do direito que se transmite.

É pertinente, pois, a crítica doutrinária à concepção corrente do direito das sucessões de ser um conjunto de institutos e normas responsáveis pela transmissão da propriedade, mas despreocupada em concretizar a garantia do direito de propriedade que cumpre a sua função social, isto é, que desenvolve o trabalho e promove condições mínimas de vida à população (Cortiano Junior; Robl Filho, 2008, p. 658).

O princípio da função social determina que os interesses individuais dos titulares de direitos econômicos sejam exercidos em conformidade com os interesses sociais, sempre que estes se apresentem. Não pode haver conflito entre eles, pois os interesses sociais são prevalecentes. A propriedade e a sucessão hereditária dela não podem ter finalidade antissocial ou antiambiental. A função social implica imposição de deveres socialmente relevantes e tutelados constitucionalmente. O direito civil é palco, nessa quadra da história, do conflito entre a marca funcional do direito na solidariedade e a busca do sujeito de realizar seus próprios interesses com liberdade: no direito das sucessões, a marca da solidariedade para com os seus deve se harmonizar com a da solidariedade para com todos os outros.

O Código Civil estabelece que a liberdade de contratar seja exercida em razão e nos limites da função social. O contrato é o modo por excelência da transmissão entre vivos das titularidades, entre elas a propriedade privada. O paralelo entre os dois modos principais de transmissão é inevitável, pois o contrato sempre foi tido como instrumento da ampla autonomia individual. Não há, no direito brasileiro, autonomia negocial ilimitada, que era a expressão máxima do individualismo jurídico, mas sim autonomia solidária, o que diz respeito tanto ao contrato quanto à sucessão, principalmente a testamentária. A vontade do testador está condicionada à função social do testamento. Igualmente, o legislador infraconstitucional está limitado por essa função social, não podendo editar normas de direito das sucessões que a contrariem.

A função social da parte legítima dos herdeiros necessários tem sido destacada pelas cortes constitucionais como decorrência da solidariedade entre as gerações. Em decisão de 2005, a Corte Constitucional da Alemanha decidiu que a legítima é a expressão da solidariedade familiar. Repelindo a ampla liberdade do testador, entendeu a Corte que entre este e seus familiares as relações constituem uma comunidade de toda a vida, com direitos e obrigações de responsabilidade entre si. Essas obrigações justificam a garantia de uma base econômica, representada na legítima (Pintens; Seyns, 2009, p. 172).

REFERÊNCIAS BIBLIOGRÁFICAS

ADEODATO, João Maurício. *Introdução ao estudo do direito*: retórica realista, argumentação e erística. Rio de Janeiro: Forense, 2023.

AGUIAR JÚNIOR, Ruy Rosado de. *Extinção dos contratos por incumprimento do devedor*. Rio de Janeiro: Aide, 2004.

AKKERMANS, Bram; RAMAEKERS, Eveline. *Property law perspectives*. Cambridge: Intersentia, 2012.

ALEXY, Robert. *Teoría de los derechos fundamentales*. Tradução de E. Garçon Valdés. Madrid: CEPC, 1993.

ALPA, Guido. *Diritto e problemi contemporani*. Milano: Giuffrè, 2009.

ALVES, José Carlos Moreira. O *favor debitoris* como princípio geral do direito. *Revista Brasileira de Direito Comparado*, Rio de Janeiro, n. 26, p. 3-23, 2004.

AMARAL, Francisco. *Direito civil*: introdução. 4. ed. Rio de Janeiro: Renovar, 2002.

AMARAL, Francisco. *Direito civil*: introdução. Rio de Janeiro: Renovar, 1998.

ARENDT, Hannah. *Entre o passado e o futuro*. São Paulo: Perspectiva, 1979.

ARISTÓTELES. *Ética a Nicômaco*. Tradução de Mário de Gama Cury. Brasília: UnB, 1995.

ASCENSÃO, José de Oliveira. *A tipicidade dos direitos reais*. Lisboa: Minerva, 1968.

ASCENSÃO, José de Oliveira. *Direito civil*: sucessões. Coimbra: Coimbra, 2000.

ATIYAH, Patrick S. *An introduction to the law of contract*. New York: Oxford, 2000.

ÁVILA, Humberto. *Teoria dos princípios*. São Paulo: Malheiros, 2004.

AZEVEDO, Antonio Junqueira de. Nulidade parcial de ato normativo. *Revista Trimestral de Direito Civil*, Rio de Janeiro, v. 6, n. 24, p. 157-171, 2005.

AZEVEDO, Antonio Junqueira de. Princípios do novo direito contratual e desregulamentação do mercado. *Revista dos Tribunais*, São Paulo, n. 750, p. 113-120, 1998.

BAILEY, Martha. Same-Sex Marriage and Faith-Based Arbitration of Family Law Disputes. *In*: BAINHAM, Andrew (org.). *The International Survey of Family Law*. Bristol: Jordan Publishing, 2006.

BARCELLONA, Pietro. *Il declino dello Stato*: riflessioni di fine secolo sulla crisi del progetto moderno. Bari: Dedalo, 1998.

BARROSO, Luís Roberto. Colisão entre liberdade de expressão e direitos da personalidade. Critérios de ponderação. Interpretação constitucionalmente adequada do Código Civil e da Lei de Imprensa. *Revista Trimestral de Direito Civil*, Rio de Janeiro, n. 16, 2003.

BARROSO, Luiz Roberto. *Interpretação e aplicação da Constituição*. São Paulo: Saraiva, 1996.

BARROSO, Luiz Roberto. Neoconstitucionalismo e constitucionalização do direito (o triunfo tardio do direito constitucional no Brasil). *Interesse público*, Belo Horizonte, n. 55, 2005.

BENJAMIN, Antônio Herman V. Direito de propriedade e meio ambiente. In: CONFERÊNCIA NACIONAL DA ORDEM DOS ADVOGADOS DO BRASIL. 16., 1996, Brasília, DF. *Anais* [...]. Brasília, DF: OAB, 1996.

BETTI, Emilio. *Interpretación de la ley y de los actos jurídicos*. Madrid: Edersa, 1971.

BETTI, Emilio. *Teoria geral do negócio jurídico*. Tradução de Fernando de Miranda. Coimbra: Coimbra, 1969. v. 1.

BITTAR, Eduardo. Hermenêutica e Constituição: a dignidade humana como legado à pós-modernidade. *Anuário dos Cursos de Pós-Graduação em Direito/UFPE*, Recife, n. 16, 2006.

BOBBIO, Norberto. *Dalla struttura alla funzione*. Milano: Edizione di Comunità, 1977.

BOBBIO, Norberto. *Elogio da serenidade e outros ensaios*. Tradução de Marco Aurélio Nogueira. São Paulo: Unesp, 2011.

BOBBIO, Norberto. *Teoria do ordenamento jurídico*. Tradução de Maria Celeste Cordeiro Leite Dos Santos. Brasília: UnB, 1999.

BONAVIDES, Paulo. *Constituição e normatividade dos princípios*. São Paulo: Malheiros, 2012.

BONAVIDES, Paulo. *Do estado liberal ao estado social*. São Paulo: Malheiros, 2004.

BORDA, Alejandro. *La teoría de los atos propios*. Buenos Aires: Abeledo-Perrot, 1993.

BOURDIEU, Pierre. *A dominação masculina: a condição feminina e a violência simbólica*. Tradução de Maria Helena Kühner. Rio de Janeiro: Bertrand, 2019.

CANARIS, Claus-Wilhelm. *Direitos fundamentais e direito privado*. Tradução de Ingo Wolfgang Sarlet e Paulo Mota Pinto. Coimbra: Almedina, 2003.

CANOTILHO, José Joaquim Gomes. Civilização do direito constitucional ou constitucionalização do direito civil? *Direito constitucional*: estudos em homenagem a Paulo Bonavides. São Paulo: Malheiros, 2000.

CANOTILHO, José Joaquim Gomes. *Proteção do ambiente e direito de propriedade*. Coimbra: Coimbra, 1995.

CARBONNIER, Jean. *Droit et passion du droit sous la Ve République*. Paris: Flammarion, 1996.

CARVALHO, Orlando de. *A teoria geral da relação jurídica*. Coimbra: Centelha, 1981.

CASTANHEIRA NEVES, A. *O problema actual da autonomia do direito*. Lisboa: Instituto Piaget, 2002.

CÍCERO. *Dos deveres*. Tradução de Alex Marins. São Paulo: Martin Claret, 2002.

CILLERO BRUÑOL, Miguel. Infancia, autonomía y derechos: una cuestión de principios. *Boletín del Instituto Interamericano del Niño*, [s. l.], n. 234, p. 1-13, 1997.

CIOCIA, Maria Antonia. *L'obbligazione naturale*: evoluzione normativa e prassi giurisprudenziale. Milano: Giuffrè, 2000.

CONSTANT, Benjamin. *De la liberté des anciens comparée à celle des modernes*. Paris: [s. n.], 1819.

CONTRERAS, Sergio Gamonal. *Cidadania na empresa e eficácia diagonal dos direitos fundamentais*. Tradução de Jorge Alberto Araujo. São Paulo: LTr, 2011.

CORDEIRO, António Manuel da Rocha e Menezes. *Da boa-fé no direito civil*. Coimbra: Almedina, 1997.

CORDEIRO, António Manuel da Rocha e Menezes. *Estudos de direito civil*. Coimbra: Almedina, 1991. v. 1.

CORDEIRO, António Manuel da Rocha e Menezes. Vulnerabilidades e direito civil. *Revista da Faculdade de Direito da Universidade de Lisboa*, Lisboa, ano LXII, n. 1, tomo I, p. 21-58, 2021.

CORTIANO JUNIOR, Eroulths; ROBL FILHO, Ilton Norberto. O ensino do direito civil: breve ensaio sobre o ensino do direito das sucessões. TEPEDINO, Gustavo; FACHIN, Edson Luiz (org.). *Diálogos sobre o direito civil*. Rio de Janeiro: Renovar, 2008.

COULANGES, Fustel de. *A cidade antiga*. Tradução de J. Cretella Jr. São Paulo: Revista dos Tribunais, 2011.

COUTO E SILVA, Clóvis. *O direito privado brasileiro na visão de Clóvis do Couto e Silva*. Organizado por Véra Maria Jacob de Fradera. Porto Alegre: Livraria do Advogado, 1997.

CUPIS, Adriano de. *I diritti della personalità*. Milano: Giuffrè, 1982.

DAHL, Tove Stang. *O direito das mulheres*. Tradução de Tereza Beleza *et al*. Lisboa: Fundação Calouste Gulbenkian, 1993.

DANZ, E. *La interpretación de los negocios jurídicos*. Tradução de W. Roces. Madrid: RDP, 1951.

DEBORD, Guy. *A sociedade do espetáculo*. Tradução de Estela dos Santos Abreu. Rio de Janeiro: Contraponto, 2006.

DEMOGUE, René. *Les notions fondamentales du droit privé*. Paris: Éditions la Mémoire du Droit, 2001.

DIAS, Maria Berenice. *Manual das Sucessões*. São Paulo: Revista dos Tribunais, 2008.

DIAS, Maria Berenice. *Manual do direito das famílias*. 3. ed. São Paulo: Revista dos Tribunais, 2022.

DÍAZ REVORIO, Francisco Xavier. *Valores superiores e interpretación constitucional*. Madrid: CEPC, 1997.

DUGUIT, Léon. *Fundamentos do direito*. Tradução de Eduardo Salgueiro. Porto Alegre: Fabris, 2005.

DWORKIN, Ronald. Entrevista com Ronald Dworkin. *Revista trimestral de direito civil*, Rio de Janeiro, v. 7, n. 25, 2006.

DWORKIN, Ronald. Is law a system of rules? *In*: SUMMERS, Robert S. *Essays in legal philosophy*. Los Angeles: UC Press, 1968.

DWORKIN, Ronald. Is wealth a value? *Journal of Legal Studies*, [s. l.], v. 9, n. 2, 1980.

DWORKIN, Ronald. *Taking rights seriously*. Cambridge: Harvard, 1999.

DWORKIN, Ronald. *Uma questão de princípio*. Tradução de Luís Carlos Borges. São Paulo: Martins Fontes, 2000.

ESSER, Josef. *Principio y norma en la elaboración jurisprudencial del derecho privado*. Tradução de Eduardo Valentí Fiol. Barcelona: Bosch, 1961.

FACHIN, Luiz Edson. A "reconstitucionalização" do direito civil brasileiro: lei nova e velhos problemas à luz de dez desafios. *Revista Jurídica*, Porto Alegre, n. 324, p.16-9, 2004.

FACHIN, Luiz Edson. *A função social da posse e a propriedade contemporânea*. Porto Alegre: Sergio Antônio Fabris, 1988.

FACHIN, Luiz Edson. Constituição e relações privadas: questões de efetividade no tríplice vértice entre o texto e o contexto. *Revista do Instituto dos Advogados Brasileiros*, Rio de Janeiro, n. 95, 2007.

FACHIN, Luiz Edson. *Da paternidade*: relação biológica e afetiva. Belo Horizonte: Del Rey, 1996.

FACHIN, Luiz Edson. *Estatuto jurídico do patrimônio mínimo*. Rio de Janeiro: Renovar, 2001.

FACHIN, Luiz Edson; RUZYK, Carlos Eduardo Pianovski. *Código civil comentado:* direito de família, casamento: arts. 1.511 a 1.590. Coordenação de Álvaro Villaça. São Paulo: Saraiva, 2003. v. XV.

FARIAS, José Fernando de Castro. *A origem do direito de solidariedade*. Rio de Janeiro: Renovar, 1998.

FEMIA, Pasquale. Sulla civilistica italiana del primo Novecento. *In*: PERLINGIERI, Pietro; POLCINI, Antonella (org.). *Novecento giuridico*: i civilisti. Napoli: Edizioni Scientifiche Italiane, 2013.

FERRAJOLI, Luigi. *Los fundamentos de los derechos fundamentales*. Madrid: Trotta, 2001.

FERRARA, Francesco. *Interpretação e aplicação das leis*. Tradução de Manuel Domingues de Andrade. Coimbra: Armenio Amado, 1978.

FERRI, Luigi. *L'autonomia privata*. Milano: Giuffrè, 1959.

FREITAS, Augusto Teixeira de. *Consolidação das leis civis*. Rio de Janeiro: Garnier, 1896.

GALGANO, Francesco. Il diritto della transizione. *In*: PERLINGIERI, Pietro; POLCINI, Antonella (org.). *Novecento giuridico*: i civilisti. Napoli: Edizioni Scientifiche Italiane, 2013.

GALGANO, Francesco. *Trattato di diritto civile*. Padova: CEDAM, 2010. v. 2

GHESTIN, Jacques. *Traité de droit civil*: les effets du contrat. 2. ed. Paris: LGDJ, 1994.

GIDDENS, Anthony. *A transformação da intimidade*. Tradução de Magda Lopes. São Paulo: Unesp, 1993.

GOMES, Orlando. *Obrigações*. Rio de Janeiro: Forense, 1998.

GRAU, Eros Roberto. *A ordem econômica na Constituição de 1988*. São Paulo: Malheiros, 2002a.

GRAU, Eros Roberto. *Ensaio e discurso sobre a interpretação/aplicação do direito*. São Paulo: Malheiros, 2002b.

GRYNBAUM, Luc. La notion de solidarisme contractuel. *In*: GRYNBAUM, Luc; NICOD, Marc. *Le solidarisme contractuel*. Paris: Economica, 2004.

GUASTINI, Riccardo. Os princípios constitucionais como fonte de perplexidade. *Interesse público*, Belo Horizonte, v. 11, n. 55, 2009.

HABERMAS, Jürgen. *Direito e democracia*: entre facticidade e validade. Tradução de Flávio Beno Siebeneichler. Rio de Janeiro: Tempo Brasileiro, 2003. v. 1

HABERMAS, Jürgen. *O futuro da natureza humana*. Tradução de Karina Jannini. São Paulo: Martins Fontes, 2004.

HEIRBAUT, Dirk. A History of the Law of Succession, in Particular in the Southern Netherlands/Belgium. *In*: CASTELEIN, Christoph; FOQUÉ, Rene; VERBEKE, Alain-Laurent (ed.). *Imperative inheritance law in a late-modern society*. Antwerp-Oxford: Intersentia, 2009.

HESSE, Konrad. *A força normativa da Constituição*. Tradução de Gilmar Ferreira mendes. Porto Alegre: Sérgio Fabris, 1991.

HIRONAKA, Giselda. Família e casamento em evolução. *Revista Brasileira de Direito de Família*, Porto Alegre, n. 1, 1999.

IRTI, Natalino. *Codice Civile e società politica*. Roma: Laterza, 1995.

IRTI, Natalino. *Concetto giuridico di mercato e dovere di solidarietà*. Padova: CEDAM, 1997.

JABUR, Gilberto Haddad. *Liberdade de pensamento e direito à vida privada*. São Paulo: Revista dos Tribunais, 2000.

JONAS, Hans. *O princípio responsabilidade*. Tradução de Marijane Lisboa e Luiz Barros Montez. Rio de Janeiro: Contraponto: PUC-RIO, 2006.

KANT, Immanuel. *Fundamentação da metafísica dos costumes*. Tradução de Paulo Quintela. Lisboa: Ed. 70, 1986.

KELSEN, Hans. *El contrato y el tratado*. Tradução de Eduardo García Maynez. México: Nacional, 1979.

KELSEN, Hans. *Teoria pura do direito*. Tradução de João Baptista Machado. Coimbra: Armenio Amado, 1974.

LARENZ, Karl. *Derecho civil*: parte general. Tradução de Miguel Izquierdo y Macías-Picavea. Madrid: Edersa, 1978.

LARENZ, Karl. *Derecho de obligaciones*. Tradução de Jaime Santos Briz. Madrid: ERDP, 1958.

LAS CASAS, Bartolomé de. *De regia potestade*. Edição Bilingue latim/italiano. Tradução de Giuseppe Tosi. Roma-Bari: Laterza, 2007.

LERNER, Gerda. *A criação do patriarcado*. Tradução de Luiza Sellerer. São Paulo: Cultrix, 2019.

LÉVI-STRAUSS, Claude. *As estruturas elementares do parentesco*. São Paulo: EDUSP, 1976.

LIPOVETSKY, Gilles. *A sociedade da decepção*. Tradução de Armando Braio Ara. Barueri: Manole, 2007.

LÔBO, Paulo. A repersonalização das relações de família. *In*: BITTAR, Carlos Alberto (coord.). *O direito de família e a Constituição de 1988*. São Paulo: Saraiva, 1989.

LÔBO, Paulo. A repersonalização das relações de família. Texto revisto. *Revista Brasileira de Direito de Família*, Porto Alegre, n. 24, p. 136-56, 2004.

LÔBO, Paulo. *Condições gerais dos contratos e cláusulas abusiva*. São Paulo: Saraiva, 1991.

LÔBO, Paulo. Direito ao estado de filiação e direito à origem genética: uma distinção necessária. *Revista Brasileira de Direito de Família*, Porto Alegre, n. 19, p. 133-56, 2003.

LÔBO, Paulo. *Direito civil*: famílias. São Paulo: Saraiva, 2024.

LORENZETTI, Ricardo Luis. A era da desordem e o fenômeno da descodificação. *Revista de Direito do Consumidor*, São Paulo, n. 68, p. 212-241, 2008.

LORENZETTI, Ricardo Luis. *Fundamentos de derecho privado*: Código Civil y Comercial de la Nación Argentina. Buenos Aires: La Ley, 2016.

LORENZETTI, Ricardo Luis. *Fundamentos do Direito Privado*. Tradução de Vera Maria Jacob de Fradera, São Paulo: Revista dos Tribunais, 1998.

MARTINS-COSTA, Judith. *A boa-fé no direito privado*. São Paulo: Revista dos Tribunais, 2018.

MARTINS-COSTA, Judith. Critérios para aplicação do princípio da boa-fé objetiva (com ênfase nas relações empresariais). MARTINS-COSTA, Judith; FRADERA, Véra Jacob de (org.). *Estudos de direito privado e processual civil*: em homenagem a Clóvis do Couto e Silva. São Paulo: Revista dos Tribunais, 2014.

MARTINS-COSTA, Judith. O direito privado como um "sistema em construção". *Revista da Faculdade de Direito da UFRGS*, Porto Alegre, v. 15, 1998.

MARTINS-COSTA, Judith. Reflexões sobre o princípio da função social dos contratos. *Revista Brasileira de Direito Comparado*, Rio de Janeiro, n. 29, p. 64-102, 2007.

MATHIEU, Bertrand. L'utilisation des principes législatifs du code civil comme norme de référence dans le cadre du contrôle de constitutionnalité. *In*: VERPEAU, Michel (org.). *Code Civil et Constitution*. Paris: Economica, 2005.

MAXIMILIANO, Carlos. *Hermenêutica e aplicação do direito*. Rio de Janeiro: Forense, 1999.

MELLO, Marcos Bernardes de. *Teoria do fato jurídico*: plano da existência. São Paulo: Saraiva, 2019.

MENDES, Gilmar Ferreira; FERNANDES, Victor Oliveira. Constitucionalismo digital e jurisdição constitucional: uma agenda de pesquisa para o caso brasileiro. *Revista Brasileira de Direito*, Passo Fundo, v. 16, n. 1, p. 1-33, out. 2020.

MILL, John Stuart. *A sujeição das mulheres*. Tradução de Debora Ginza. São Paulo: Escala, 2006.

MINISTRO equivoca-se ao definir presunção da inocência. *Consultório Jurídico*, [s. l.], 17 nov. 2011. Disponível em: https://www.conjur.com.br/2011-nov-17/ministro-fux-presuncao-inocencia-regra-nao-principio/. Acesso em: 19 mar. 2025.

MORAES, Maria Celina Bodin de. A causa nos contratos. *Revista Trimestral de Direito Civil*, Rio de Janeiro, v. 6, n. 21, p. 95-119, 2005.

MORAES, Maria Celina Bodin de. *Danos à pessoa humana*: uma leitura civil-constitucional dos danos morais. Rio de Janeiro: Renovar, 2017.

MOSSET ITURRASPE, Jorge Mosset. *Responsabilidad por danos*. Buenos Aires: Ediar, 1982.

NALIN, Paulo. *Do contrato*: conceito pós-moderno. Curitiba: Juruá, 2001.

NANNI, Giovanni Ettore. Mora. *In*: NANNI, Giovanni Ettore; LOTUFO, Renan (org.). *Obrigações*. São Paulo: Atlas, 2011.

NEGREIROS, Teresa. *Teoria do contrato*: novos paradigmas. Rio de Janeiro: Renovar, 2006.

NERY, Rosa Maria de Andrade. Apontamentos sobre o princípio da solidariedade no sistema de direito privado. *Revista de Direito Privado*, São Paulo, n. 17, p. 65-70, 2004.

NEUNER, Jörg. O Código Civil da Alemanha (BGB) e a Lei Fundamental. *Revista Jurídica*, Porto Alegre, v. 52, n. 326, p. 7-26, 2004.

NEVES, Marcelo. *Entre Hidra e Hércules*: princípios e regras constitucionais como diferença paradoxal do sistema jurídico. São Paulo: WMF Martins Fontes, 2013.

NORONHA, Fernando. *O direito dos contratos e seus princípios fundamentais*. São Paulo: Saraiva, 1994.

OROZCO PARDO, Guillermo. La función del contrato en el marco del derecho del consumo. *Revista de Direito de Consumidor*, São Paulo, n. 59, 2006.

OST, François. *A natureza à margem da lei*: a ecologia à prova do direito. Tradução de Joana Chaves. Lisboa: Piaget, 1997.

PEREIRA, Rodrigo da Cunha. *Direito de família*: uma abordagem psicanalítica. Belo Horizonte: Del Rey, 2003.

PEREIRA, Rodrigo da Cunha. *Princípios fundamentais norteadores do direito de família*. São Paulo: Saraiva, 2012.

PEREIRA, Tânia da Silva. Da adoção. *In*: DIAS, Maria Berenice; PEREIRA, Rodrigo da Cunha (coord.). *Direito de família e o novo Código Civil*. Belo Horizonte: Del Rey, 2005.

PERELMAN, Chaïm. *Retóricas*. Tradução de Maria Ermantina Galvão G. Pereira. São Paulo: Martins Fontes, 1997.

PÉREZ LUÑO, Antonio-Henrique. *Derechos humanos*. Madrid: Tecnos, 1995.

PERLINGIERI, Pietro. Equilibrio normativo e principio di proporzionalità nei contrati. *Revista Trimestral de Direito Civil*, Rio de Janeiro, v. 3, n. 12, p. 131-151, 2002.

PERLINGIERI, Pietro. La dottrina del diritto civile nella legalità costituzionale. *Revista Trimestral de Direito Civil*, Rio de Janeiro, v. 8, n. 31, 2007.

PERLINGIERI, Pietro. *O direito civil na legalidade constitucional*. Tradução de Maria Cristina de Cicco. Rio de Janeiro: Renovar, 2008.

PERLINGIERI, Pietro. *Perfis do direito civil*: introdução ao direito civil constitucional. Tradução de Maria Cristina de Cico. Rio de Janeiro: Renovar, 1997.

PICO DELLA MIRANDOLA, Giovanni. *Discorso sulla dignità dell'uomo*. Brescia: La Scuola, 1987.

PINTENS, Walter; SEYNS, Steven. Compulsory Portion and Solidarity Between Generations in German Law. *In*: CASTELEIN, Christoph; FOQUÉ, Rene; VERBEKE, Alain-Laurent (ed.). *Imperative inheritance law in a late-modern society*. Antwerp-Oxford: Intersentia, 2009.

PINTO, Paulo da Mota. A limitação voluntária do direito à reserva sobre a intimidade da vida privada. *Revista brasileira de direito comparado*, Rio de Janeiro, n. 21, p. 21-62, 2001.

PINTO, Paulo da Mota. Notas sobre o direito ao livre desenvolvimento da personalidade e os direitos de personalidade no direito português. *In*: SARLET, Ingo Wolfgang (org.). *A constituição concretizada*. Porto Alegre: Livraria do Advogado, 2000.

POCAR, Valerio; RONFANI, Paola. *La famiglia e il diritto*. Roma: Laterza, 2001.

PONTES DE MIRANDA, Francisco Cavalcanti. *Fontes e evolução do direito civil brasileiro*. Rio de Janeiro: Forense, 1981.

PONTES DE MIRANDA, Francisco Cavalcanti. *Tratado de direito privado*. São Paulo: Revista dos Tribunais, 1974a. v. 1.

PONTES DE MIRANDA, Francisco Cavalcanti. *Tratado de direito privado*. Rio de Janeiro: Borsoi: 1974b. v. 3.

PONTES DE MIRANDA, Francisco Cavalcanti. *Tratado de direito privado*. Rio de Janeiro: Borsoi, 1971. v. 7.

PONTES DE MIRANDA, Francisco Cavalcanti. *Tratado de direito privado*. Rio de Janeiro: Borsoi, 1972a. v. 38.

PONTES DE MIRANDA, Francisco Cavalcanti. *Tratado de direito privado*. Rio de Janeiro: Borsoi, 1972b. v. 55.

POSNER, Richard A. *Law, Pragmatism and Democracy*. Cambridge: Harvard, 2003.

PRATA, Ana. *A tutela constitucional da autonomia privada*. Coimbra: Almedina, 1982.

PUGLIATTI, Salvatore. *La proprietà nel nuovo diritto*. Milano: Giuffrè, 1964.

PUIG BRUTAU, José. *Estudios de derecho comparado*: la doctrina de los actos propios. Barcelona: Ariel, 1951.

RAISER, Ludwig. *Il compito del diritto privato*. Tradução de Marta Graziadei. Milano: Giuffrè, 1990.

RAVOLOLOMIARANA, Hobinavalona Ramparany. *Le raisonnable en droit des contrats*. Paris: LGDJ, 2009.

REALE, Miguel. *O projeto do Código Civil*. São Paulo: Saraiva, 1986.

RÉMY, Philippe. *La genèse du solidarisme. Le solidarisme contractuel*. Paris: Economica, 2004.

RIBEIRO, Joaquim de Souza. *Direito dos contratos*: estudos. Coimbra: Coimbra, 2007.

RICOEUR, Paul. *O justo*. Tradução de Ivone C. Benedetti. São Paulo: Martins Fontes, 2008.

ROCHA, Cármen Lúcia Antunes. *Princípios constitucionais da administração pública*. Belo Horizonte: Del Rey, 1994.

RODOTÀ, Stefano. Entrevista com o professor Stefano Rodotà. *Revista trimestral de direito civil*, Rio de Janeiro, v. 3, n. 11, p. 225-308, 2002.

RODOTÀ, Stefano. *Il diritto de avere diritti*. Roma: Laterza, 2012.

RODOTÀ, Stefano. *Il terribile diritto*: studi sulla proprietà privata. Bologna: Il Mulino, 2013.

RODOTÀ, Stefano. *Solidarietà*: un'utopia necessaria. Roma: Laterza, 2014.

RODOTÀ, Stefano. Transformações do corpo. *Revista Trimestral de Direito Civil*, Rio de Janeiro, v. 5, n. 19, p. 65-107, 2004.

ROSENVALD, Nelson. *As funções da responsabilidade civil*. São Paulo: Saraiva, 2017.

RUIZ MANERO, Juan. *Imperio de la ley y ponderación de principios*. Buenos Aires: Astrea, 2018.

RUZYK, Carlos Eduardo Pianovski. *Institutos fundamentais do direito civil e liberdade(s)*. Rio de Janeiro: GZ, 2011.

SAINT-HILAIRE, Auguste de. *Viagem à Província de São Paulo*. Belo Horizonte: Itatiaia; São Paulo: Edusp, 1976.

SANDEL, Michael J. *Justiça*. Tradução de Heloísa Matias e Maria Alice Máximo. Rio de Janeiro: Civilização Brasileira, 2012.

SANTOS JÚNIOR., Eduardo. *Da responsabilidade civil de terceiro por lesão do direito de crédito*. Coimbra: Almedina, 2003.

SANTOS, Boaventura de Sousa. *Por uma revolução democrática da justiça*. São Paulo: Cortez, 2007.

SANTOS, Milton. *O espaço do cidadão*. São Paulo: Edusp, 2007.

SANTOS, Milton. *Por uma outra globalização*. Rio de Janeiro: Record, 2015.

SARLET, Ingo Wolfgang. *Dignidade da pessoa humana e direitos fundamentais*. Porto Alegre: Livraria do Advogado, 2004.

SARLET, Ingo Wolfgang. Direitos fundamentais e direitos privados. *In*: SARLET, Ingo Wolfgang (org.). *A constituição concretizada*. Porto Alegre: Livraria do Advogado, 2000.

SARMENTO, Daniel. A vinculação dos particulares aos direitos fundamentais no direito comparado e no Brasil. *In*: DIDIER JÚNIOR, Fredie (org.). *Leituras complementares de processo civil*. Salvador: Juspodivm, 2007.

SARMENTO, Daniel. *Direitos fundamentais e relações privadas*. Rio de Janeiro: Lumen Juris, 2004.

SARTRE, Jean-Paul. *O existencialismo é um humanismo*. Tradução de João Batista Kreuch. Rio de Janeiro: Vozes, 2014.

SCHAPP, Jan. *Direito das coisas*. Tradução de KlausPeter Rurack e Maria Glória Lacerda Rurack. Porto Alegre: SAFE, 2010.

SCHAPP, Jan. *Metodologia do direito civil*. Tradução de Maria da Glória Lacerda Rurack e Klaus-Peter Rurack. Porto Alegre: Sérgio A. Fabris, 2004.

SCHMIEDEL, Raquel Campani. *Negócio jurídico*: nulidades e medidas sanatórias. São Paulo: Saraiva, 1981.

SCHREIBER, Anderson. *A proibição de comportamento contraditório*: tutela da confiança e venire contra factum proprium. Rio de Janeiro: Renovar, 2005.

SCHREIBER, Anderson. *Equilíbrio contratual e dever de renegociar*. São Paulo: Saraiva, 2018.

SESSAREGO, Carlos Fernández. *Protección jurídica de la persona*. Lima: Universidad de Lima, 1992.

SILVA, José Afonso da. *Direito urbanístico brasileiro*. São Paulo: Revista dos Tribunais, 1981.

SILVA, Virgílio Afonso da. *A constitucionalização do direito*. São Paulo: Malheiros, 2005.

SINGER, Joseph William. *Entitlement*: The Paradoxes of Property. New Haven: Yale University, 2000.

STEINMETZ, Wilson. Direitos fundamentais e relações entre os particulares: anotações sobre a teoria dos imperativos de tutela. *Revista de Direito Privado*, São Paulo, ano 6, n. 23, 2005.

TAFARO, Sebastiano. Riflessioni su buona fede e contratti. *Revista Brasileira de Direito Comparado*, Rio de Janeiro, n. 26, p. 53-95, 2004.

TEPEDINO, Gustavo. A disciplina jurídica da filiação na perspectiva civil-constitucional. *In*: PEREIRA, Rodrigo da Cunha (org.). *Direito de família contemporâneo*. Belo Horizonte: Del Rey, 1997.

TEPEDINO, Gustavo. *Comentários ao Código Civil*. São Paulo: Saraiva, 2011.

TEPEDINO, Gustavo. O princípio da função social no direito civil contemporâneo. *In*: NEVES, Thiago Ferreira Cardoso (coord.). *Direito & Justiça social*. São Paulo: Atlas, 2013.

TEPEDINO, Gustavo. Posse e propriedade na constitucionalização do direito civil: função social, autonomia da posse e bens comuns. *In*: SALOMÃO, Luiz Felipe; TARTUCE, Flávio (coord.). *Direito civil*: diálogos entre a doutrina e a jurisprudência. São Paulo: Atlas, 2018.

TEPEDINO, Gustavo; BARBOZA, Heloisa Helena; MORAES, Maria Celina Bodin de. *Código Civil interpretado conforme a Constituição da República*. Rio de Janeiro: Renovar, 2011. v. III.

TEUBNER, Gunther. *Fragmentos constitucionais*. Tradução de Ricardo Campos *et al*. São Paulo: Saraiva, 2020.

TOCQUEVILLE, Alexis de. *Un perfil de Norteamérica*. México: Fondo de Cultura, 1997.

VALENTE, Cinzia. An Overview of the Italian Panorama: Family Law Faces Social Changes. *In*: ATKINS, Bill (ed.). *The International Survey of Family Law*. Bristol: Jordan Publishing, 2016.

VARELA, João de Matos Antunes. *Das obrigações em geral*. Coimbra: Almedina, 1986. v. 1.

WADLINGTON, Walter; O'BRIEN, Raymond C. (org.). *Family law statutes, international conventions and uniform laws*. New York: Foundation Press, 2000.

WELTER, Belmiro Pedro. *Igualdade entre as filiações biológica e socioafetiva*. São Paulo: Revista dos Tribunais, 2003.

WESTERMANN, Harm Peter. *Código Civil alemão*: direito das obrigações. Tradução de Armando Edgar Laux. Porto Alegre: Sérgio A. Fabris, 1983.

WIEACKER, Franz. *El principio general de la buena fe*. Tradução de José Luis Carro. Madrid: Civitas, 1986.

WIEACKER, Franz. *História do direito privado moderno*. Tradução de A. M. Botelho Hespanha. Lisboa: Calouste Gulbenkian, 1980.

WOOLF, Virginia. *Um teto todo seu*. Tradução de Bia Nunes de Souza. São Paulo: Tordesilhas, 2014.

ZATTARA, Anne-Françoise. *La dimension constitutionnelle et européenne du droit de propriété*. Paris: LGDJ, 2001.

ZAVASCKI, Teori Albino. A tutela da posse na Constituição e no projeto do novo Código Civil. *In*: MARTINS-COSTA, Judith (org.). *A reconstrução do direito privado*. São Paulo: Revista dos Tribunais, 2002.

ZOLO, Danilo. Liberdad, propriedad e igualdad em la teoria de los derechos fundamentales. *In*: CABO, Antonio de; PISARELLO, Gerardo (org.). *Los fundamentos de los derechos fundamentales*. Madrid: Trotta, 2001.

Esta obra foi composta em fonte Palatino Linotype, corpo 10
e impressa em papel Pólen Bold 70g (miolo) e Supremo 250g (capa)
pela Gráfica Star7.